万川 reflections

一步万里阔

“我是你的支柱。”这是费利佩·瓜曼·波马·德·阿亚拉（Felipe Guaman Poma de Ayala）为马丁·德·穆鲁阿所著的《秘鲁印加诸王的起源与王室谱系史》（*Historia del origen y geneología real de los reyes Incas del Pirú*，f.141v，1590年，塞恩·加尔文的私人收藏）书中描绘波托西里科山的插图。安第斯艺术家瓜曼·波马将银叶片应用于山体内部交叉的阴影之上，山体内部曾经闪闪发光，但现在看上去却如槁木死灰。

全球视野与物质文化史丛书

KRIS LANE

Potosí

THE SILVER CITY THAT CHANGED THE WORLD

波托西

改变世界的白银城市

［美］克里斯·莱恩 著
江振鹏 等 译

中国工人出版社

谨以此书缅怀科罗拉多矿工

朱利安 · E. 莱恩（Julian E. Lane，1895—1991）

吾乃富有之波托西，
世界之财库，
众山之王，
君主之所妒。

——波托西城盾徽箴言，
由神圣罗马帝国皇帝查理五世授予

致谢

完成此书，我欠下如山般的人情债。首先我要感谢波托西（Potosí）那些善良的居民，自我1995年第一次访问以来，他们腾出时间和我聊起矿山、磨坊、水库、失去的宝藏、浮士德式契约、乱葬岗、天气、骆驼繁殖、不明飞行物、美国中央情报局以及更多的话题。在华盛顿一个下雪的早晨，特里·伯克（Terry Burke）鼓励我写下这本书，很多人帮助我完稿付梓：皮特·贝克韦尔（Peter Bakewell）、艾莉森·毕格罗（Allison Bigelow）、肯德尔·布朗（Kendall Brown）、泽菲尔·弗兰克（Zephyr Frank）、拉克尔·吉尔-蒙特罗（Raquel Gil-Montero）、路易斯·米格尔·格莱夫（Luis Miguel Glave）、R. E. 莱恩（R. E. Lane）、简·曼根（Jane Mangan）、肯尼斯·米尔斯（Kenneth Mills）、丹尼尔·奥罗佩扎·阿尔巴（Daniel Oropeza Alba）、马修·雷斯托（Matthew Restall）、迭戈·罗德里格斯·德·塞普尔韦达（Diego Rodríguez de Sepúlveda）、费德里科·萨托里（Federico Sartori）、佐藤雅明（Masaki Sato）、海蒂·斯科特（Heidi Scott）、塔蒂亚娜·塞哈斯（Tatiana Seijas）、谢法·西格尔（Shefa Siegel）和史蒂文·托皮克（Steven Topik）。加州大学出版社的匿名读者也提供了帮助，英文版的责编尼尔斯·胡珀（Niels Hooper）让我集中精力。保罗·泰勒 xi

（Paul Tyler）逐字编辑了稿件，布拉德利·德佩（Bradley Depew）和萨布丽娜·罗布莱（Sabrina Robleh）耐心地改正了标错的图片、地图和图表。艾米莉亚·提乌里（Emilia Thiuri）驾驶驳船渡我们过河。西梅纳·莱恩（Ximena Lane）绘制了两张重要的图表，并慷慨地提供了手稿转录和照片的帮助。里克·布里顿（Rick Britton）绘制了书中的世界。我的妻子帕梅拉·约翰逊-莱恩（Pamela Johnson-Lane）一如既往地提供了精神支持、优先提醒、票务信息、氢化可的松以及所有我可以吃的自制意大利脆饼和格兰诺拉麦片。

杜兰大学文学院和罗杰·塞耶·斯通拉丁美洲研究中心（Roger Thayer Stone Center for Latin American Studies）为研究提供了三个夏天所需的“银子”，而这本应在两个夏天里就结束。文学院院长办公室慷慨地资助了地图。2015—2016 年，我得到了约翰·西蒙·古根海姆纪念奖学金（John Simon Guggenheim Memorial Fellowship）的帮助，为此我除了灵魂之外还欠下一本书。还要感谢杜兰大学的拉丁美洲图书馆、布朗大学的约翰·卡特·布朗图书
xii 馆和海伊图书馆、加州帕萨迪纳的亨廷顿图书馆和印第安纳州布卢明顿礼来图书馆的工作人员。我希望给所有在西班牙、玻利维亚、智利和阿根廷帮助过我的优秀档案管理员授予银质证书。在玻利维亚，我要感谢玻利维亚国家文献档案馆（Archivo y Biblioteca Nacional de Bolivia）、波托西历史档案馆（Archivo Histórico de Potosí）和奥鲁罗司法档案馆（Archivo Histórico Judicial de Oruro）的工作人员。在智利，我要感谢智利国家历史档案馆（Archivo Histórico Nacional）和国家图书馆（Biblioteca Nacional）的工作人员。在西班牙，我要感谢西印度群岛综合档案馆（Archivo General de Indias）、国家图书馆（Biblioteca Nacional）、皇家历史学院（Real Academia de la Historia）、国家历史档案馆（Archivo Histórico

Nacional）和帕拉西奥综合档案馆（Archivo General de Palacio）的工作人员。在阿根廷，我得到了布宜诺斯艾利斯的国家总档案馆（Archivo General de la Nación）和科尔多瓦的省级历史档案馆（Archivo Histórico Provincial）工作人员的帮助。我把剩下的错误归咎于缺氧、硅尘、汞蒸气、邪恶之眼的诅咒和糟糕的辛加尼酒①。

① 辛加尼是一种从亚历山大麝香葡萄蒸馏而来的白兰地酒渣。它仅产于玻利维亚安第斯山脉，被认为是玻利维亚的国酒和文化遗产。它的性质和生产方法最接近白兰地，但它被归类为一种用于国际贸易的白兰地。辛加尼已经被玻利维亚政府宣布为原产地（domonación de Origen 或 DO）和产品地理标志（GI）。——译者注

前言

1911年，美国探险家海勒姆·宾厄姆（Hiram Bingham）在当地农民的带领下参观了秘鲁伟大的印加遗址马丘比丘（Machu Picchu）。两年前，他参观了传说中的“帝王之城”波托西。他被深深吸引了：“在这里待了一个星期后，我们就同意了那些称它为南美洲最有趣之城的说法。”他还说：“如果没有大片大片的废墟和数量众多的教堂，今天我们很难意识到，一个世纪以来，这里一直是西半球最大的城市。”[1] 宾厄姆估计当时波托西的人口为1.5万人，仅为约1640年高峰时期人口的十分之一。

走马观花的游览使得宾厄姆并未认识到波托西的精髓，即1545年在玻利维亚高原发现的世界上最富有的银矿，并标志着世界历史的一个转折点。同时，它的发现可能也预演了1848年加利福尼亚发现黄金以后的诸多历史。波托西丰富的银矿资源引起了土地侵占、残酷的工作制度、传染病的流行、种族灭绝、政治腐败，以及自然环境的迅速恶化。然而，这一发现也极大地扩大了世界的货币供应，促进了新城市的兴起及持续繁荣，数以千计的移民的就业，农业和制造业的发展，借贷机构的崛起以及世界贸易的增长。这两大发现都为实现帝国的雄心推波助澜。

淘金热和淘银热是世界现代历史的试金石，我们可以把波托西和加利福尼亚的财富与巴西、澳大利亚、克朗代克（Klondike）或南非的财富进行比较。但是与加利福尼亚相比，波托西的故事则大相径庭，或者说更接近18世纪后期墨西哥白银大繁荣时期。[2]波托西传说中的里科山（Cerro Rico），或称“富饶之山”（Rich Hill），留下了浓墨重彩的一笔，如此巨大的影响力部分得益于发
xiv 现时间较早，使其吸引了全球关注的目光。有鉴于此，波托西在16世纪戏剧性的崛起，以及一直持续到19世纪末——事实上，直到今日——的影响力，都需要分析和反思。

从20世纪70年代开始，世界体系分析家将里科山视为向工业化中心（即西欧）提供周边原材料的一个典型案例。[3] 显而易见的是，许多波托西白银流向了欧洲（其中大多数经由西班牙），产生了深远的影响。在里科山白银的刺激之下，法国、意大利、荷兰、爱尔兰和英格兰的纺织业飞速发展，甚至西班牙的棉布工业也是因价格飞涨的冲击而陷入困境。欧洲其他工业，包括钢铁铸造业、造船业和枪械制造业，都受到了美洲早期矿业繁荣所带来的刺激或破坏。

以欧洲为中心的假设限制了早期的世界体系分析，该模型的设计者伊曼努尔·沃勒斯坦（Immanuel Wallerstein）因未能考虑到来自所谓边缘国家的相反证据而受到质疑，正如本书的一些细节所示，这些边缘国家可能已经相当“工业化”了，或者已经实现了资本密集，其工人技术熟练，薪水丰厚，而且不时有创造性。[4]当前，世界体系分析者的研究方法更加微妙和多样化，他们的兴趣并不仅限于解释资本积累的全球模式、国际分工和工业化的起源，尽管这些仍是许多学者迫切关注的问题。

20世纪90年代，历史学家通过重新审视世界黄金流动如何与重商主义欲望互动，来追溯所谓的商业帝国崛起问题，但其视角依然是欧洲中心主义的。[5] 就像沃勒斯坦和大多数世界体系分析

者一样，人们倾向于承认波托西的重要性十分显著，但与此同时，仍视其为一个遥远的、技术落后的卫星城或西班牙属地，其白银是由非熟练工人生产的粗糙商品。至于美洲的银锭是如何变成货币的，以及后来它如何改变了全球信贷结构，则留给经济学家们纳为研究对象。[6] 研究近代早期帝国的学者们最近已经将伊比利亚霸权“去中心化”，以至于像波托西这样的地方不再被简单地视为边缘地带，然而仍有大量问题有待解释。[7]

20 世纪 90 年代末，世界历史学家缩小了范围，更深入地研究波托西和西属美洲的白银流向何方，以及它们对欧洲以外的地方产生了何种影响。现在我们知道，波托西的白银没有在伦敦、巴黎或阿姆斯特丹停留太久，更不用说在里斯本或塞维利亚了，最大的份额被交易到了亚洲。这对中国或印度的历史学家以及荷兰或英国的东印度公司来说并非秘闻，但西属美洲的巨大白银储量 XV
对全球的影响成为关注焦点确实经历了一段时间。[8]

在《重新审视东方》（*ReOrient*）一书中，安德烈·贡德·弗兰克（Andre Gunder Frank）采用了一种经过修正的世界体系范式，主张一个以中国为中心的全球经济视角。[9] 中东和北非的历史学家长期追溯西属美洲的白银一路向东，并最终进入了印度和中国这样规模庞大的准工业化经济体时所产生的影响，但讲述完整的故事需要大量的合作并消化复杂的经济数据。其他学者已经提醒我们跨太平洋白银流通的重要性，即从 15 世纪 70 年代早期开始将墨西哥和波托西的白银运输到亚洲的所谓“马尼拉大帆船贸易”（Manila Galleons）。[10]

研究近代早期亚洲的学者们对这些细节提出了质疑，但现在很清楚的是，波托西白银的影响就像在欧洲一样，因为地点的不同而表现出了差异。与西班牙非常类似，奥斯曼帝国和萨非王朝在 17 世纪遭受了毁灭性的通货膨胀和其他货币问题，而莫卧儿印度却似乎大量吸收了美洲的财富，包括数百万贬值的波托西银币。[11] 比之于莫卧儿印度，中国对波托西银币则有着更大量的需求和更强烈的喜好。17 世纪，明、清两代的中国经历了多次经济震荡。即便如此，世界黄金价格在 17 世纪中叶平稳发展，而中国长期以来仍是白银的流入洼地。[12]

中国和印度为了获得波托西银币，不得不向世界提供各种商品，但最有利可图的是精美的手工制品，尤其是纺织品。就像它刺激了像法国鲁昂（Rouen）和荷兰莱顿（Leiden）这样的城镇生产更多的亚麻和花布一样，西属美洲的白银也推动了中国南京和其他沿海城市的丝绸生产商进行创新和扩张。而中国南方的景德镇则生产了大量的青花瓷器用于外销，其中有一些是定制的。[13] 在印度的东西两端，喜爱白银的古吉拉特（Gujarati）和孟加拉（Bengali）的织工生产了大量的印花棉布，这些产品在全世界都能找到买家，包括撒哈拉以南的非洲人。[14] 从塞内加尔到莫桑比克，用美洲白银购买的印度纺织品与非洲俘虏进行交易，这些非洲俘虏随后被送到美洲，其中一些则被送到波托西，用来再次交换白银。

我们越是深入挖掘波托西白银在世界历史中的作用，问题就越多。研究欧亚大陆所谓的“火药帝国”的历史学家们曾问过，16、17 世纪大量涌入的美洲白银是如何推动了军事扩张，并如何
xvi 借此造成了国家和公国的巩固或分裂。我们早就知晓，西班牙之所以在当时成为一个令人畏惧的全球大国，正是因为它可以开采世界上最富饶的山脉，但历史学家也计算过奥斯曼帝国、萨非王朝、莫卧儿王朝、中国明清两代以及其他帝国军事建设的成本，这些皆由波托西的白银所催生而成。

环境史家对采矿热潮（包括波托西）提出了截然不同的问题。许多研究着眼于其对脆弱生态系统的破坏，结合档案和科学证据

来评估地方、区域和全球影响。[15] 另一些人则认为自然本身就是一种历史力量，将人类置于不同的生态视角和时间框架内。地表方面，环境学者已经计算出了采矿区和相关殖民地植被流失、侵蚀和其他的意外后果。还有一些人研究了湖泊沉积物和河床，寻找重金属污染、pH 值变化以及因采矿和精炼活动而造成影响的证据。[16]

还有一些学者专注于矿业社区及其周边地区的公共卫生，他们的研究涵盖从矿工的肺病到妇女和儿童血液中的汞含量或铅含量等各类主题。[17] 在这些研究中，一个更广泛的主题是环境正义：采矿的环境和健康负担是如何在全社会进行分配的？为什么这样分配？除了这些更注重局部的工作，我们还必须加入气候学家和其他科学家的更广泛的调查，这些调查集中在小冰期的影响、火山爆发和海洋温度周期性变化上。[18] 这些学者经常将这些更大的、长周期的全球现象与采矿社会记录的危机联系起来，这些危机包括干旱、粮食、饥荒和传染病流行。

在所有这些类型的研究中，像波托西这样的新兴矿业城市占据了突出地位，但我们经常忘记，这些城市本身就是充满活力和不断变化的城市生态系统。本书的主旨是通过把波托西（这个城市与山区、矿区与乡村相统一的地区）作为近代早期全球城市化和采掘活动的范例，来平衡地方和全球的关系。本书感兴趣的是，在地球的两端，不同群体的人是如何通过白银而联系在一起的，不仅是作为受害者和施暴者，更是作为为了更好生活而共同奋斗的社会群体，无论他们的努力可能是多么残酷抑或曲折。如果说波托西是一场环境灾难、一个道德陷阱，那么它也应该是人类智慧和生存的丰碑。今天，要审视波托西的遗产，就得比海勒姆·宾厄姆在一个世纪之前的所思所考多一分洞察力，少一点浪漫主义，来总结全球化的成本与收益。

目录

大事记

1532　西班牙人在卡哈马卡俘虏印加皇帝阿塔瓦尔帕

1538　西班牙人占领了波科银矿

1539　西班牙在拉普拉塔建立地区首府（丘基萨卡）

1541　弗朗西斯科·皮萨罗在库斯科被暗杀

1542　查理五世颁布新法限制监护征赋制

1545　迭戈·瓜尔帕在波托西里科山发现了白银

1548　冈萨罗·皮萨罗因叛国罪被处决

1553　谢萨·德·莱昂发布了波托西的标志性形象

1556　尼古劳·德尔·贝尼诺开启了通往维塔黎加的大入口

1560　多明戈·德·圣托马斯称里科山为“地狱之口”

1561　波托西被指定为“帝王之城”，建立查尔卡斯皇家检审法院

1563　万卡韦利卡发现了汞矿

1572　总督弗朗西斯科·德·托莱多引入汞齐化法，正式确立米塔制

1574　皇家铸币厂在波托西建立，托莱多颁布采矿法

1575　波托西管辖范围扩大，地方长官从拉普拉塔迁移过来

1592	波托西白银产量达到顶峰，大约有 65 家粉碎厂同时开工
1597	波托西市政厅扩大到有 16 名市政厅成员
1598	国王腓力二世去世
1606	奥鲁罗的富矿脉削减了波托西的人口数量
1612	阿隆索·亚内兹煽动叛乱的阴谋被挫败
1618	阿隆索·马丁内斯·德·帕斯特拉纳抵达波托西收债
1620	王室批准法令要求承担官员开支
1621	国王腓力三世去世
1622–1625	“巴斯克–小羊驼”冲突爆发，以王室大赦为结局
1626	卡里卡里水坝决堤，洪水淹没波托西，工厂被毁
1633	督察员弗朗西斯科·德·卡瓦哈尔·桑德改革米塔制
1635	德·卡瓦哈尔·桑德被召回，视察活动结束
1640	阿尔瓦罗·阿隆索·巴尔巴出版《冶金术》
1641	督察员胡安·德·帕拉西奥斯回忆说，造币厂的欺诈行为不断恶化
1648	督察员弗朗西斯科·德·内斯塔雷斯·马林前来解决铸币厂欺诈问题
1650	弗朗西斯科·戈麦斯·德·拉·罗查作为铸币厂诈骗案的主犯被执行死刑
1652	波托西币因法令贬值，货币混乱接踵而至
1658	比斯开的阿卡雷特访问了波托西，为科尔伯写下记录
1660	内斯塔雷斯·马林和弗朗西斯科·德·拉·克鲁斯去世
1674	安东尼奥·洛佩斯·德·基罗加采用了黑火药爆破技术
1678	巴格达迦勒底神父埃利亚斯·阿尔–穆西利访问波托西寻求施舍
1682	圣特雷莎修道院在波托西开办
1699	波托西的百万富翁安东尼奥·洛佩斯·德·基罗加去世

1705	巴托洛梅·阿尔赞斯·德·奥尔赛·维拉开始创作《帝王之城波托西史》
1716	大主教—总督莫西洛访问波托西，佩雷斯·奥尔古因绘制画作
1735	国王腓力五世将波托西的王室地位由第五级贬为第十级
1736	阿尔赞斯逝世，新的税率开始生效
1747	矿工储蓄银行开业
1749	卡恰人阴谋论
1773	新波托西铸币厂开业
1780–1782	大安第斯人民起义
1788	萨德乌斯·冯·诺登弗吕希特访问团从布宜诺斯艾利斯抵达
1814	来自布宜诺斯艾利斯的叛军占领了波托西铸币厂和城市
1825	西蒙·玻利瓦尔登上里科山，玻利维亚建立
1829	第一家英国矿业公司在波托西破产

导　论

> “桑丘，”堂吉诃德说，“你这本是件功德无量的事，我即使把威尼斯的财宝和波托西的矿藏全都给你也不为过。”[1]

桑丘·潘扎无法唤醒他的主人，但他明白自己的服务价值。 1
是的，按照堂吉诃德的话来说，他的服务“值一个波托西”。1545年，在西班牙人击败印加帝国仅仅10年之后，一位秘鲁本土的探矿者偶然发现了世界上最富有的银矿。迭戈·瓜尔帕（Diego Gualpa）在晚年证实：他在为他的欧洲主人跑腿时，一阵狂风将他掀翻在地。他的手陷入富含银矿的砂浆，消息不胫而走。波托西的里科山，或称为“富饶之山”，是一座高约4800米的贫瘠山脉，位于今天的玻利维亚中南部，一经发现就立即成为全球财富的象征。1573年，迭戈·瓜尔帕证实道，超过1万名安第斯矿工在里科山的洞穴矿和浸汞的精炼厂工作，到1600年，与之毗邻的“帝王之城”（Imperial Valla）波托西，坐落在山下海拔4000米处，拥有超过10万名居民，这使得该城成为当时世界上规模最大、海拔最高的城市之一。

当地的安第斯妇女经营着波托西的露天市场。非洲人在皇家铸币厂工作。骄傲的巴斯克人与同样骄傲的埃斯特雷马杜拉人（Extremadurans）在城市的鹅卵石广场上针锋相对。葡萄牙人、佛兰芒人（Flemish）、意大利人等少数民族在阴荫下渐增，如同混血人群越来越多一样。地位显赫的女性穿着厚底鞋在街上昂首阔步，炫耀着世界上最好的珠宝，身着天鹅绒、蕾丝以及丝绸织锦，以此（盛装）来奚落竞争对手。从成立之初始，波托西就充满了暴
2 力，即使在衰落中，它的混乱依然闻名于世。这里罪恶猖獗。直到 1600 年，波托西妓院、酒馆和赌场的人均拥有量超过了西班牙王国的任何其他城市。由于极度渴望兴奋之物，这座城市狂饮葡萄酒和玉米啤酒，啜饮耶巴马黛茶（Yerba Mate）和热巧克力，咀嚼古柯（Coca），吸食烟草。

然而，波托西人也是虔诚的天主教教徒，城市中心有一座巴洛克式的纪念碑，象征着对天主的虔诚和对赎罪的信仰。1600 年前后，约有 20 座教堂和小礼拜堂点缀着城市景观，随着每一笔临终遗赠的增加而变得日益富丽堂皇。神父们从遥远的巴格达赶来寻求施舍。尽管与世隔绝，帝王之城波托西依旧是一座多元的国际大都市、技术创新的摇篮、财富的源泉、消费的天堂；但它也是一场环境灾难、刑罚的舞台、腐败和欺诈的滋生地。简而言之，它是全球化现代性的标志和矛盾的象征。

波托西城以矿业为基础，是一个长周期内不断繁荣的新兴城市。到了 17 世纪早期，它步履蹒跚地走向衰落。尽管里科山的矿石取之不尽，但开采和提炼却越来越困难。在内陆地区，新银矿的发现带来了希望，但大多数只是昙花一现，在 10 年内就破产了。17 世纪 40 年代，一场严重的铸币厂丑闻使该城本已不稳定的金融业陷入瘫痪，但从废墟中却涌现出一位波托西最伟大的企业家兼首富——加利西亚商人、矿主安东尼奥·洛佩斯·德·基罗加（Antonio López de Quiroga），他在铸币厂危机后一直过着富裕的生活，直到 1699 年去世。一些人试图证明波托西会不可避免地走向衰落，然而基罗加则被视为一个例外。早在 1690 年，墨西哥许多分散的银矿营地——包括同名的圣路易斯波托西（San Luis

Potosí）——的产量就已经超过了里科山，而且这种情况一直持续到1810年代西属美洲独立。尽管在1750年之后有所复苏，但波托西再也未能回到它的辉煌时代。

然而，衰落并非注定。里科山的白银生产在18世纪的头几十年跌至谷底，1719年的瘟疫夺去了波托西三分之一居民的生命，但这座城市希望的灯塔仍然闪耀着，仍然不失为华丽展演的中心。正是在这个艰难的时代，当地编年史家巴托洛梅·阿尔赞斯·德·奥尔赛·维拉（Bartolomé Arzáns de Orsúa y Vela）撰写了他的百万字著作《帝王之城波托西史》（*Historia de la Villa Imperial de Potasí*），这部生动而引人入胜的作品被保存在两份手稿中。自1965年出版以来，学者们一直在努力从阿尔赞斯的作品中探寻真相。波托西最著名的画家梅尔乔·佩雷斯·奥尔古因（Melchor Pérez Holguín）也正是在这一时期形成了他独特的创作风格，为新的波旁国王在墙壁大小的帆布上创作了名为《总督莅临波托西》的绘画。

腓力五世在位期间（1700—1745），波托西和南美洲的一些海
岸地带还驻扎着其他的军队。1702—1713年的西班牙王位继承战 3
争中，大胆的法国商人使得银矿开采业在一定程度上得到复苏，显然其中大部分是没有缴税的。英国人在战争结束时赢得了西班牙奴隶贸易的特许权，胆大的法国商人与英国人的走私贸易也在18世纪20年代和30年代通过布宜诺斯艾利斯蓬勃发展起来。出于对财政收入的渴望和应付新的庞大军事开支的需求，西班牙波旁王朝的国王们注意到了这一点，王室大臣们很快开始起草旨在促进传奇般的波托西里科山复兴的改革方案。

1735年，王室将白银生产总额的税收减至10%，虽然最终效果需要时间检验，但这一举措和其他激励措施均收到了良好的回馈。尽管遭受了一个多世纪的批评，但米塔徭役制（Mita）在18

世纪 30 年代早期仍旧得到了加强，而且波托西于 1747 年成立了一家储蓄银行。一个巨大的新铸币厂于 18 世纪 50 年代开办，并在 1773 年开业。这座优雅的建筑仍然是“帝王之城”的骄傲，是其世俗主张的神殿。在新的铸币厂建成后，一个由波兰男爵率领的欧洲技术代表团来到了这里，但在 18 世纪 90 年代，它未能重振波托西的矿业和精炼业。整个 18 世纪，被称为“卡恰人”① 的土著矿工开发了独立的银矿经济，有时缴税，有时不缴税。当 1810 年前后独立斗争爆发时，波托西仍然被认为是安第斯山脉的明珠。来自布宜诺斯艾利斯的起义者洗劫了这座城市并掏空了它的铸币厂，结果被同样缺钱的保皇党人赶了出去。1825 年，西蒙·玻利瓦尔（Simón Bolívar）在里科山山顶发表演讲，结束了他漫长的南方解放之旅。

本书提供了波托西的一段简明的历史，从 1545 年被发现开始，到 1825 年南美解放者到来结束，同年玻利维亚共和国以这位解放者的名字命名。后记描述了从那时起这座“富饶之山”和前“帝王之城”所发生的事情。各章按时间顺序排列，但也各有主题，每一章都围绕着一场辩论或争议展开，因为波托西总是被人争论不休。在它被发现后不久，这座城市和它的矿山就被视为西班牙贪婪和残忍的极端例子，成为后来被称为“黑色传奇”（Black Legend）的标志性象征。

争论仍在继续。波托西被描述为一个技术复兴的奇迹，一个环境领域藏污纳垢之所，一个区域发展的汇聚之地，同时也是一个出口飞地（Export Enclave）最为糟糕的案例。其他人则将之描述为一个本土人自我塑造和极具社会流动性的空间，一个病理性

---

① *kajchas*，指在采矿时采用小偷小摸的方式将部分贵金属流通到市场，而不是上交给殖民政府的群体。——译者注

暴力丛生的舞台，一个处于高度沙漠化环境下出乎意料的普通西
班牙城市，一个巴洛克式的反乌托邦之地。18 世纪的学者们时而
称其为波旁王朝改革罕见的成功典范，时而又将其视为波旁王朝
显著的失败。波旁王朝的掠夺无道激发了拉丁美洲所有殖民地的
起义。独立后，里科山成了一个外国觊觎但无法掌控的目标。这 4
里既是这个新国家的货币根基，又是这个弱小的共和国噩梦般的
殖民遗产。在所有这些关于波托西的相互矛盾的观点中，在每一
场论战或赞美中，人们可以看到一座银山是如何膨胀着帝国的梦
想，并提炼出殖民噩梦的。最后，大多数人一致认为，里科山如
同海市蜃楼，执着如渊般的开发只会导致幻灭和贫穷。这是关于
人类软弱、卑鄙和愚蠢的具体实例。

然而，并非一切尽是黑暗，外界人士的观点也可能具有欺骗性。从一开始，波托西社会就以其多样性、富有活力和慷慨大方而闻名。因此，本书强调了当地工人、经商的妇女、被奴役的非洲劳工、骡夫和其他普通人的生活，强调了商界精英、矿主和精炼厂厂主、富有的寡妇、异装的亡命徒、神父、士兵和王室官员的生活日常。被同时置于时代背景下的，还有这座城市糟糕的工作环境、严重的污染和它臭名昭著的高谋杀率和死刑处决方式。近代早期的生活通常是肮脏的、野蛮的，人们寿命很短。但是，富矿带（Bonanza）也催生了惊人的创造力，并为社会各阶层的企业家们创造财富。他们中的一些人在赚钱的同时，也在慷慨地回馈。

因此，人们应当着重铭记，尽管波托西是一个充满痛苦遭遇和迫害的地方，但它也是一个重塑个人的平台，而不是仅仅面向精英阶层。如果足够聪明与幸运，一贫如洗的男男女女们照样能够以惊人的速度获得财富和地位，而且许多人甚至在竞争时也都会相互合作。当地派系和部落的激增使得一些人物如明星般崛起，同时扼杀了其他人。在最糟糕的情况下，波托西的派系，诸如主

尔甫派（Guelphs）和吉柏林派（Ghibellines），彼此时有纷争，但他们也经常签订协议和结盟，以使自己免受王室和批评者的攻击。高门大户可能会在一夜之间出现或消失，或被一场幸运的联姻挽救，或被一个败家子女毁灭。尽管存在着森严的社会等级制度，但是波托西的银矿使余生的下半幕能得偿所愿。

同样重要的是，本书也强调了波托西的发现和开发带来的负面环境影响，书中详细描述了我们所知道的森林砍伐、河流污染、废物处置失当，汞、铅、锌以及其他有毒金属和化学副产品的污染。波托西在这一时期的历史是一个警世故事，它在收获近代早期巨额财富的同时，其带来的环境危害仍然明显体现在今天城市的空气、水和土壤中。

5 最后，这本书并没有孤立地看待波托西或它的居民，而是将其链接到世界其他地区（近至皮尔马约河盆地，远及印度西南部的胡椒林），视之为全球白银供应的出口商，也是原材料和制造产品的贪婪消费者。波托西的大多数奴隶都是非洲人或拥有非洲血统，这本书强调了他们作为工人和文化承载者的重要性。在伊比利亚联盟（Spanish-Portuguese union，1580—1640）时代，每年到达波托西的非洲人数量比大多数历史学家认为的还要多。同成千上万的安第斯人共同塑造了这座城市的文化，无论是主动还是被动，这些人都已将“帝王之城”视为自己的家园。

波托西在其全盛时期，在世界历史舞台上占据着重要位置。它不仅为欧洲所有的君主所知，也为奥斯曼帝国、萨非王朝、莫卧儿王朝、明清两朝中国的皇帝所知晓。许多国家的君主都羡慕西班牙伟大的安第斯财富之源，包括法国的路易十四在内的几位君主都曾考虑过要占领它。就像堂吉诃德和桑丘·潘扎一样，眼红的国王们知道“价值一个波托西”意味着什么。他们禁不住觊觎查理五世所赞誉的“世界财库”。

一个渴望白银的世界

在波托西被发现的 1545 年，欧洲和亚洲都在经历着经济学家所说的“贵重金属饥荒”（Bullion Famine）。在 13 世纪 40 年代黑死病暴发后的几个世纪里，人口增长和商业扩张推动了对金属货币（Specie）的需求，金属币（Hard Cash）跨越了文化和政治的界限。在欧亚大陆以及北非和东非，只有黄金和白银符合要求。除了撒哈拉以南的非洲和东南亚的一些区域外，铜、青铜和铁制的货币在国王的领地之外是不被接受的。纸币的流通性更差，主要由能够强制执行合同的大商人来处理。

外汇需要贵金属，无论是原材料还是货币成品。同样，雇佣兵占绝大多数的军队也要求以金属货币作为军饷。在全球范围内，黄金稀缺，白银也少，远比今天更为短缺。与黄金相比，白银相对丰富，因此大多数国际或帝国间的货币转移都使用白银。不断变化的黄金和白银之间的汇率，或称双金属汇兑比率，是引导全球贸易流通的关键。即便是王室的法令通常也对此无计可施，但
在 1570 年之后，中国对白银的需求足以重置全球商业经济的节奏， 6
与此同时，波托西也在阔步向前。

要了解白银，必须先看一看黄金。在古代，黄金与炎热的热带地区联系在一起，经由阳光暴晒而得，因此黄金在撒哈拉以南非洲和亚洲的部分地区最为丰富。从 15 世纪中期起，葡萄牙人经由大西洋沿岸在撒哈拉以南非洲开采黄金，约一个世纪后，又在非洲东南部开采。显而易见的是，直到 1650 年前后，葡萄牙在非洲的黄金贸易仍然比奴隶贸易更有价值。西非的黄金大多是自然冲积或散落在溪流河床之上的，开采甚是艰难，而且无法做到一

年四季均能操作。西非的黄金大多在农闲时期开采，有时还会因战争而受到影响。

尽管欧洲人渴望得到它，但由于当地统治者的（抵制性）力量、疟疾和其他热带疾病的流行，他们从未垄断西非的黄金开采，甚至无法接近其源头。非洲东南部的黄金，部分与大津巴布韦和传说中的莫诺莫塔帕王国（Monomotapa）有关，但（在实际上）依然不可企及，至少在源头上是如此。最终，葡萄牙人只能在边缘地带开采黄金。总而言之，如果没有非洲中间商愿意与欧洲人打交道，非洲内陆的多数黄金将继续流入伊斯兰世界，要么穿过撒哈拉沙漠，要么穿过斯瓦希里（Swahili）海岸的港口。

大加勒比群岛的土著居民也使用黄金，正如哥伦布在 1492 年发现的那样，这让他的西班牙赞助者感到高兴。[2] 随之而来的便是征服。尽管西班牙人很快就在伊斯帕尼奥拉岛（Hispaniola）和加勒比海盆地等其他地方开采了金矿，但西属印度群岛上的金矿很快就耗尽了。甚至在哥伦布时代，西班牙移民还强迫美洲原住民和非洲人为他们淘金。这与其说是头发斑白的欧洲勘探者的世界，倒不如说是古代罗马情形的重现：采矿是奴隶和囚犯的工作。和波托西一样，早期美洲的勘探和采矿活动被委托给了非自愿的扈从，其中大多数不是欧洲人。因此，发现美洲大金矿和银矿的人几乎都是美洲土著、非洲人和其他混血的有色人种。

西班牙从对墨西哥阿兹特克（1519—1521）、秘鲁印加（1532—1534）和哥伦比亚穆伊斯卡或新格拉纳达（1538）的征服中也获得了相当多的黄金，但与加勒比岛屿一样，最为明显的是黄金砂矿并不稳定，很容易在短时间内迅速耗尽。虽然有一些坚硬的硬岩矿床未被触及，但多数的砂金矿基本都已被原住民开采完了。在哥伦比亚的奇斯基奥（Chisquío）和厄瓜多尔的扎鲁马
7 （Zaruma）等地，地下含金矿脉随着铁制工具的引进而被发现，但

对其进行采掘则需要大笔投资。更糟糕的是，西班牙奴隶主虐待土著工人，并导致其染上传染病，征服者的金矿实际上成了死亡集中营。土著居民的抱怨大多无人理睬，但引发了自多明我会的巴托洛梅·德·拉斯·卡萨斯（Bartolomé de las Casas）等西班牙教士们的高声抗议。目睹西班牙在美洲富矿带的财运和随之而来的道德败坏行为，许多欧洲人利用拉斯·卡萨斯和其他西班牙内部对征服持批评态度者的著作，蔑称“西班牙人天生贪婪、残忍和偏执”。“黑色传奇”就此诞生。

撒哈拉以南的非洲人也遭受了同样的痛苦。从伊莎贝拉（Isabella）和费迪南德（Ferdinand）时代起，教士的恳求促使西班牙国王颁布法令，规定淘金是一项只适合非洲奴隶的工作，因此在西属美洲的许多黄金生产地，特别是在低地哥伦比亚，非洲人和他们的后代占大多数。黄金生产周期往往是快速达到高峰并急剧下降，有时与奴隶贸易的起伏有关。到了1600年，从墨西哥西部到智利南部，西属美洲殖民地到处都有被废弃的采金营地。只有新格拉纳达在独立后仍继续出产大量的黄金，但即使在这里，随着新边疆的开放、征服和开发，采金营地的趋势也是忽明忽暗。

西班牙征服墨西哥和秘鲁后，大量银矿的发现维持了其核心殖民地的生存，并结束了1550年之后欧亚大陆的贵重金属荒。波托西既非起点，亦非终结。第一批大规模的银矿开采在墨西哥的苏尔特佩克（Sultepec）、塔克科（Taxco）和帕丘卡（Pachuca）等营地进行，但这些最早于16世纪30年代开发起来的矿床却都不易开采，洪水和顽石随处可见。在更北部的矿区，如发现于16世纪四五十年代的萨卡特卡斯（Zacatecas）和瓜纳华托（Guanajuato）被证明更有希望，但它们远离土著人口中心。只有最富有的或者是最有信誉的墨西哥矿主才能负担得起非洲奴隶，而且西班牙王室也不愿意补贴奴隶贸易。土著工人被征召，但大多数人必须征聘和留用。因此，墨西哥银矿的开采量步履蹒跚，在 1690 年前后开始漫长的增长过程，直至成为世界霸主，并在 1810 年独立前不久达到顶峰。

在墨西哥的伟大白银时代到来之前，是波托西的全盛时期。在高耸的南美洲安第斯山脉，西班牙征服者在 1530 年代后期跟随印加人来到了偏远的、位于炎热的库斯科东南部低地的卡拉巴亚（Carabaya）金矿，以及当今玻利维亚中南部的波科（Porco）银
8 矿。波科很快成为征服者派系之间争论的焦点，其中包括冈萨罗·皮萨罗（Gonzalo Pizarro）的忠实支持者，他们在 1544 年反抗查理五世，抗议限制其接触土著居民以及其剩余库存的命令。在保皇派和叛军的战斗中，波科的当地矿工在迭戈·瓜尔帕的带领下，在波托西附近发现了巨大的银矿坑。几年之内，“波托西”一词就成了形容无限财富的全球通用代名词，“里科山”或“富饶之山”成为西班牙帝国的三角形标志，足以同查理五世的“赫拉克勒斯之柱”（Pillars of Hercules）相媲美。

为了快速了解其在数量上的重要性，根据官方税收记录，波托西生产的白银超过了墨西哥 1650 年前所生产的白银总和。在最初的一个世纪内，波托西生产了世界上近一半的白银。依长时段来看，1545 至 1810 年的银税金额为 8.754 亿比索，每枚比索重约 1 盎司。这占了全球 265 年内已知银产量的近 20%。这也是墨西哥萨卡特卡斯登记的白银总产量（4.014 亿比索）的两倍多，萨卡特卡斯是波托西在前工业化时代不分伯仲的对手。尽管早期矿藏丰富，但萨卡特卡斯的大部分白银是在 18 世纪被开采出来的，当时波托西已经衰落了。墨西哥的矿业小镇圣路易斯波托西始建于 1592 年，人们希望它能与遥远的“上秘鲁”比肩。尽管包括黄金在内的矿产产量也相当可观，但它从未实现人们的这一愿望。[3]

直到 19 世纪前 20 年拉丁美洲独立期间，西班牙国王和他们的

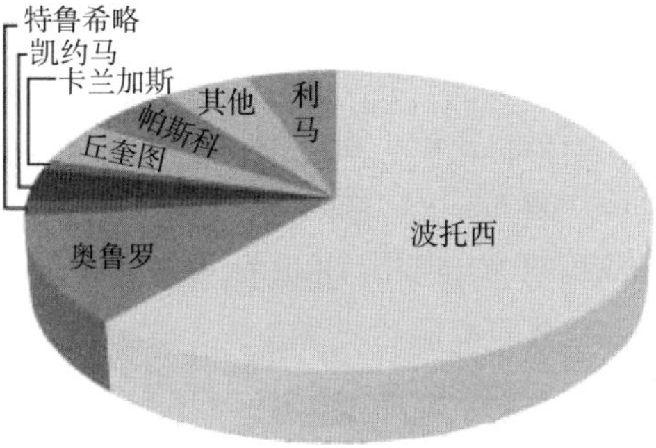

图 1 1545—1810 年，波托西在大秘鲁地区银产量的占比（基于税收记录）。

敌人（军团）一直相信，其命运必然与里科山联系在一起。我们 9
现在知道，早在 1650 年之前，里科山易开采的白银就已经被采掘出来了，但即使在衰落时期，波托西也被认为是一个独有的奇迹，它甚至能够在其矿藏深处产出新的金属。[4] 这是一眼甫一启动就取之不尽的财富之泉，一项新兴的发明创造，一份别样的神圣祝福。

波托西的全球视野

波托西在 1545 年被发现后不久便闻名于世。1553 年，一幅木刻版画在西班牙塞维利亚出版后，里科山或“富饶之山”成为一种世俗的标志。这幅画是由佩德罗·德·谢萨·德·莱昂（Pedro de Cieza de León）绘制的，他是西班牙征服秘鲁后的早期旅行者，曾于 1549 年参观了繁忙的采矿营地。[5] 几十年内，谢萨·德·莱昂和另一位西班牙游客奥古斯丁·德·萨拉特（Agustin de Zárate）对波托西的描述被翻译成了法语、德语、荷兰语、英语和意大利语。谢萨的描述最为详细，因此他于 1553 年所创作的木刻版画被广泛复制。随着印刷工人和其他艺术家的纷纷效仿，这座矿山的形象变得更加奇妙。

1553 年的木刻版画描绘了里科山顶附近的 5 条银脉，从左到右分别是门迪塔（Mendieta）、黎加（Rica）、森特诺（Centeno）、埃斯塔诺（Estaño）和奥纳特（Oñate）。两名男子沿着陡峭的小路上山，左边显然是背着麻袋的土著工人，右边是戴着帽子、拄着手杖的西班牙人。里科山前面的小山是瓦伊纳波托西山（Huayna Potosí），在它的下面散布着这座尚未被称为“帝王之城”的城市，被拉里贝拉河（La Ribera）的峡谷分隔。这条小溪似乎从图片左上角的圆形湖泊或泉水中冒出来，另一股较小的泉水从里科山右侧的河流出。

谢萨的木刻画描绘了两座教堂：圣弗朗西斯科堂和圣巴巴拉堂，第一座被误画在河的另一侧，考虑到早期的年代，两座教堂规模都很大。画面的前端是一个看似杂乱的主广场，其中描绘了一些人物，包括一群头戴头盔、手持长枪的士兵，他们的长矛上插着一个刚被砍下的头颅。这种对于致命暴力或皇家司法的暗示，是很重要的。在文中，谢萨描述了波托西在西班牙征服者派系之间的战争中发挥的关键作用，这场战争以 1548 年对叛军首领冈萨罗·皮萨罗的处决而宣告结束。

在叙述了波托西的发现之后，谢萨记述了当地广泛使用的被称为“瓜伊拉”（*guayra*）的风炉，这种风炉用于冶炼白银，而西
10 班牙本土化风炉是无法满足要求的。在波托西周围的山上，随处可见这种独具匠心的风炉，以至于在夜晚“看起来就像星星般闪烁”。谢萨说，为了炼银，风力对当地人来说就像其对海上的水手一样重要。他接着指出，由于波托西的开采和提炼几乎完全掌握在安第斯土著手中，“人们相信，许多人已经变得富有，并将大量白银带到了他们的土地上。正是因为这个原因，这个王国的许多

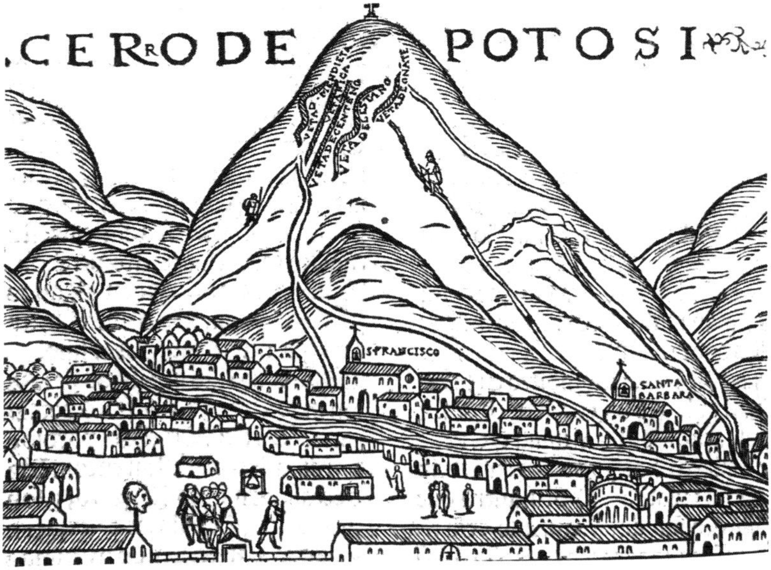

图2 波托西的山丘，佩德罗·德·谢萨·德·莱昂，秘鲁克罗妮卡，1553年。

其他地方的印第安人都来到了波托西，希望把握住这个机会”。[6] 谢萨的说法是可信的，早期的波托西对当地的业主和西班牙人来说，的确是一块充满机会的土地。一个矿业城镇的悖论是显而易见的：波托西是一个充满强制劳动和大量苦难的深渊，同时是个人获利的活动场所。

波托西的信息很快传到了近东，大约在1580年，奥斯曼版本中里科山的标志性形象出现在了一部关于西印度群岛的著作概要中。这本被称为《西印度史》（*Tarih-I Hind-I Garbi*）的著作在过去的几个世纪里被重印为多个版本。最早的一版中包括一幅奇特的彩色里科山缩略图，它或许来自谢萨的木刻版画，也可能来自意大利的复制版。[7] 最显著的不同是，里科山已经被奥斯曼插画

11 家渲染成了绿色，前景中布满了郁郁葱葱的植被，茂密的地中海柏树点缀着这座奢华的城市。奥斯曼风格的建筑占据主体，一些建筑似乎有铸铅屋顶，这座城市就像伊斯坦布尔那样，被石墙环绕着。城墙在河的两边，这条河起源于一片圆形的湖泊或泉水，这与谢萨的原版相同。与原版中士兵所不同的是，这位奥斯曼帝国插画师在壁画的前景中画了一个白人和一个黑人，他们穿着飘逸的衣服，站在一座神殿或坟墓之间。这幅画虽然小，但却色彩鲜明，让人联想到人间天堂中的“银泉”（Silver Spring）。

《西印度史》中关于波托西的文本很大程度上是借鉴了奥古斯丁·德·萨拉特著于1555年的《秘鲁的发现与征服》（*The Discovery and Conquest of Peru*），但并非对该书的逐字翻译。[8] 奥斯曼帝国的抄书吏提到了内战期间曾占领波托西的叛军冈萨罗·皮萨罗的副手弗朗西斯科·德·卡瓦哈尔上尉（Capt. Francisco de Carvajal）：

> 在战役过程中，（上述的）卡瓦哈尔看到了一座名为波托西的繁荣城市，这座城市位于山脚下，有一条小河潺潺流过。无论他们从哪一边进行挖掘，只要他们燃烧1坎塔尔（*kantar*，英担）重的土，就会从中流出纯银15奥卡（*okkas*，约19.2公斤）。（似乎上面提到的这条河就是前面提到的拉普拉塔河）。然后，卡瓦哈尔在上面提到的地方召集了7000名印第安人，并制定了这条规则：“每个人每周必须交出价值4枚金币的白银，其余的则可留给自己。”[9]

奥斯曼帝国的作者描述了一座位于矿山前的城市。他们将强迫和激励结合在一起，这与谢萨的看法大相径庭，谢萨认为此为具有事业心的安第斯人所做出的自由行为。关于波托西的传说已经在全球流传，但有一点是非常明确的：正如谢萨·德·莱昂所描述的那样，里科山是独一无二的："从这一点来看，人们可以完全相信，在世界上其他任何地方都没有发现过如此富饶的山。"[10]

1580年，奥斯曼帝国面临着强大的敌人——哈布斯堡王朝的西班牙及其自诩的神圣同盟。尽管偶尔取得胜利，但人们对1571年奥斯曼帝国海军在勒班陀的溃败记忆犹新。奥斯曼帝国正处于苏丹穆拉德三世（1574—1595）统治下的艰难时期，这一版本的《西印度史》是献给他的。西班牙通过贸易、掠夺和敲诈获得的贵重金属被证明是一把祸福相依的"双刃剑"，它推动了整个地中海地区，尤其是奥斯曼帝国内部的物价上涨。然而，西属美洲的 14
白银依然是贸易和战争的命脉，是集结和维持强大的陆海军的唯一手段。波托西，被亲切地描绘成一个奥斯曼帝国的城市，可以被想象成苏丹的长远目标或一个顽固异教徒的压轴之作（*pièce de résistance*）。

当这幅描绘美洲财富的插图呈现在奥斯曼帝国的苏丹面前之际，从安第斯山脉高地的世界"财富之泉"淌出的溪流四处延展开来。大帆船在阿里卡（Arica）、迪奥斯港（Nombre de Dios）、阿卡普尔科（Acapulco）、马尼拉（Manila）和塞维利亚都满载成吨的波托西白银。里科山的银产量迅速增长，并在1592年达到顶峰。每年从大西洋到欧洲的白银运输量是通过太平洋到东亚、东南亚运输量的两倍多。然而，这些"大西洋"贵金属和金属币中的绝大多数仍以印度或中国为目的地，并通常由通过近东和中亚的驿站商队进行中转。

日本的白银在16、17世纪也主要流入中国，其数量虽然也同样可观，但在波托西的遮蔽下常常被遗忘。中国对白银的需求反过来掩盖了印度的重要性。印度人口稠密，制造部门繁复，商业经济充满活力。莫卧儿人和他们的邻居很快加入了奥斯曼人和萨

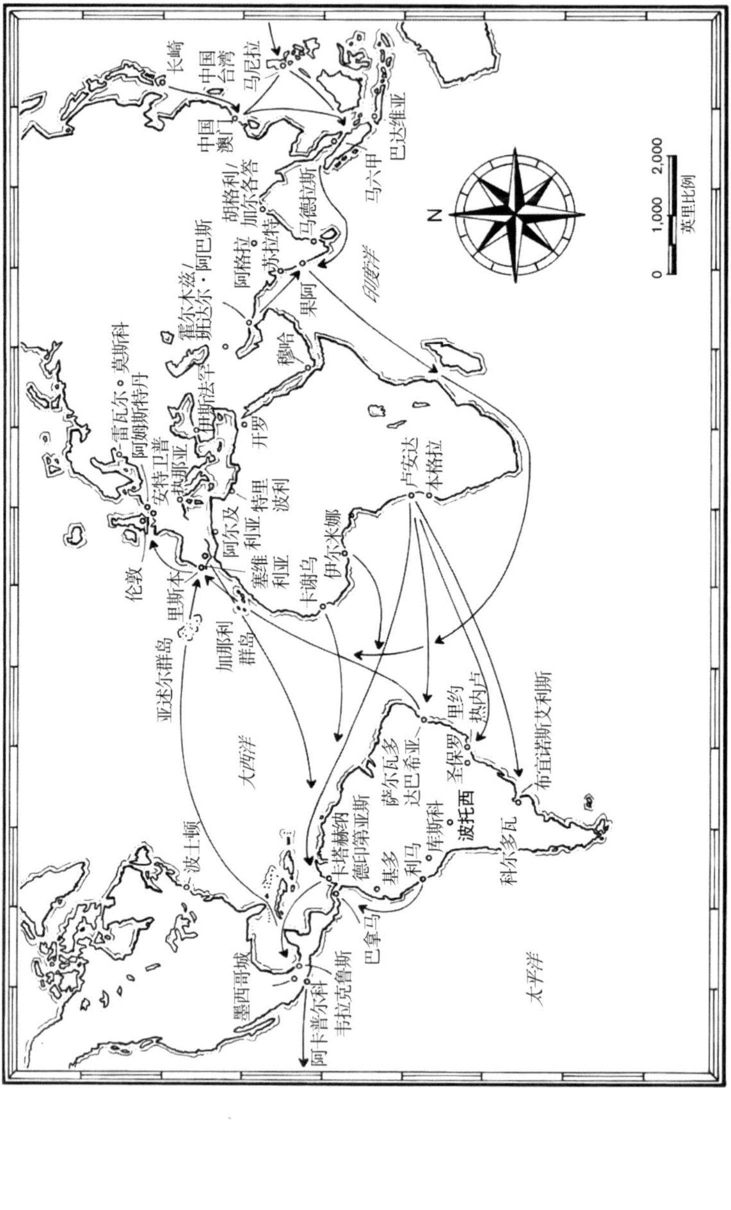

地图1　波托西白银盛行时代的全球海上贸易路线。

非人的行列，利用波托西的白银来支撑他们的对外征服战争。在这个大约只有5亿人口的世界里，亚洲人口占了一半，而每年几百万盎司的波托西白银涌入此地，为其带来了深远的影响。这种“八雷亚尔”（Piece of Eight）硬币成为世界上首个真正意义上的全球货币，跨越了所有国界，为贸易、战争和宗教传播提供了资金。

世界里的波托西和波托西里的世界

正如我们所看到的，1545年发现波托西的消息迅速传播，首先刺激了来自西属美洲其他地区的移民，包括大秘鲁、墨西哥和加勒比地区，然后是来自西班牙本土和欧洲其他地区的移民。另外，欧洲商人和牧师在前往阿姆斯特丹、莫斯科、伊斯坦布尔、开罗、果阿（Goa）和马六甲（Melaka）时也宣传了此地富有矿脉的消息。在短短几十年内，波托西在印度、中国和东南亚都广为人知。1602年，意大利耶稣会传教士利玛窦和他的翻译助手李之藻在为中国万历皇帝绘制的巨大世界地图上标出了“北度西山”（波托西山）。[11]

万历年间，中国突然转向外部世界获取白银，生产了数额巨大的丝绸、瓷器和其他奢侈品用作交易。“波托西”一词迅速取代 15
了“秘鲁”，成为尽人皆知的宝贵财富的同义词。1533年，印加帝国皇帝阿塔瓦尔帕（Atawallpa）的巨额赎金曾使“秘鲁”闻名于世。

就在波托西进入世界视野的同时，世界各地的商品也进入了波托西。就像淘金热时期的加州一样，贩卖工具、衣服、食物和酒的商人们紧随寻找财富的矿工之后。安第斯的供应商急于获得白银，于是各种必需品纷纷涌入，但西班牙葡萄酒、橄榄油、铁和奢侈纺织品也迅速抵达。新近暴富矿主们的奢侈消费之风使早期来访此地的游客大感震惊，其中就包括谢萨·德·莱昂，但他同样对安第斯当地的市场活动印象深刻。根据他 1549 年的访问，他将波托西的市场称为秘鲁最大的市场：

我相信世界上没有市场能与这个市场的贸易相匹敌。我观察了它好几次，有一次，我看到一长串的篮子装着古柯，其长度从平原一直延伸到城镇的主广场，这是该地区中最伟大的财富；另一边是成堆的毯子和装饰华丽的衬衣，又薄又宽；再一边是成堆的玉米、干土豆和其他食物；更别提王国里还有大量的上等牛肉。由于他们每天都能获得白银，这些印第安人都是胡吃海喝的饕餮之徒，尤其是那些和西班牙人做生意的印第安人，有多少就消费多少。[12]

根据谢萨所言，市场竞争非常激烈："至于商品的成本，他们所售的鲁昂羊毛、绒面呢和荷兰亚麻的价格几乎与西班牙的一样便宜。"[13]波托西早期的公证记录也证实了上述说法。

随着时间的推移，炫富行为越来越炽热，到了 1580 年，即使是贫穷的波托西人也会身着由上等欧洲羊毛与中国丝绸混织而成的套装，在公开场合得意穿戴。来自世界各地的香料和宝石供应不断，还有高品质的手工制品，如眼镜、剪刀，甚至威尼斯的玻璃器皿等。1545 年，"帝王之城"还是一座贫瘠的山坡，但它很快就在消费品和居民构成的多样化方面跻身世界大都市的行列。

在 16 世纪 70 年代，里科山最成功的矿主之一是尼古劳·德尔·贝尼诺（Nicolao del Benino）。他是佛罗伦萨人，据其本人所言，他是美第奇家族的亲戚。贝尼诺是数位意大利移民之一。1549 年，一名波托西购房者的名字被记录为哈科梅·希诺韦斯

(Jácome Ginovés，即热那亚人贾科莫)。同年，弗朗西斯科·卡拉瓦乔（Francisco Caravaggio）声称拥有一处矿山。1559 年，佛兰德矿工在里科山交换了部分与他们同名的矿脉——“弗拉明戈矿脉”(the Veta de los Flamencos)。其中包括：布鲁塞尔的胡安 16
(Juan of Brussels)、安特卫普的莱文（Levin of Antwerp)、鲁汶的安德烈斯（Andrés of Louvain）和荷兰的迪奥尼西奥（Dionisio of Holland)。[14] 除了来自欧洲大陆各地的数千名欧洲人，以及数万名会讲多种语言的安第斯原住民，波托西也成了越来越多撒哈拉以南非洲人的家园。在 1570 年之后，甚至有一些亚洲人通过阿卡普尔科和利马到此，成为奴隶或仆人。

因此，波托西成了近代早期“世界城市”的一员，其增长和发展依赖于与全球其他地区的持续联系。[15] 波托西并不是寻常意 17
义上的港口城市或行政中心，而是一座新近发现的矿业城市，一个能够以资金补给国际金融的前沿阵地。世界上也没有任何一个地方能够像波托西一般，拥有一种独特的魅力，哪怕是另一座因陆地接壤或海拔较低而与其极其相似的城市。因此，波托西标志性的赤峰耸立其上，似乎注定了它要成为新的全球经济和政治秩序的象征。

尽管有一些教士直言不讳地哀叹财富引发的道德问题，但大多数西班牙评论者却对哈布斯堡王朝统治者拥有如此前所未有的巨额财富的好运赞不绝口。从信仰上来说这也是一个吉兆，西班 18
牙人将之解释为对罗马天主教信仰的忠诚。波托西的白银可以支持远航任务，并能够派遣庞大的军队“击退异教徒”或“粉碎异端”。这些天意般的解释只会助长波托西“取之不尽”的神话，即便遇到困难也是将其与人类的罪恶挂钩，而非与地质学或近代早期化学的缺陷相关联。

1563 年，在利马东部的万卡韦利卡（Huancavelica）山区发现

图 3 《坤舆万国全图》，利玛窦、李之藻，约 1602 年。波托西在右，近南美洲中心。

了水银，西班牙似乎具备了支撑其全球帝国身份的必要条件。从1572 年开始，水银被大规模地用于精炼波托西的银矿石，同时代的一些人怀疑上帝是否在所有王国中选择了卡斯蒂利亚，并在所有王朝中选择了哈布斯堡王朝作为最受青睐的仆人。然而，“水能载舟亦能覆舟”。不久之后，包括内部人士在内的评论者开始称波

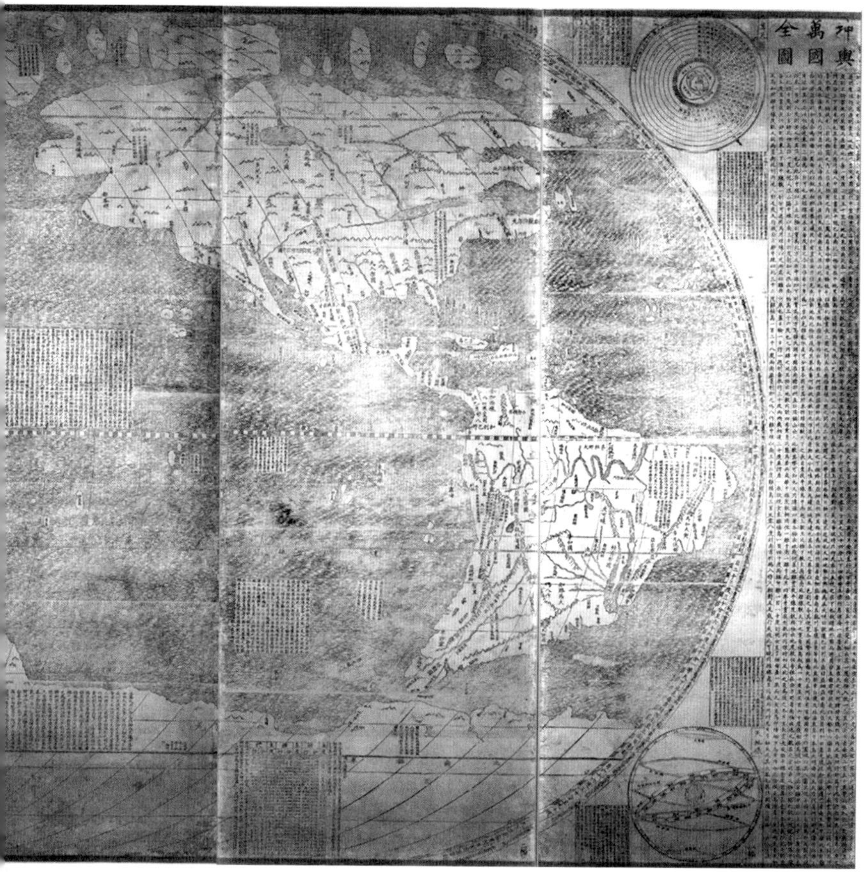

托西银矿是一种诅咒，是摆在基督徒面前最严重的诱惑。万卡韦利卡致命的汞矿、波托西的秘鲁女仆，均是这些诱惑的重要体现。

虽然这种对波托西的道德矛盾心理持续存在，但这座城市作为全球白银供应者和全球商品重要市场的角色——以及成千上万移民的命运——仍然是无可争议的。在一个不必考虑工业性或特别强调创新性的时代里，波托西仍是一个技术创新和产业发展的地方。在一个不考虑真正符合资本主义或金融上先进精微的时代，它仍是一个巨大的资本密集和复杂金融交易的场所。这是私营企业家和一个越来越专制的、具有重商主义或垄断企图的国家之间的持久战场。接下来的章节旨在解决波托西的近代早期史中的一些看似矛盾或存在谜团的问题，这不是要忽视白银的重要性，而是要在这样一个无论是地上还是地下都令人难以置信的地方，努力寻找人类经验的新奇之处。

第一章探讨了波托西发现时的争议情况和前哥伦布时代采矿和冶金的重要性。为什么印加人没有在红山开矿？第二章讲述了这座城市的第一次繁荣，当时安第斯工匠主导着采矿和精炼。为什么西班牙人一开始没有控制住局面？第三章详细介绍了秘鲁第五任总督弗朗西斯科·德·托莱多在（Francisco de Toledo）16 世纪 70 年代所实施的革命性变革。托莱多的计划是对国家管理经济的一种早期的尝试吗？第四章考察了托莱多改革所带来的奇迹和不幸。在这场狂欢中，又是谁赢谁输呢？第五章讲述了在 17 世纪
19 20 年代到 50 年代，几乎摧毁了波托西的一系列灾难。波托西人和局外人又如何看待这些自然和人为的灾祸？第六章讲述了波托西在哈布斯堡王朝末代国王查理二世统治下的持续衰落，以及在第一任波旁王朝国王腓力五世统治时期的部分复苏。土著矿主和精炼商再次控制局面了吗？第七章探讨了大约 1750 年后在波托西发生的巨大变化，当时的国家干预达到了新高度。启蒙运动时期的科学会重振矿山吗？本书的尾声，再次回到了波托西在其近代早期史中备受争议的意义，并回顾了这座城市自 1825 年以来的命运。尽管近 5 个世纪以来，波托西一直因自身的尘埃而窒息，但它将永远呼吸。

第一章　富矿带

> 数个属于维拉里尔的印第安人在距离拉普拉塔城镇18里格远的群山中漫步时，偶然发现一座巨大山峰耸立于平原上，我无法确切说出其规模，只能这样描述以便理解：它像人们在这些地方看到的一样大。在这座山峰上，他们发现了银的痕迹，随后在冶炼时发现其藏量是如此丰富，以至于无论在何处取土烧制，其提炼物除银之外几无他物，每英担（hundredweight）至少可得80马克（mark），出银率近半。
>
> ——匿名，可能为波罗·翁德加多学士/硕士（Lic. Polo Ondegardo），1571年[1]

正如人们所料，关于波托西之发现说法不一。据数名西班牙 20
作家所言，1545年，一个名为瓜尔帕或瓜卡的安第斯土著在追逐大羊驼、原驼或鹿时，在玻利维亚南部高地的一座圆锥形红色山峰上意外发现了一处银矿石露头。相较于安第斯山脉，这座或被称为波托奇（Potoc'chi，即前文所述之“波托西”）的微红色山峰并不算很高，但它近5000米的海拔也足以令人印象深刻。伫立峰顶，目光可及之处是高低起伏的、贫瘠的普纳高原，峡谷从中穿过，玄武岩悬崖高高耸立，科迪勒拉山系所环绕的广阔盐滩在远处若隐若现。

根据大多数早期记载，几乎鲜有证据表明，在西班牙人到来之前，印加人或其他人已在这座红色山峰的侧翼进行过开矿活动。

印加帝国此前在波科的矿山位于该峰西南部不远处，距此大约半天路程，瓜尔帕或瓜卡作为亚纳科纳（*yanacona*）① 或前述传说中西班牙领主“维拉里尔”的私人仆从曾在此工作。波科的银矿很丰富，但大多因地下水位过高而被淹没，这导致开采成本上升而收益减少。

据宿命论者之叙述，这是一个危机时刻。在其中一种叙述中，
21 迭戈·瓜尔帕被称作安第斯山脉的胡安·迭戈（Juan Diego）。瓜达卢佩圣母并未在他面前显灵，但不论是基督教的上帝还是（当地的）风神——“瓦伊拉”（*Wayra*，克丘亚语）——都借他之手向世界宣告里科山的富饶。幸运的是，我们有一条似乎来自瓜尔帕本人的描述，或者我们认为应该尽量接近其本人的叙述（见附录）。1572 年，受刚刚到达的总督弗朗西斯科·德·托莱多之命令，一名西班牙神父采访了一位年近七旬的安第斯人，当时他躺在波托西的家中，奄奄一息。[2]

现在我们把这名发现者称为堂·迭戈·瓜尔帕，头衔“堂”象征着尊贵的祖先。他声称自己来自丘姆比维尔卡斯省（province of Chumbivilcas）的库斯科地区，是命途多舛的印加皇帝、神圣羽冠守护者瓦斯卡尔的仆从。瓜尔帕表示，当 1532 年弗朗西斯科·皮萨罗一行伏击并抓捕印加皇帝阿塔瓦尔帕时，他也在卡哈马卡。身为仆从的瓜尔帕投靠了一名葡萄牙士兵，以使自己免遭西班牙人的虐待。数年后，迭戈·瓜尔帕结束了在波科开采银矿的工作。[3] 他声称，他和其他亚纳科纳在来往波科和拉普拉塔（La Plata）或安第斯山脉东坡上正在兴起的地区首府途中，时常会经过波托西的山坡。在证词中，瓜尔帕并未将它称为波托奇，但我们必须时刻牢记这是 1572 年经过一个神父过滤之后的言辞。

---

① 指安第斯土著仆人。——译者注

弗朗西斯科的弟弟冈萨罗·皮萨罗甚至还下令在山侧翼较低的位置尝试挖掘，然而一无所获。迭戈·瓜尔帕认为，他之所以能发现里科山大银矿，是由于他和友人被送往山顶寻觅供奉居民信仰的神殿（即“瓦卡”，*huaca*）。他声称，二人发现了一份祭品并将其带下山，献给了自己的主人。据推测，祭品中包括金银制品，但证词并未提供细节。

堂·迭戈·瓜尔帕表示，两人在下山途中被风吹散。他自己被一股劲风吹倒在地，几乎昏厥。待艰难站起后，他发现手上有某种物质的碎屑，并立刻辨认出是一种矿砂。瓜尔帕用毛毯打包了数磅矿砂，带到波科加以提炼。他发现这种矿砂品位很高，但他当时的主人和其他西班牙征服者并不相信矿石来自当时被称为波托西的山上。

最终，一名西班牙士兵陪同瓜尔帕返回赤色山峰波托西，但烈风再起，士兵被吹倒在地，帽子也随风飘远，他愤怒地殴打并
诅咒瓜尔帕。两人旋即返回波科。在波科，西班牙人维拉里尔听 22
说了瓜尔帕的发现，遂在土著仆从查尔科（Chalco）的协助下，迅速对波托西矿山提出所有权要求。

瓜尔帕的故事中没有出现大羊驼、鹿或上翻的草根，但风的形象非常突出，这点与其他关于波托西重大发现的说法不同。在克丘亚语中，“风”被称作“瓦伊拉”。在长达数十年的时间中，瓦伊拉在波托西成为一种天意般的存在。然而，即便此种说法看似土生土长，它也带有某种天主教传奇的意蕴，或像是这个无知的乡巴佬撞了鬼，却拼命地与据传博学的权威作斗争，以证明其真实性。瓜尔帕的发现果真如此吗？

安第斯山脉的冶金和地质

当16世纪初欧洲人和非洲人到达南美之时，安第斯人已经开采并加工多种矿物达数千年之久，包括金、银、铜、锡、汞、盐、天青石、绿宝石、绿松石、软玉、黑曜石等。安第斯山的石质建筑是美洲最先进的石质建筑之一，这使得“石器时代”等同于“原始主义”（primitivism）的陈旧观念不攻自破。人们只需参观印加首都库斯科或马丘比丘遗址，就能亲眼看到这种无与伦比的艺术。

在中南美洲以及加勒比海的部分地区，工匠们通过巧妙的焊接技术将金银铜合金镶嵌至珠宝和陪葬品中。在沿海的厄瓜多尔和哥伦比亚，加工难度较大的铂金也能嵌入其中。玻利维亚和秘鲁的金属工铸造出含砷青铜器，进而生产出经久耐用的生产生活工具和武器。在的的喀喀湖（Lake Titicaca）附近的蒂瓦纳科（Tiwanaku）大型寺庙建筑群中，大量手工石雕因青铜锻带的连接而变得巧夺天工。

安第斯山脉的冶金业历史非常悠久，以至于西班牙人到来之时，几乎所有的金属富矿都已经被发现。西班牙征服者及其后来者立刻对此（即瓜尔帕发现新的富矿）产生怀疑，当安第斯土著未能成功带领他们找到金银矿时，西班牙人声称安第斯人已出于恶意将那些矿藏了起来。一些当地人为了自保确有此意，但是矿产资源可以发挥双向作用：即使被压迫的安第斯人也可以通过开矿获得财富或者社会地位，正如谢萨·德·莱昂前边所暗示的那样。最终，让渴求金银的欧洲人远离美洲财富几乎是不可能的。

24 从西班牙人的征服中幸存下来的印加人在透露珍贵的金属矿

地图2　南美洲和通往波托西的道路。

藏时言辞闪烁，因此在发现卡哈马卡十几年后的1545年，波托西的“富饶之山”才被发现，这似乎不太可能。因为不仅里科山的红色已然向哥伦布之前的采矿者表明这里存在高度矿化现象，波科的矿藏恰好也在附近。或许是宗教崇拜限制了开矿活动，我们不是很确定，但是有证据表明，波托西的艾马拉贵族将波科银矿作为投诚之物“给予”了印加人。这导致有些学者认为，在西班牙国王平息冈萨罗·皮萨罗的反叛过程中，流亡的印加人将里科山作为一种献祭告知了国王。[4] 无论如何，我们清楚的是，从1545年之后，波托西的历史发生了巨变。

里科山坐落于玻利维亚安第斯山脉东部矿化程度较高的科迪勒拉山脉，属于岩质山脉，与阿尔蒂普拉诺高原（南美洲高原）东部相接。这片高原位于南部热带地区，散布着巨大的湖泊和盐滩。玻利维亚高地的主体由大量沉积岩层组成，这些沉积岩被堆高、扭曲，偶尔会被古老的火成岩和火山隆起刺穿，地形因此发生巨变。如今，波托西海拔高且干旱，但在大约1400万年前，波托西可能既湿润又低洼。在里科山的一个矿坑中发现的火山灰或凝灰岩层包含了从第三纪中期至上新世时期的各种植物叶化石，地质学家于20世纪20年代对此进行过收集和编目，但它们最早的发现始于殖民时代。[5]

玻利维亚的活火山位于的西科迪勒拉山脉，和智利接壤。近代以来火山活动比较活跃，因而覆盖了较老的矿化区域，某些矿区被来自波托西的采矿者发现。由于断层和地壳隆升活动以及雨季的潮湿，整个高原遍布温泉，分布在山脚从波托西到丘鲁（Quru-ro）的路上，包括著名的“印加之眼”（Ojo del Inca），即“印加浴”（Inca Baths）。在殖民时代，来自塔拉帕亚（Tarapaya）温泉富含矿物质的温暖水流曾经为数十家磨坊提供动力。玻利维亚高原上数量众多的含盐温泉为波托西早期的炼银厂提供了冶炼所需的试剂。大部分盐层，例如乌尤尼（Uyuni）的盐层，在几天脚程的距离之后向西南方向延伸，因此殖民时代使用的盐大部分来自波托西附近的城镇和约卡拉（Yocalla）的温泉。

古代的火山和地热活动极有可能溶解了玻利维亚东科迪勒拉山的银锡矿脉并使其再沉积，这是世界上最丰富的银锡矿脉。在 25
单一地点的矿浓度上，只有内华达康斯塔克矿（Comstock Lode）的银矿藏量可以和波托西里科山比肩，但是它在数十年后也退出了竞争。自 1545 年以来，波托西的里科山已历经多轮开采，从未停止，至撰写本文时，它依旧在出产银、锡、锌、铅和其他金属，其银产量预计仍有 3 万至 6 万吨。地质学家预估，里科山这个世界上最丰富的银矿藏还包含着几乎等量的低品质难熔矿石，其冶炼工序极其复杂。

今天大部分地质学家都同意，约 4800 米高的里科山其实是富含二氧化硅的火山穹顶，历史长达 1400 万年，近千年中山体内部出现破裂，因自下而上的丰富的水热流体（hydrothermal fluid）和岩浆流的冲刷而最终演变成矿脉。一些矿脉延伸至穹顶下较为古老的岩床，包括含化石的卡拉高莱斯凝灰岩（Caracoles tuff）。[6] 这种金属矿脉经常包含石英，例如里科山容矿岩（host rock）的硅含量就非常高，这成为殖民时代以来当地矿工死亡的主要原因——硅肺病，一种因吸入刺鼻的微小玻璃状岩石碎片而引发的肺病，至今仍是矿工的主要杀手。里科山山体呈波纹状，褐红色，硅含量极高，对外表现为风化的铁锈色的石英。

里科山的富银矿脉平均宽约 1 米，其中几个较大矿脉在殖民时代已经被开采。包含无数小矿脉的岩石主体也已经被爆破过，只留下一些巨大而危险的坑道。大部分矿脉从地表一直深入山体内 26
部，向东北方向延伸。由于浅层矿床的氧化，上部区域的矿石最丰富，甚至还有大块的天然银块（即纯银块）。深处的矿脉往往品

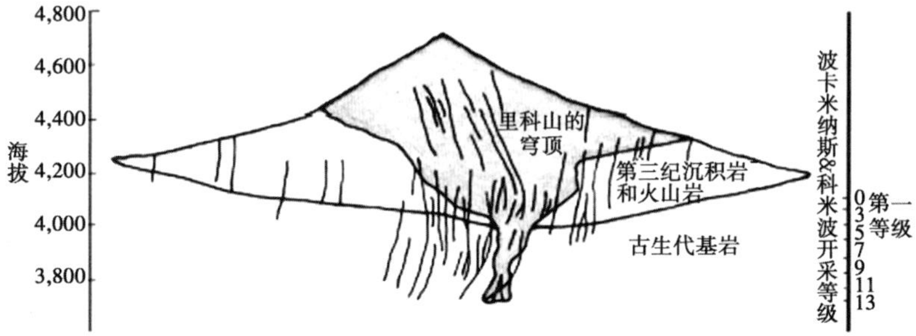

图 4　波托西里科山的地质剖面图。

级较低，或者更难提炼。在矿脉被发现后的几十年中，殖民时代的矿工曾到达地下水位线，并且在 400 米甚至更深处发现了未氧化矿或硫化矿。现代采矿作业最深至 16 层，可深入山顶以下 1150 米。

里科山独特的红色来自铁和其他金属化合物的表层氧化，这些富饶的红矿推动了波托西最初的繁荣。16 世纪 60 年代，随着矿工深入山体，他们遇到了深灰色的硫化矿。矿藏可能很富饶，但以当时的技术很难冶炼。正如本书第三章所示，1572 年从墨西哥引进的汞齐化法（mercury amalgamation）适应了波托西的高海拔条件及矿石独特的化学性质，问题迎刃而解。

尽管矿工一心认为，随着他们的深入，波托西的大型银矿脉将会变得更加开阔和富饶，但结果却事与愿违。除了地下水位附近的富矿区以外，银矿的质量随着高度的下降而降低，而且变得更加难熔，有时矿脉甚至完全消失。然而即使困难重重，波托西不同寻常的地质结构仍吸引众人迎难而上。首先，山体中无数大型复合金属矿脉纵横交错；其次，即使最贫瘠的矿体中也镶嵌有少量的纯银，这刺激了进一步的挖掘作业。因此里科山今天仍然屹立不倒真是一个小小的奇迹。在大部分国家，类似的富矿山脉早就被夷为平地，甚至被挖成深坑。[7] 看好这座中空矿山的支持者们近期用混凝土和工厂废料填平了山顶附近的一个坑，但山还在继续沉降。一个小型石塔勉强维持着里科山的官方海拔。

印加之前是否有先民在波托西开采银矿呢？科学家科林·库克（Colin Cooke）、马克·艾伯特（Mark Abbott）和亚历山大·沃尔夫（Alexander Wolfe）认为，波托西附近湖底的沉积物证明，在印加时代及更早的年代，至少在1000年（即西班牙人到来之前的500年左右），里科山就已经有开采痕迹了。[8] 考虑到对山体本身的开采已有数百年历史，仅仅通过浅层考古很难证实这个说法，然而，安第斯矿工似乎不可能错过如此重要的矿床。我们唯一可以确定的是，在1545年迭戈·瓜尔帕被天风吹倒之前，山体不可能被深度开发。

卡拉卡拉—查卡：前西班牙时期的波托西 27

在16世纪30年代西班牙人到来之时，印加人已经控制波托西周围广阔的高原地区大约一个世纪，然而印加人到来之前的当地文化仍然在延续。首先，较大省份的人口由克丘亚人和艾马拉人组成，其中艾马拉贵族占据主导地位。里科山周围及其北部地区是卡拉卡拉贵族的领地，其东部主要是查卡人，大波托西地区即以1539年西班牙人在丘基萨卡（Chuquisaka，即今苏克雷）所建地区首府命名。根据当地占主导地位的土著族群，西班牙将该地区称为洛斯查卡斯（Los Charcas），但在波科和波托西它亦被称为拉普拉塔。

卡拉卡拉人多为农牧民，主要在高海拔地区种植土豆和其他块茎植物以及藜麦，辅之以玉米、辣椒、古柯和其他在遥远而温暖的山谷中能种植或收集的作物。由于海拔极高和降水不稳定，在玻利维亚安第斯山脉生存非常艰难，因此对生态“岛”的纵向控制非常必要。查卡人通常居住在波托西东部的低纬度地区，毗邻更加炎热的查科（Chaco）地区，后者一直延伸至巴拉圭，那里居住着被称为奇里瓜纳（Chiriguanaes）或奇里瓦纳（Chiriwana）的半定居的讲瓜拉尼语（Guaraní）的部族。[9] 在印加帝国的统治下，查卡人成为其东南边疆的象征。3 个半定居的查卡族群，丘一族（Chuy）、雅玛帕拉族（Yampara）和奇查族（Chicha）成为抗衡低地奇里瓦纳族的缓冲区族群。

联合起来的卡拉卡拉人和查卡人与北部的印加人及其他高地农业主义者（agriculturalist）共享特定的宗教信仰。例如，陆地上的某些地貌通常被认为是神圣且有感知力的，而且能够再生；此外，包括人类尸体在内的物质都是有感觉的，通过占卜询问，被谨慎安置的木乃伊和先人骸骨可以参与到仪式中。正如大多数前现代社会一样，农业生产和家畜繁殖是中心问题，安第斯山脉的萨满通过特定仪式确保动植物的季节性再生。萨满也是治疗师，有些（包括女性）还是草药师。

人们关于卡拉卡拉和查卡人的宗教习俗所知甚少，但是早期殖民文献表明，他们会定期对圣山进行朝拜，其中有些圣山像波托西的里科山一样含有银矿。在印加帝国统治时期，波科山脉曾
28 是帝国白银的主要来源，意义尤为重大。瓦卡，宗教圣地和神殿，几乎存在于所有山巅，有时也出现在其他主要地貌中，如洞穴、巨石或露头等。群山中的瓦卡可能包括异常丰富的矿脉，从神圣的露头往下发掘甬道便可至，人们通常在露头处堆放 3 块岩石以做标记。换言之，矿脉并非仅仅埋在地下供人们从中获取财富，它们也是通向地下世界的神圣空间或门户。

1538 年，皮萨罗的兄弟赫尔南多（Hernando）和冈萨罗达到

波科时就遇到过这种情况。[10] 土著矿工不仅包括当地的卡拉卡拉人和查卡人，还包括西班牙人从秘鲁高地带来的安第斯人。当西班牙人试图镇压波科地区对瓦卡的宗教崇拜时，安第斯矿工将其仪式转移至更远之地。甚至在波托西，尽管遭到疯狂迫害，当地人的信仰和习俗依然薪火相传。1588 年，一个在波托西附近工作的神父报告说，安第斯的风炉精炼工制作古柯叶祭品，并对着炉子喃喃自语，以期提高产量。[11] 据说类似的谈话以及供奉时常秘密发生，它是现代埃尔蒂奥（El Tío）——地狱之神——信仰的前身。

直到 1599 年，当地人仍然以非天主教的方式公开崇拜里科山及其前方正对城镇的瓦伊纳波托西山。1599 年，耶稣会修士、圣像破坏者何塞·德·阿里亚加（Jose de Arriaga）表示要“根绝”当地的异端崇拜，这从属于整个安第斯山脉中反对所谓圣像崇拜的更大规模运动。此后，尽管本地信仰仍顽强存在，但这两座山已被庄严地重新献祭给驱魔人圣巴多罗买（St. Bartholomew）。[12] 圣巴多罗买成为波托西的保护神，每年 8 月当地会举行盛大节日以纪念他“打败魔鬼”的丰功伟绩。因此尽管存在争议，但波托西这个名字可能也具有宗教意义。[13]

虽然山体表面岩石丛生，但波托西不仅仅有岩石和瓦卡。里科山隶属于更大的生态系统——当地多种野生或驯化动物的家。在这一系统中，处于下方的是马铃薯和藜麦种植区，中段是荒原，成群的驯养大羊驼和羊驼在此游荡，顶部则是野生小羊驼的活动区域。骆驼科动物拥有精致柔软的皮毛，印加人对此非常珍视，定期捕猎并修剪其毛发。高山动物兔鼠似乎是旱獭和野兔杂交的产物，小羊驼肉很受欢迎。美洲鸵体形巨大而不能飞翔，但奔走速度极快，因而最难捕捉。这一海拔高度的另一项奇观是成群的 29
粉红火烈鸟，它们被盐水虾吸引至山间的浅水湖泊。

在西班牙人到来之前，大羊驼队驮着成筐的古柯叶、盐、纺织品和其他商品走过白雪覆盖的道路和窄小的峡谷，有时也踏过草编吊桥，直至印加边境的遥远前哨。波托西东南部的奥朗科塔（Oroncota）坐落着重要的印加要塞普卡拉（Pucara），在此宏伟堡垒上可俯瞰拉普拉塔河支流皮科马约河（Pilcomayo River）。[14]

15 世纪初，当印加人征服玻利维亚南部时，他们继承了业已存在的贸易圈，并再次扩展了这个巨大的道路网。西班牙人后来追随印加人的脚步到达了波科和波托西。尽管西班牙人容易受到东部低地奇里瓦纳人的攻击，他们仍然迅速在奥朗科塔下方的皮科马约河沿岸种植葡萄，并定期派出探险队，试图扩大征服的范围并搜寻新的矿脉。然而，波托西广大腹地的土著民族从未被彻底征服，他们仍然占据着大部分土地，欧洲和非洲的殖民者在绝大多数地区只是徒有其表。

从秘鲁到波托西

显而易见，印加人对开采波托西并不感兴趣，他们依赖的是波科的银矿、卡拉巴亚的金矿以及其他许多矿脉，但上述两矿尤其珍贵。印加人统治时期，统治者从被征服者［如秘鲁北海岸的奇穆人（Chimú）］中挑选工匠，铸造大量金银首饰、装饰品和器皿。金银制品堆积在印加帝国的心脏库斯科皇城中，有的也散布在遥远的基多（Quito）乃至阿根廷高地的宫殿和神殿中。年轻的人牲殉葬于美洲最高山脉之巅，随葬品有印加的金银小雕像、斗篷胸针、橙红色的海菊蛤贝壳、精美的纺织品和羽毛。

无论是印加帝国的友邻还是对手均熟知其生活和仪式特性。当西班牙人从西北和东南两个方向抵达印加帝国的外围区域时，在短暂入侵拉普拉塔河的过程中他们听闻大山深处有一个黄金帝国。1529 年，在对现在的哥伦比亚和厄瓜多尔的太平洋沿岸进行了数年的仔细侦察后，弗朗西斯科・皮萨罗获得独家授权以征服这个后来被称为“皮鲁”（Pirú）或“秘鲁”（Perú）的神秘黄金帝国。皮萨罗率领数百人从巴拿马出发，在今厄瓜多尔和秘鲁的边界处上岸，继而向内地进发，队伍中大部分成员虽缺乏正规的军事训练，但却被热带气候磨炼得同样坚强。 30

皮萨罗按照征服者的惯例在一块新土地上建立了皮乌拉（Piura）镇，随后向南挺进，进入安第斯山脉深处。他带着 168 个人和 60 匹马，头戴钢盔，身着盔甲，肩背小圆盾，手拿火绳枪（滑膛枪的前身）、钢刀和尖矛。很偶然的情况下，这队人马被邀请至秘鲁北部高地的一个温泉城镇卡哈马卡。印加皇帝阿塔瓦尔帕刚刚战胜了自己同父异母的兄弟瓦斯卡尔，希望在一个密闭空间见识西班牙访客携带的武器和马匹。1532 年 11 月 10 日，弗朗西斯科・皮萨罗利用这个机会伏击并抓捕了印加皇帝，扣押他以换取赎金。[15]

在此后 8 个月里，鉴于皇帝被俘，印加人只能收集大量金银制品并将其带到卡哈马卡，放入一座巨大的石质建筑中，据说闪闪发光的财宝直抵房椽尽头。尽管皮萨罗曾经承诺释放印加皇帝阿塔瓦尔帕，但最终还是在 1533 年 7 月进行临时审讯，继而将其绞杀。由于失去了神圣领袖，印加帝国开始解体。然而，一个传说也开始诞生，它更改了印加皇帝死亡的真相，但是保留了哥伦布到来之前的象征意义。许多安第斯土著开始相信，印加皇帝阿塔瓦尔帕被砍掉的头颅将在某一天成为帝国复兴之种，它将能够彻底地驱逐西班牙人。

阿塔瓦尔帕的赎金和紧随其后的库斯科巨额财富向世界表明，秘鲁是无价财富的代名词。当印加赎金被全部熔化后，其总额超过价值 100 万比索（pesos）的优质黄金（fine gold），以及几乎等量的白银。而库斯科的财富相当于这一数量的两倍多。[16] 当 1534 年这种贵金属到达塞维利亚时，因价值高昂而足以扰乱欧洲和地中海的货币市场。西班牙国王卡洛斯一世，即神圣罗马帝国皇帝查理五世，因此开始成为一个世界君主，一个新的恺撒。[17] 他用印加财富征服了突尼斯，并支持梵蒂冈圣彼得大教堂（St. Peter's
31 Basilica）的修建。想要成为皮萨罗兄弟的人从伊比利亚半岛及其他地方涌向安第斯山脉，每个人都在搜寻自己的印加帝国或“埃尔多拉多”（Eldorado，即黄金国度）。随着这批极度渴求黄金和白银的欧洲人的涌入，波托西注定会被发现。

富矿带遭遇黑色传奇

然而不管天意如何，波托西发现于多事之秋。在印加帝国崩溃后不久，包括冈萨罗和赫尔南多·皮萨罗在内的安第斯山脉的首批西班牙征服者即被带到了波科的矿山上。1545 年，当迭戈·瓜尔帕在波托西的斜坡上发现银矿时，西班牙正处于内战。1542 年，查理五世限制被征服地区臣民的权利，从而引发被征服地区的叛乱。叛乱则引起王室的报复。我们从一些证词中得知，波托西早期的矿工受到叛乱者和保皇党的双重掠夺，正如在导言中所言，里科山本身就是一个战利品。对于诸如冈萨罗·皮萨罗这样的叛乱者而言，他们依靠波科的银矿来维持军队，波托西成为美洲独立可能性的象征。

脱离西班牙的统治并非不可能，1546 年，冈萨罗·皮萨罗打败了殖民地的首任总督布拉斯科·努涅斯·维拉（Blasco Núñez Vela），再次返回基多附近。总督的脑袋被当成战利品，很像 1553 年谢萨·

德·莱昂关于波托西的木版画里挂在矛上的那颗人头。1548 年，冈萨罗·皮萨罗的起义结束，皮萨罗被抓捕、绞杀并砍头。皇家军队在佩德罗·德·拉·加斯卡（Pedro de la Gasca）的带领下获得最后胜利，波托西和波科的西班牙业主们随即争先恐后地宣布效忠西班牙王室。正如谢萨所阐明的那样，里科山 5 条主要矿脉之一是以保皇党上尉迭戈·森特诺（Diego Centeno）命名的，他诛杀了皮萨罗的数名党羽。[18]

谢萨·德·莱昂关于山峰和城镇的木刻画预示着西班牙内部的长期不和。在整个殖民时代，后来被命名为“埃佩德拉迪洛广场”（*empedradillo*）的空地及其临近街道成为公开的暴力场所，对于那些渴望捍卫自己荣誉、放荡不羁的西班牙人而言更是如此。他们在安第斯山脉被委婉地称为“索尔达多”（*soldados*），即“士兵”，而在西班牙人的认知中，波托西被固化为谋杀犯们拔枪速射的温床。

然而，在西班牙及其殖民地之外，波托西更广为人知的是大山深处的地下苦力，这至少部分源于多明我会修道士多明戈·德·圣托马斯（Domingo de Santo Tomás）的著作。在实行米塔徭役制的总督上任之前，圣托马斯是 1550 年最早对波托西虐待劳工 32
情况提出批评的人之一。以下是圣托马斯著作中被引用最多的段落：

> 这片土地已经丢失大约 4 年了［例如，在冈萨罗·皮萨罗叛乱时期］。正如我彼时所言，人们在那里发现了“地狱之口”，由于西班牙人的贪婪，大量的人进入其中并向自己的神灵献祭，而他们所找到的银矿则被称为“波托西”。[19]

圣托马斯强调，由于 1542—1543 年的新法律正在被破坏，前往矿场异常艰难，这几乎和采矿工作一样繁重。有人声称安第斯山当地人在波托西的银矿开采中繁衍生息，他对此表示怀疑。他认为，如果前述情况为真，那么也只可能发生在某些比较幸运的“亚纳科纳”身上。圣托马斯为查理五世及其西印度群岛事务部（Indies Council）简要而生动地描述了一个新兴的强制劳动世界，它由监护征赋制（*encomienda*）或者新封建分配制度所造就，严酷地强迫人们移居至冰天雪地的荒漠中，与此同时维持基本生存所需的食物和燃料的价格却严重膨胀。虽然早期的公证记录所描绘的画面似乎没有那么悲惨，但他们确实支持了圣托马斯关于食品价格高昂以及土著工人被强制安置的说法。[20]

在秘鲁内战结束后的最初几年中，波托西矿工来源多样，从非洲奴隶至类似“亚纳科纳”迭戈·瓜尔帕的私仆都有。监护征赋制是一种由征服而发展出来的纳贡制度，是引起圣托马斯愤怒的主要原因。16世纪40年代以来的公证记录描述了数队处于监护征赋制之下的工人，他们从库斯科、拉巴斯（La Paz）、阿雷基帕（Arequipa）和拉普拉塔河其他地区艰苦跋涉至波托西。正如玛丽·赫尔默（Marie Helmer）和皮特·贝克韦尔所言，1549年的调查显示约有5000名安第斯人处于监护征赋制之下，他们轮流前往里科山工作。[21] 一些首领，即“库拉卡”（*kuraka*）做证说，工作虽然艰难，一些监护征赋制工人确实遭受虐待，但是大部分人都对波托西日益扩大市场中的丰富食物感到惊讶。可以确定的是，矿脉确实导致土著生活艰难，但西班牙征服和秘鲁内战后整个安第斯山脉高地的生活普遍也都不好过。富矿带至少提供了可采矿砂。

虽然征工制尚未正式形成，但是由于深受其同胞多明我会修士巴托洛梅·德·拉斯·卡萨斯的影响，圣托马斯对“黑色传奇”的未来支持者发表讲话，这与拉斯·卡萨斯的《西印度毁灭述略》

(*Brief Account of the Destruction of the Indies*) 相辅相成。圣托马斯和拉斯·卡萨斯的朴实话语激发了人们对所谓描述西班牙人极度残酷与贪婪的“黑色传奇”之想象。在克伦威尔时代之后，里科山 33
地狱般的形象在英格兰广为流传。波托西到底是天赐之礼还是人为造就的“地狱之口”？在回答之前，也许有必要看看早期波托西的采矿业情况。

在红山上采矿

一旦土著采矿者在里科山的地表发现丰富的银矿露头，矿主们——大部分是欧洲人，也包括一些美洲土著和自由的非洲人后裔——便会要求获得矿脉所有权（stake claim)，并跟随矿工进入地下。矿区法官（magistrates）与书记员一起巡山，绘制地图并记录每一份所有权要求。发现者可得双倍所有权，每次发现或每条矿脉都要为国王留出小份所有权。国王的矿藏由纳税更多的私人经营，他们需要将产量的 1/3 而非 1/5 上交。理论上，国王拥有所有地下财富，他只是非常好心地允许臣民挖自己的宝藏，以换取适度的“忠诚”。

起初，工人们在里科山的斜坡高处露天开矿，有些矿坑相当大，但是想要获得富矿脉就必须从非常陡峭的角度顺着竖井径直进入山体内部。不久，这些原始竖井的深度急剧增加，矿工不得 34
不通过有凹口的原木和生牛皮盘成的悬梯爬进爬出。这种类型的双梯很快出现在最深的矿井中，工人可以从一面爬出，从另一面下去。地心引力非常棘手，随着深度的增加，跌倒、岩石松动以及塌方等危险也随之增加。

随着矿脉深度的增加，山体内的作业变得非常炎热，然而矿洞之外则终年寒冷。部分出于这个原因，土著矿工虽进行多次轮班，但始终待在地下。公证记录所提及的诸如锤子、凿子和撬棍等工具，都由进口的巴斯克铁制成。文献也提及早在1549年就被奴役的非洲铁匠，他们负责锻造并修理前述关键性的采矿工具。有些矿工被混合编制，例如同年一纸合约将3名非洲奴隶与本地印第安“亚纳科纳”一起安排在埃斯塔纳矿场工作。[22]

采矿作业很快交由两组人马完成，第一组被称为“巴雷特拉”（*barreteros*，即开矿工人），他们负责在地下的矿脉深处用钢钎铁棍进行开矿工作；另一组被称为“阿皮利”（*apiris*，即搬运工人），他们则负责把装满矿石的沉重皮革袋或布袋背出去。在矿场出口，工人将矿石倒在广场或平地上并进行挑选，有时或交由妇孺分拣。最好的矿石被重新打包，由大羊驼队运输至当地使用石制摇杆粉碎机（*quimbaletes*）的磨坊里进行再加工。16世纪70年代初出现了由水车或者大型动物（在某些情况下，仅有人力）驱动的欧洲式磨盘。[23]

大羊驼的负重量比西班牙人的骡负重稍轻，但是骆驼科动物能够很好地适应波托西严酷的海拔条件和粗糙的草料。它们不会被过度放牧，而且繁衍迅速，因此价格相对低廉。人们也宰杀和食用大羊驼（西班牙人称之为“陆地之羊”），通常将其露天风干为肉干。在安第斯当地文化中，人们定期宰杀大羊驼用以献祭，贪婪的西班牙官员试图阻止宰杀，但收效甚微。一大群当地牧民和驯养者负责照料这些至关重要的动物，但近期新到来的非洲人也逐渐知晓这一行业。1549年的一份罕见档案有出售111只大羊驼以及一位被奴役的非洲牧人（23岁的安德烈斯·泰拉诺瓦）的记录。早年间，一头大羊驼价值10至13比索，到1559年，其售价减半。[24]

在整个殖民时代，波托西依靠大羊驼来运输货物。只有在17

世纪最初 25 年中，骡才构成激烈竞争。骡的优势在于负载量更大，
但难以适应极端的海拔条件，因此只能在阿根廷进行繁殖培育，
而且还得以相当代价将其驱赶至北方。马，或者至少那些从西班 35
牙带来的马，无法很好地适应波托西的极端海拔以及恶劣的植被，
也不能像骡子一样在崎岖的山路上稳步前进。驴是引自西班牙的
另一种替代选择，不仅吃苦耐劳而且适应力极强，甚至比骡和大
羊驼都更加顽强；但如果在高海拔地区养殖，它们似乎会发育不
良。驴队主要用于往返于临近山谷的短途运输，通常把玉米、玉
米粉、小麦和面粉运送至“帝王之城”。

里科山的矿井越来越深，有些已经到达地下水位。遇到这种
矿脉，或者选择将水排出，或者直接放弃。尽管像佛罗伦萨的尼
古劳·德尔·贝尼诺一样，波托西的矿主们受过教育并闪烁着智
慧的光芒，但他们似乎尚未使用彼时墨西哥开发的复合绞盘，反
而更倾向于人工舀水或者在入口处挖坑道——西班牙将这种水平
坑道称为“索卡沃内”（Socavone）。贝尼诺从 16 世纪 50 年代起就
开始开发这些坑道，算是该领域的先驱。[25] 平心而论，极少有动
物能够在 1.5 万英尺或者更高的海拔处负载绞盘。众所周知，马和
骡负重爬山时如果被逼得太狠就会累死。[26]

在缺少黑火药或者其他爆炸物（17 世纪 70 年代方被引进）的
情况下，像贝尼诺开发的这种隧道价格昂贵且极为耗时。投资者
首先得花钱雇用工人在毫无价值的基岩上开凿数百码，到达内部
的岩脉后才能开始排水工作，直到水排干，这个坑道才算完成，
至此该区域再次变成富矿带，直到再次触碰到地下水位线。开凿 36
这种水平坑道非常危险：矿体位于大山深处，风险极大，如果开
凿坡度不准确，可能会遭遇洪水，导致失败。在 1572 年向西班牙
国王腓力二世呈送的报告中，贝尼诺详述此类工程的前景及困难。
他自己的坑道就花费了将近 30 年时间才完成，而且当资金短缺时

还会停工，其坑道最终的长度不到750英尺（250瓦拉，或者西班牙码）。[27]

采矿工作极其繁重，即使是波托西最强有力的庇护者也不能否认这个事实。路易斯·卡波切（Luis Capoche）1585年的描述似乎可以与15年后哲罗姆隐修会（Hieronymite）修士迭戈·德·奥卡尼亚（Diego de Ocaña）的记录互相印证。两位观察者都谈到，工人在近乎漆黑的环境中开凿矿山，不分昼夜。“阿皮利”艰难地扛着重达75磅的袋装矿石向外运输，途中还需要攀爬梯子或者挤过狭窄而蜿蜒的通道。矿脉越深，工作环境越尘土飞扬，险象陡增，攀爬出来也越发艰难。

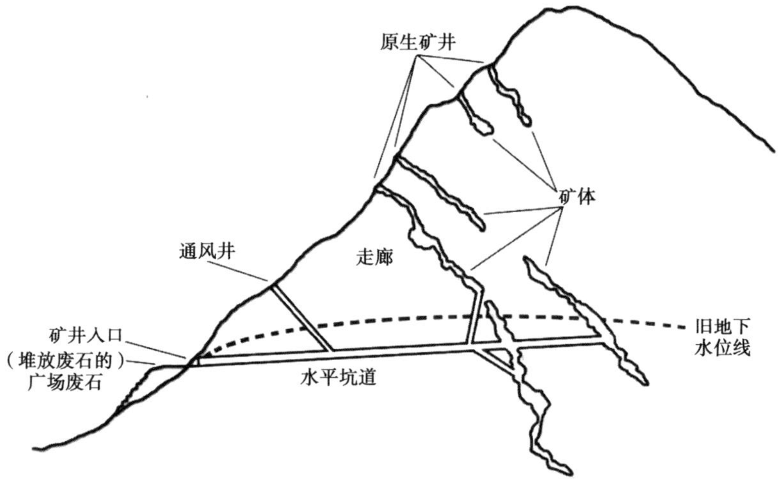

图5　理想化的波托西矿山和排水道（由贝克韦尔命名）。

偷窃矿石行为还是工人报酬？

矿工实行轮班制，开矿作业得以24小时不间断地进行，这导致很多坑道竖井充斥着人类排泄物的臭味。也许它不像西奥多·德·布雷（Theodor de Bry）或者多明戈·德·圣托马斯所描述的场景那般恐怖似地狱，但是16世纪和17世纪在里科山的开矿工作几乎比当时其他任何工作都更繁重，可能仅次于坐落在与秘鲁同样海拔的万卡韦利卡水银矿内矿工的艰辛工作。

那么，除了强迫之外，促使工人继续工作的原因为何？早期，波托西矿工长期保持的一个习惯是获得高品位矿石，或者一两块优质矿石，基本将其作为一天辛勤劳动的礼物——一种个人奖励。早期的西班牙矿主急于在竞争激烈的劳动力市场留住工人，因而允许这一习惯存在，当然前提是它没有超过某种非正式商定的限制。获得高品位矿石这一习惯在波托西的采矿文化中根深蒂固，一直延续至今。[28]

矿工将大块的高品位矿石称为“考帕”（*corpa*，也称为 *kaj'cha* 或者 *kapcha*），因其数量庞大而催生了一个灰色市场。当地妇女在矿山外和城镇内售卖奇恰酒（chicha，即玉米啤酒）、古柯、热食和其他商品服务，在交易过程中，考帕可以充作报酬。[29] 在一个满是矿工和提炼厂的城市中，安第斯人（无论男女）均熟知矿石 37
的价值，因此考帕可以作为货币使用。在当地市场上，妇女定期向精炼厂出售她们收集的考帕，早先出售给当地的风力冶炼厂，随后也出售给西班牙粉碎厂厂主。尽管通过一种非正式的、本质上来说本地的途径从矿山流向城镇，考帕再次进入庞大的银流体系，转变成银锭、银条或银币，通过船只运给西班牙国王或者运往全球市场。“帝王之城”因此成为用矿石和生银多样化地交换千余种其他商品的场所。

建造“帝王之城”

像大多数采矿城镇一样，波托西是一座偶然发展起来的城市。它起初是罗马军事传统中的一个营地，一座皇家矿山。尽管开局磕磕碰碰，但波托西自诞生起就充满了强烈的城市自豪感（civic pride）。在正式建立后不久，波托西便因武器和一句格言而闻名。这是无可争议的“世界财库……君主之妒”。正如我们所知，里科山早期的一个大型富矿以保皇党人士、西班牙征服者迭戈·森特诺命名，他是皇帝查理五世的股肱之臣。

这座城市赢得了进一步的认可。在帮助西班牙摆脱了1557年的破产危机后，腓力二世在1561年颁布命令，宣布把波托西建成一座“帝王之城”，同年11月7日由秘鲁总督孔德·德·涅瓦（Conde de Nieva）正式举行仪式。[30] 根据西班牙地方法官胡安·德·马蒂恩佐（Juan de Matienzo）所言，当时有将近2万印第安土著男子居住在该城市。不过马蒂恩佐只计算了男子人数，因为他对制定征工制以增加白银产量颇感兴趣。1577年，当总督托莱多将征工制落实到位（本书第三章的主题），他预估安第斯土著居民的总人数将达到4万，包括妇孺以及2000名西班牙业主在内，此外还有大量未计入在内的西班牙妇孺。至16世纪70年代初托莱多改革之时，波托西的总人口显然已超过5万。数年之内，“帝王之城”的居民规模已经超过了几乎所有欧洲城市。

波托西被一条大峡谷（或曰河流）分隔为西班牙人聚集区和当地居民聚集区两部分。流经峡谷的河流被称为拉里贝拉河，自白雪皑皑的卡里卡里山（Kari-Kari）而来，穿过峡谷流向里科山东部。在峡谷北部的平缓斜坡上坐落着一座西班牙城镇，以欢腾广场（Plaza del Regocijo，即雷戈西荷广场）为中心。峡谷南部的丘陵地带（即拉里贝拉河的面山一侧）散布着大量的波托西土著居民，根据人种划分行政区——到1585年共有14个行政区。在波 38
托西，流动性很强的庞大土著人口主要居住在准城镇兰彻里拉（Rancherias）中部，包括帕卡耶人（Pacajes）、卢帕卡人（Lupacas）、基拉卡人（Quillacas）、奇查人、卡兰加人（Carangas）、亚姆帕雷人（Yamparaes）和其他群体。

1565年，波托西市政会通过一项法令，禁止非印第安人进入印第安人村落。它读起来像传统的城镇隔离法：

> 鉴于允许西班牙人、梅斯蒂索人（mestizo）和穆拉托人（mulatto）进入印第安城镇所带来的不便与烦恼，法警必须遵守并执行刚刚通过的法律……如此则黑人不能在印第安人城镇中居住或活动，也不能与印第安人交易，因为他们对印第安人造成了伤害……在城镇中也不能售卖面包……鉴于城镇中有印第安人的梅斯蒂索孤儿，他们沿袭了印第安人的习俗，任何西班牙人都可以召唤他们去服务，比如通知城镇法官，或者做任何对西班牙人有利的事情。[31]

显然此处的重点是划分并控制各个次级族群而非保护安第斯土著。

至于波托西为什么会呈典型的西班牙网格状分布，有人认为它只是1572年托莱多总督到达时被事先安排好了的。[32] 这似乎不可能，因为在谢萨·德·莱昂时代，住房建筑群似乎已经集中在广场上了。如前所述，在广场上方是一片鹅卵石铺成的空地，即声名狼藉的埃佩德拉迪洛广场。根据波托西编年史家的记载，富人的房屋坐落在这个方圆数百码的主广场中较为平坦之地。1549 年的一份公正记录描述了广场中心的一座早期房屋："大型单层结构，前面有两个店面，后面有一个房间，一个带有部分露台的厨房，以及两扇锁钥齐备的门。"这座别墅紧挨着赫尔南多·皮萨罗的住房，售价 1300 比索。[33]

波托西在某种程度上有些与众不同，因为临近中央广场的是当地的巨大集市，即长方形的"查图"（*qhatu*）。很早以前，集市就由印第安土著妇女主导，她们用食物、奇恰酒、古柯和其他东西交换银锭或者生银矿石（如上所述之考帕）。其他广场通常面向或毗邻十余座教堂，有些非常袖珍。早期，集市是原始的夯土式建筑，房顶覆盖着伊初草，但很快变成内饰华丽的石砌建筑，集市因而变得更加雄伟。这些较小的广场有时专门提供各类食物或者饮料，例如鸡肉或（17 世纪初）耶巴马黛茶，其中最重要的可能是"古柯街"（Calle de la Coca）。[34]

40 "帝王之城"的教堂从一开始就吸纳了大量资金。西班牙、土著以及非洲的艺术家利用从低地带来的优质木材，在拉默塞德堂（La Merced）、圣多明我堂（Santo Domingo）、圣方济各堂和其他修道院及小教堂修建摩尔风格的格子天花板。当地教堂紧随其后。不同种族的铁匠均使用大量的银来制造祭坛、灯、香炉、烛台和其他宗教用具，其中最负盛名的是为城市主教堂制作的器具。波托西修建教堂的风潮反映了矿山生产和个人财富的跌宕起伏。

虽然波托西周边多岩石，但它缺乏优质的建筑石材，这近乎讽刺。大部分砂岩和石灰岩虽唾手可得但材质易碎，河流侵蚀而成的卵石（大部分源自火山岩）则难以加工。今天，所有这些类型的石材都可见于方济各堂、施恩堂、奥古斯丁堂和其他修道院建筑、圣伯纳德教堂和圣特雷莎修道院的地基与表墙之中。

似乎直到 17 世纪，私人才开始修建带有石门和大露台的豪华

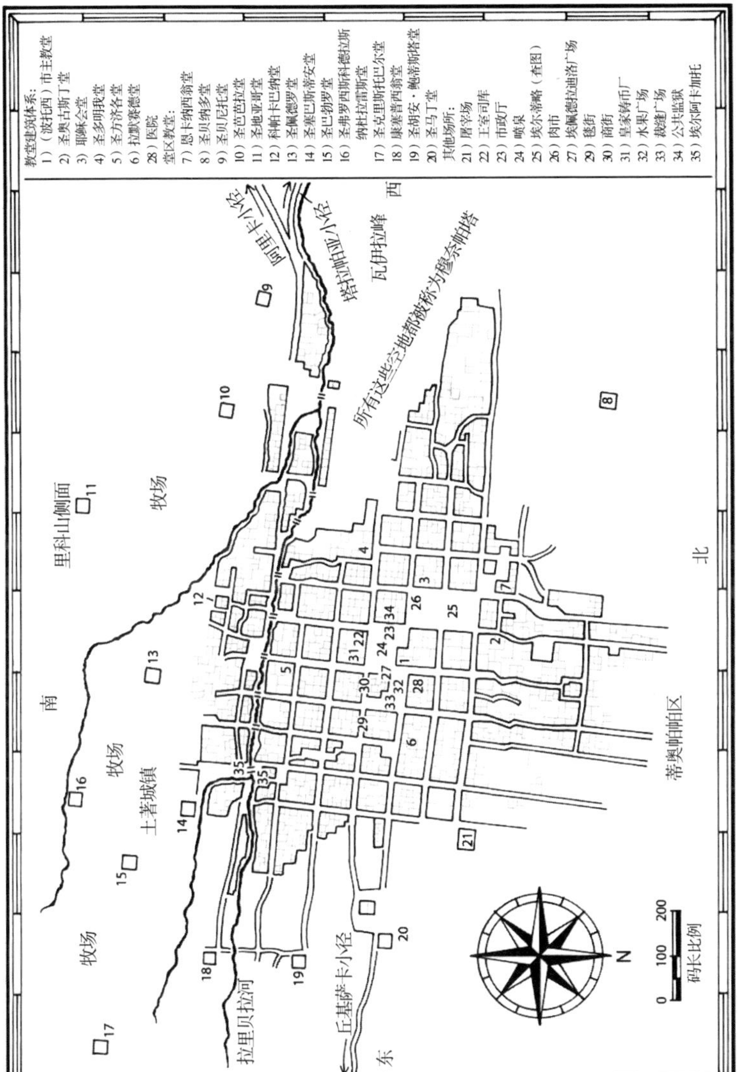

地图3 “帝王之城”波托西平面图，约1603年。

房屋。波托西的大部分私人宅院仍然狭窄而低矮，部分是为了保存珍贵的温度。在16世纪晚期的公证书中，住宅房产通常就是简单的“带有院子的茅屋”。带有百叶窗的木质阳台随后才出现，成为女性观赏城市众多宗教活动和市民游行的高层观景台。

钱去哪里了

> 从1548年至1551年，皇家伍一税（royal fifth）的数额已经超过300万达克特（ducat），不但超过西班牙人从阿塔瓦尔帕处所发现的价值，而且超过他们到达库斯科时所发现的财富。[35]

波托西最早的官方建筑之一是王室司库，名为“卡哈斯雷亚尔”（*cajas reales*）。这座建筑墙体厚重，大门紧闭，坐落于“帝王之城”主教堂对面的主广场上。根据命令，地方法官和贵金属检定师（assayer）在司库中记录了波托西管辖范围内所有矿山（特别是里科山）出产的白银，并对其征税。

41 每个银块或银条都经过化验和称重，并征收20%的税，这就是所谓的伍一税。伍一税通过现金或生银支付，征过税的银条或银锭会被打上相应的印记，记录在冶炼厂的账簿和其他官方账簿上，这为历史学家估算白银总产量提供了主要记录。

国王将征收的伍一税用于资助战争，即用于支付查理五世和腓力二世在德意志南部、北意大利以及佛兰德斯的外国债权利息。它也被用于支付殖民地皇家官员的薪水。尽管检定师的薪水只是所有加工过的白银的一小部分，但仍被征收了伍一税。王室的其他资金用来保障应付海盗袭击的海岸防卫以及船只运输费用，或者用于装备镇压土著起义的军队。

缴税过后，大部分私银随即流入富商手中，因为他们已经提前向波托西的矿主支付钱款。随后，他们与远方的代理商结算账目，用骡子和船只运送大量白银，穿过山川、平原和海洋。全球贸易是批发商的专长，利马、塞维利亚、里斯本和其他地方的大批发商起主要作用，其他大部分批发商起次要作用。某些商人和墨西哥城有往来，后来和马尼拉、澳门及果阿也建立了联系；其他商人则和主要的欧洲贸易中心建立了联系，例如安特卫普、热那亚和里昂等。

尽管利润非常可观，但西班牙国王和富裕商人并未垄断波托西的白银。很多白银被运回西班牙，交给亲友或者宗教基金会。当圣哲罗姆隐修会修士迭戈·德·奥卡尼亚在1600年前后到访波托西时，他每做一次弥撒就能挣到2比索。奥卡尼亚也为波托西富裕居民制订付款计划，以便把钱汇给埃斯特雷马杜拉（Extremadura）的瓜达卢佩圣玛利亚大教堂，该教堂离皮萨罗的家乡特鲁希略（Trujillo）不远。

公证书上的私人汇款减免记录类似于现代的侨汇。无法送达的移民信件得以保留。很多信与下面这封类似，这是胡安·桑切斯寄给他身在埃斯特雷马杜拉市米兰迪拉镇的妻子尤拉利亚·加西亚的信：

> 波托西，1557年3月8日。“夫人：3年前我和胡安·迪兹·帕洛莫给你写信［并寄送］，随信寄送100比索。我当然希望你已然收到信件和钱款，然而我并未收到你的回信，因而非常担心，不知你是生是死。我恳求你经常来信。我甚至没有收到我父亲或任何兄弟姐妹的来信。”[36]

42 在这种情况下，寄回欧洲家乡的白银似乎已被征税，然而更多的白银以未征税的银铸块、银条或银盘等方式从波托西流出。关于这种非法贩运量的唯一线索来自定期的谴责书和刑事起诉书，同时还有非西班牙商人的描述。这些非西班牙商人用走私银购买未缴税商品和非洲奴隶。一些罕见的、来自沉船的物证可以证明，它们所运载的白银往往远多于运货单上的数量。简而言之，银是一种不可控的物质。即便如此，在16世纪和17世纪初，白银已开始涌入一个小规模的、符合供需的全球流动中。

银和印第安土著的地位

波托西突如其来的财富也对当地造成了影响，如印第安土著的社会等级秩序重新洗牌等。例如，富矿带使平民土著的社会地位提升，其中包括一些妇女。埃尔·印加·加西拉索·德·拉·维加（El Inca Garcilaso de la Vega）在《印加》（*Royol Commentaries of the Incas*）中提供了以下逸事：

> 1554至1555年，波托西有一只鹦鹉学话本领很强。在印加时代，印第安人习惯于通过头饰区分彼此。当印第安人（不论男女）路过鹦鹉所在街道时，它会按照各自的部落称呼他们，口吐“科拉”“云卡”“瓦伊鲁”“克丘亚”等，一字不错，好似它了解不同头饰的含义。某天，一个漂亮的印第安妇女穿过鹦鹉所在的街道，她被三四个仆从簇拥，宛如帕拉女士或者王室成员。鹦鹉看到她后立刻尖叫着大笑：“瓦伊鲁，瓦伊鲁，瓦伊鲁！”这是一个被其他所有部落轻视的部落。由于路上时常有印第安人在看热闹，所以妇女在路人面前尽可能表现得非常谦逊，但当走到鹦鹉面前

时，她向那只鸟吐口水并称它为“魔鬼”。印第安人也这么认为，因为即使这个妇女伪装得像帕拉一样，鹦鹉依然认出了她。[37]

埃尔·印加·加西拉索关于鹦鹉和装腔作势者的传说可能并不真实，但它很符合16世纪和17世纪波托西白银所催生的、更为广泛的社会趋势。换言之，来自前征服时代的土著贵族的傲气经常被暴发户压下去，而暴发户们在像波托西一样充满生机的新城市中寻找空间和金钱，改头换面。然而，仅仅一只邋里邋遢的鹦 43
鹉就能够拆穿暴富世界中的冒牌者。

在被西班牙征服之后，印加贵族的血脉四处流散，除了库斯科以外，其他城市中的贵族血脉逐渐趋向消亡。即使在基多，著名的阿塔瓦尔帕家族也失去了他们在征服时代的头衔与财产。在波托西，这些被遗忘的印加贵族后裔的情况略好，例如库斯科的安东·德·米兰达·印加及其妻子安达瓦伊拉斯的玛丽亚·阿尔卡普科。他们结婚27年后依然无子，遂于1590年在波托西订立遗嘱，把大部分财产捐给本市的施恩会修道院，包括价值500比索的银币。[38]

这对印加夫妇要求葬于墨西达利教堂的祭坛之下，并由教士们为其灵魂做无数次弥撒。他们的遗嘱也揭示出，很多酋长或者土著首领欠这对夫妇钱。这份文献清楚表明，安东和玛丽亚是奇恰酒供应商，在弗卢尔广场拥有店面；在“帝王之城”有一处房产；还在遥远的山谷中有一片农场。农场雇用土著工人照料牲畜；可能种植了玉米，收成装袋扎紧后由70头大羊驼组成的队伍运至波托西。农场雇用了一个安第斯成年男子和一名男孩工作，这对夫妇在遗嘱中分别留给二人各20比索。还有两个安第斯女孩操持家务，她们最终得到了10比索的遗产。仆人首领玛丽亚·阿帕纳玛得到了50比索，并根据遗嘱负责管理奇恰酒的酿造。这些印加贵族通过此种方式在商业上发家，而非通过继承。

1600年，迭戈·德·奥卡尼亚在波托西寻求救济金，曾有幸前往“一个非常富裕的印第安人”家中拜访。该印第安人名为佩德罗·德·蒙德拉贡，他向矿主预付银币以换取原始银锭。根据奥卡尼亚所言，蒙德拉贡仍旧保持着土著的生活方式：房屋狭窄，席地就餐，但除此以外，他是一名典型的金银商。奥卡尼亚声称：“他总是把所有财产都放在房子里，就在眼前。屋里满是银，部分是银条，部分是银锭［‘松果’］，还有一部分是罐装银币［雷亚尔］。我很惊讶地看到一个地方有这么多银子，我问他我目光所及之处一共有多少银子，他回答道：‘有30万比索经过鉴定的银子。’”[39] 蒙德拉贡事实上是一个梅斯蒂索混血儿，即西班牙人和土著贵族妇女之子。他虽然身着西班牙风格的衣服，但更喜欢“像印第安人”一样生活。这种社会和经济的混杂使奥卡尼亚感到很困惑，但这就是真正的波托西。

44 事实上，土著的企业家精神是波托西（无论是城市还是矿业）取得全面成功的关键。妇女处于中心地位，很多人受雇于寻求租金收入的西班牙业主。谢萨·德·莱昂这样说道：“［需求］如此迫切，许多西班牙人借此在波托西发家致富，在这个市场上，只有两三名印第安妇女通过合同为他们工作。”[40] 正如简·曼根所示，土著妇女也同样很为自己着想，很多人在早期积累了包括地产在内的大量资本。[41] 因此，波托西既是实现自我之地，也是资本主义残酷竞争之所，二者相伴相生。令人惊讶的是，在这座城市被发现后很长一段时间内，土著经济参与者，无论男女，都认为这座城市及其周边环境处于“风力时代”（Age of Wind）。

在1545年波托西被发现之后的岁月里，“富饶之山”和“帝王之城”相继得到开发。随着附近土著城市和西班牙城市的向外扩张，里科山被侵蚀成蜂窝状，大量建筑也因附近地区人口的增加而涌现，包括教区教堂、修道院，甚至包括两家医院。波托西从一个近乎荒野的地区发展为集山脉、矿脉和城市为一体的地区。在西班牙人到来之前，里科山已有一座神殿，但如今的“帝王之城”在哥伦布到来之前却荒无人烟。因此，波托西是一个崭新的现代现象，它通过种族征服和资源开采而得到巩固，而且试图超越二者。

同时，波托西也诞生于暴力和争议之中。它一开始被视作资助征服者叛乱的工具，随后成为打着各种奴隶标签的当地工人的目的地，包括非洲奴隶。在这种情况下，没有西班牙评论家完全彻底地公开抨击非洲奴隶制，以此作为谴责虐待土著印第安人的基线。直到 1550 年，波托西仍是臭名昭著的“地狱入口”，这个主题由拉斯·卡萨斯精心策划，并由天主教徒的对手清教徒编织成西班牙人天生贪婪和残酷的“黑色传奇”。然而，“帝王之城”明显也是安第斯人（无论男女）的创业之地，从矿石加工到古柯零售。这就是富矿带的悖论。

仿佛被魔术师的魔杖击中一样，一座生机勃勃且人口稠密的城市出现在海拔 4000 米之地，屹立于古老的印加帝国东南部边缘贫瘠的安第斯山脉。一个名副其实的喷银井使这座异想天开的城市成为现实，但它能持续多长时间？波托西的矿藏能开发多少次？ 45
如果没有这些银矿，这座城市能否再度复兴？矿业城镇通常面临这样的挑战，但是波托西能否涅槃，不仅取决于西班牙是否愿意让安第斯人继续在地下和磨坊中遭受苦难，还取决于天气、人口和疾病的无常，同时受到人类创造力和里科矿山深度愈增的限制。

第二章　风力时代，铁之时代

> 秘鲁的印第安人没有使用风箱进行冶炼，而是用嘴吹动三掌长的铜管以获得风力。如果某些矿石的熔炼需要更大的风力，他们会在乡间用石头搭建一些松散的小熔炉，或者在更高的地区用石头垒起一个高约两掌的中空小塔，但并不黏合，以便于风的流通。他们将动物粪便和不带木炭的柴火放置其中，利用石隙间快速穿过的风来熔炼矿石。
>
> ——路易斯·卡波切，1581年[1]

46 出生于塞维利亚的波托西矿主和精炼厂厂主路易斯·卡波切表示，这种放置在山坡或者山脊上的露天简易装置是首批安第斯风炉。卡波切接着记述了西班牙人如何将其改进得更加可靠和高产。他称赞同为土著塞维利亚人的胡安·德·马里洛基（Juan de Marroqui），因为马里洛基开发了一个黏合版本的类似装置，称之为“瓜伊拉齐纳”（*guayrachina*，克丘亚语，意为“风力驱动的”），或者就称作“瓜伊拉”（意为“风”），他从中获利甚多。故事很有趣，但可能是编造的。

基于1549年造访波托西的经历，编年史学家佩德罗·德·谢萨·德·莱昂提供了另一个关于瓜伊拉起源的故事。他将之归功于印加人，而非一个西班牙发明家：

> 早期，印加人心灵手巧。他们发现某些银矿（例如波托西的矿）无法通过风炉冶炼，遂制作了类似于某种西班牙花盆但更大的黏土器皿，其特点在于通体布满裂缝或者通风孔。他们将器皿放置于山上或山侧风力最强劲之地，依次放上木炭和矿石，如此提炼出的银之纯度，几乎能与后来用推拉式风箱或者吹管提纯和精炼的银之纯度媲美。印第安人将产自该山的大量银矿带至此装 47
> 置附近提炼。这种装置被称为“瓜伊拉”（Guayras）。[2]

两个作者似乎都认为，卡斯蒂利亚人的风箱炉无法熔炼大部分波托西矿石，因此直到1570年年底，这几种精巧的瓜伊拉成为冶炼银矿石的标准技术。

路易斯·卡波切接着记述安第斯人的冶炼方法。其中，铅或者硫化铅被用作助熔剂以促进银矿石的熔炼。16世纪，欧洲冶金厂和冶炼工已经比较熟悉铅冶炼法，但不清楚安第斯的先民或者其他人是否具备硫化铅的使用知识，因此使用瓜伊拉进行冶炼工作似乎很有必要。[3] 卡波切详细描述了他那个时代的瓜伊拉：“［那是一个］像普通院子那么高的黏土装置，有四个细长的角，近乎方形，中空，顶部敞开；四个侧面上有开口或小窗，如此风可以发挥更大作用。”[4] 卡波切表示，瓜伊拉被放置在底部以放进更多风，各种元素的融合使它成为一个完美的奇迹，“对人类大有裨益”。经过瓜伊拉的加工，银矿石变成“铅黏合物”，可以交由安第斯人在自己家中进一步加工，最终提炼出纯度高达93%的银。

根据卡波切所言，经过一系列可控步骤之后，改进后的安第斯风炉能够生产出优质银。这种本土技术需要的燃料相对较少，而且几乎不需要资金投入。对一个现代观察者来说，除了最终的 48
木炭需求，唯一需要担心的是冶炼时所释放的铅烟，特别是安第斯土著在家自行炼制上述“铅黏合物”时所产生的烟雾。[5] 但卡波切认为，波托西的瓜伊拉并不构成威胁，甚至难以匹敌他所处时代的水力磨坊。这种令人宽慰的场景即将消失：

> 瓜伊拉被放置在山体或丘陵的顶部或侧面，这些山距离城市较近，人们在城市中可以直接看到，或步行可至。漆黑的夜色中，山峰上瓜伊拉内的火焰有序排列，或者分散在河岸和山涧，景色宜人。在过去的年份中，瓜伊拉增加至6497个。现在，几乎所有的瓜伊拉均保留了下来，然而由于人们不再像以前那样使用瓜伊拉，其中相当大一部分已经成为废品。[6]

波托西的风力时代同样也是全球产品涌入的时代。装满商品的西班牙大帆船来到秘鲁海岸，换取富矿带所出产的白银，最后满载而归。得益于经济学家所谓的比较优势，以及安第斯不同性别与年龄的矿工与精炼工的巨大努力，波托西生产的白银足以推动商业上的繁盛，其中很多贸易都是跨洋贸易。除盛产白银外，“帝王之城”是贫瘠之地，生活工作的必需品及其他许多奢侈物都必须从远方运来。

本章主要追溯了波托西前30年的生产情况，强调当地土著对矿山和精炼厂的控制，以本地风炉或者瓜伊拉为代表。接下来本章将讨论进口技术，例如在波科采用的推拉式风箱炉，以及引进的法律体系，这些法律主要是为了确定采矿权，并保证市场交易顺利开展。这个时代既是一个技术激烈竞争的时代，也是一个用生银购买的商品和奢侈品从世界各地迅速涌入的时代。西班牙北部所生产的钢铁对采矿同样不可或缺，土著居民也开始接受欧洲和亚洲的时尚和消费习惯。正如这个时代的某些法国亚麻生产商所言，欧洲、亚洲和美洲的纺织厂本身就是众所周知的金山银矿。

在“消费这个世界”的过程中，波托西通过安第斯当地的劳动力、企业家精神和技术造就了自身的富裕。但是，在发现之后十多年旋即成为一个庞大的“印第安”事业，对波托西来说意味着什么？是什么导致了这种变化？

波托西白银：全球战争的关键环节 49

1556 年，神圣罗马帝国皇帝查理五世（西班牙国王卡洛斯一世）退位，来到马德里西南部崎岖的格雷多斯山脉脚下的一家小修道院。其子加冕为腓力二世，继承了父亲在军事、财政和政治上的诸多责任，但是神圣罗马皇帝的头衔传给了他的奥地利表亲费迪南。查理五世曾和奥斯曼帝国、法国以及其他敌人进行过激烈斗争，腓力二世继续这些斗争并挑起新的战争。1588 年入侵英格兰失败（被称为“无敌舰队的灾难”）只是其中最具戏剧性的一幕。

金钱，或者更准确地说，信贷，使西班牙哈布斯堡王朝成为欧洲最强大的战争机器：王室可以借取巨额资金以组建陆军，集结海军。西班牙王室的信贷能力很大程度上得益于早期波托西白银的涌入——这是接近阿塔瓦尔帕财富的富矿带。出于此种以及其他原因，里科山成为一种符号，这就是波托西会引起奥斯曼苏丹和其他欧洲及亚洲王室兴趣的原因。

尽管我们已经知晓了欧洲方面利用白银资助全球战争的故事，但波托西在查理五世和腓力二世时代如何发挥作用的谜团仍然未解。多年来，历史学家一直认为，西班牙征服者和其他贪婪的欧洲人接管了发现于 1545 年的波托西，他们强迫土著工人处于监护征赋制之下，或者成为亚纳科纳（甚至是奴隶），为他们在里科山的矿场工作。作为交换，这些籍籍无名的“印第安人”除了被虐待、受伤害和得硅肺病外一无所获。诸如弗雷·多明戈·德·圣托马斯这样的早期辩论家的作品似乎可以证明上述观点。其他历史学家则认为，臭名昭著的米塔制在印加自古就有，狡猾而贪婪的西班牙人直接利用它来挑选工人，并获得其劳动产出。

尽管历史记录栩栩如生地描绘了西班牙矿主对矿工的虐待行为，但它也挑战了我们之前的简单假设，迫使我们重新考虑过去将银矿开采描述作为验明邪恶的西班牙征服者和马基雅维利式的西班牙君主（“黑色传奇”中的形象）铁证的说法。简言之，记录显示，自 1545 年发现波托西至 1572 年秘鲁的托莱多总督前去改革波托西的采矿和精炼部门（这是下一章的主题），挖掘并提炼里科山银矿的大部分都是独立的安第斯土著。的确，大部分情况下本
50 地矿工是西班牙领主的附属品，西班牙商人掌握了大部分外流白银，但是在波托西的早期繁荣中，最重要的精炼工作几乎完全由安第斯土著控制。一些当地贸易商也从富矿带中致富，例如在前边章节中提到的印加夫妇。这绝对不是人们今天参观波托西时会得知的故事。

工资与风力

早期，波托西土著创业的动力应归功于瓜伊拉。正如我们所见，瓜伊拉精巧而简单，以大羊驼粪便或木炭为燃料，利用每日下降气流所带来的氧气冶炼里科山高地所发现的富氧化矿石。随后，瓜伊拉不断改良，先是使用黏土密封之前的石砌炉子，随后加入铅作为助熔剂，然而确定无疑的是，波托西使用瓜伊拉的数百名操作工或者风炉工都是土著。显然有些人是女性，比如伊莎贝尔，在公证记录中她于 1559 年赠予其子弗朗西斯科价值 630 比

索的银条。[7]

采矿业也在土著的控制之下，与西班牙矿场利权所有人所达成的交易部分证明了这一点。西班牙矿场主通常居住在远离矿场之地，通过土著居民或雇工支付的租金维持生活。在早期记录中，西班牙人和土著合伙的例子并不罕见。在1559年的一个案例中，安第斯妇女贝阿特丽丝从一个西班牙征服者手中继承了波科附近的一座矿场，随后将半个矿场出租给另一个西班牙人，后者承诺购买工具并预付古柯以吸引工人。在另一个案例中，一位西班牙矿主把自己在里科山埃斯塔纳矿脉的部分所有权转让给自己的亚纳科纳马丁·万卡，以换取其部分收益。[8]

单看文献的字面意思，人们可能会得到这样的印象，即安第斯人和欧洲人平等分享权利，但很多案例也表明，西班牙企业主利用继承权或者本地人缺少资本的情况“操纵”本地矿山利权所有人和工人，以法律规则约束他们，正如上述两种情况。部分出于这个原因，西班牙王室授权为整个美洲的土著提供免费的法律顾问。此外，官方也允许法院指定译员帮助土著起草文件，这是王室赋予他们的另一项权利。西班牙—美洲的法律体系并不公平，但也并非完全无效或腐化。 51

尽管斗争很多，但随着1561年一个强大的王室巡回法庭——“查尔卡斯皇家检审法院”的建立，当地利权所有人可仰仗的筹码增多了。

关于波托西的早期殖民记录多如牛毛，通过翻阅这些文献，历史学家很快发现，安第斯土著和西班牙人都利用法律体系为自己谋利，本地利权所有人和承包商则学会了如何捍卫自己的利益。然而，只有在当地法官和法院同意执行并维护法律时，本地利权所有人才能得到“保护”。部分天主教神父疾言厉色地公开反对虐待，并帮助土著维护其权益，例如弗雷·多明戈·德·圣托马斯，但其他人并不如此。有时，教士们使用情绪化或说教式言辞恳请人们注意那些在日常实践中已经难以维系的虐待行为。换言之，安第斯土著和欧洲人开始了协商和斗争，这种情况一直持续至殖民时代结束以后。波托西的矿产财富成为最重要的支柱。

我们发现，至 16 世纪 50 年代，公证记录中大部分内容都是欧洲利权所有人和雇用的管理层（很多也是欧洲人）之间的矿山租售合同。管理层或者总监需要召集土著亚纳科纳或者其他可用人士组成工作班组。例如，1559 年，热那亚矿主杰科姆·东多雇用热那亚同胞、熟木工贝尼托去管理矿场，“并在其中安置了必要的印第安人、亚纳科纳以及监工”。[9] 在此案例中，土著工人是如何被召集起来的，我们无从知晓。早期工人中，非基督教的亚纳科纳并不多见，但 1549 年的一份合约确实记载了一些非基督教的亚纳科纳，例如瑙帕-库西、万卡萨、尤帕、保卡尔、瓜尔帕和康多里。[10] 除此之外，从 1559 年开始，部分合约也将非洲奴隶纳入波托西矿工之列。[11]

在发现波托西之初，关于采矿工作的详细描述非常罕见，仅有只言片语见诸部分合约中。1549 年，一个拥有 60 码矿山所有权的矿山发现者用 10 个“身长”长度（stature，每个 1.67 米）的矿脉换取 10 个安第斯工人。发现者（矿主）提供了镐、锄头、撬棍和大锤等工具。1550 年的一份合约描述了里科山维塔里卡（Veta Rica）的一个露天矿，该合约由在外的矿主订立，随后交由其子侄继承。该矿场要雇用 70 个安第斯土著开凿 15 码的矿产，所有的亚纳科纳显然都来自库斯科。根据合约，“他们必须努力开采这 15 码矿，直至开发殆尽”。如果矿洞坍塌，工人需要花费 40 天去修
52 理并重新开凿矿洞，直到寻到新矿石。合约提到矿产量由合作伙伴平分，但并未提及土著工人的衣食住和薪酬问题，也未提及给他们提供什么工具。1560 年的一份文献表明，这样的亚纳科纳工

作班组同样有土著监工，这些人可能也会按配额向矿主上交一定数量的白银。[12]

16 世纪 80 年代初，路易斯·卡波切描述了波托西采矿业在首个“繁荣至萧条周期”（直到 16 世纪 60 年代）的采矿情形：

> 最初是这样的：很多自由职业的印第安人选择和［西班牙］矿主签约，矿主留下他们去开采很多码的矿山，因此他们被称为“按码雇用的印第安人”。矿主提供铁棒，印第安人自费磨光和磨尖铁棒，并自带蜡烛前往矿山作业。[13]

接着，卡波切描述了土著矿工如何根据矿产的品相选择矿石，和西班牙矿主就他们的劳动成果讨价还价。正如皮特·贝克韦尔和其他人所表明的那样，卡波切不是证实自由择业的土著工人又分为“按码雇用的印第安人”和“印第安投机者”两种类型的唯一证据来源。[14] 很多土著矿工冶炼自持的高品位矿石，将其作为工资补贴，正如前文所述之考帕。一些高品位矿石可以在风炉中冶炼，其他矿石则不然。

上述定额制的安排不会永远持续下去，但在一段时间内，经营波托西矿业的基本上是印第安土著。正如卡波切所言：“在一段时间内，所有的矿场在发现富矿时都采用这种收益方式，印第安人拥有这个王国的所有财富，因为一切都依靠这种贸易，除了印第安人在他们的风炉中所产的银之外，也没有其他任何解决办法。”[15] 卡波切表示，即使在经济繁荣时期，生产者之间也存在等级划分。部分矿主将更多富矿留给土著工人经营，由工人安排几乎所有工序；其他矿主则保留更多控制权，他们将雇工和征工混编，并亲自监督矿石的挑选。

至 1585 年，即卡波切著书之时，这种共享矿石的安排变得非常罕见。但对于一些工人和矿主，尤其是矿场的其他承租人来说，在经历了16世纪70年代的剧烈变化（下一章的讨论内容）之后，这种安排依然非常便利。本质上来说，土著工人携带工具和蜡烛，在指定矿山中挑出最好的矿石，余下更多的矿石则通过汞齐化法来加工。

53 **自由和危险**

在最初的几十年里出现了部分转向雇用劳工的现象，随之而来的是被称为“明加”（*mingas*）或者“明加多”（*mingados*）① 的工人。尽管明加多按日计酬，但其工作的危险程度并不亚于前述米塔制征工。卡波切这样描写里科山的雇工或“租”工的工作情况：

> 这些天他们工作的一般方式是按日计酬，每个正式雇用的印第安人可得3.5个雷亚尔［略低于半比索］，每个明加多（即被租的人）则可获得4个雷亚尔；他们的工作较为灵活，有人负责开凿矿石，其他则负责搬运矿石，并通过三股吊梯将矿石运送出洞。[16]

卡波切记述了这些工人面临的困难，以及西班牙矿主对征工的虐待行为。简言之，矿石分成和雇用劳工的早期实践并不能代表自由市场社会和谐的黄金时代，但它确实是早期白银生产所面临问题相当务实的解决之道。

---

① 受雇用的印第安矿工。——译者注

1568 年的一份文件回顾了过去两年波科附近的采矿工作，其中记录了印第安雇工的工资情况，他们和非洲奴隶以及亚纳科纳一起工作。矿主向工人提供玉米以及 50 罐猪油，“用来夜以继日地照亮国王陛下的矿场及坑道”。投资者还向一个庸医支付了 30 比索，“因为他在 1567 年治愈了矿山中受伤生病的黑人和印第安人”。1569 年，波托西的市政会要求审查矿工的工资。[17]

无论强制抑或自愿，波托西的银矿开采工作都非常艰难。西班牙矿主和承租人千方百计地将风险转嫁到当地矿工和精炼工的身上。卡波切描述了工人们所付出的超限努力和遭遇的艰辛，他们甚至无力负担富裕矿主提供的皮革矿袋：

> 米塔制下的印第安人用自己的毛毯运输矿石，每次运输的重量达到 2 阿罗瓦（相当于 22.7 千克）。我不知道出于什么样的义务，他们把矿石扛在肩膀上，绳子系在胸前，以三人为一组攀爬，前行者一手举着蜡烛以方便他们上下，因为矿井漆黑一片，伸手不见五指。[18]

随后，卡波切记述了印第安矿工如何被西班牙监工殴打致死。 54
该描述非常类似于前往波托西造访的耶稣会博物学者何塞·德·阿科斯塔（José de Acosta）的记载，这随后被西奥多·德·布雷所证明。1572 年，让矿工们用毯子把矿石运下山这一行为被认定为非法。[19]

然而，在描述接受分成制安排的“明加工人”时，卡波切提供了一些对比：“明加印第安人有一些优势，待遇稍好，因为他们的合约有一定自由度，并且有权利拿走矿石中的考帕作为每日工资，如果这种做法以某些形式被限制，他们将不会再返回矿山。”[20] 卡波切写作时，很多明加或明加多曾经是米塔徭役制工人，他们在征工结束之后继续待在矿山上工作。

随着波托西的壮大，矿业食物链顶端的社会分化显而易见。16世纪50年代，寡妇开始继承里科山的矿山，女矿主迅速成为大势所趋。寡妇及其他女矿主通常雇用男性管理者，但也有一些妇女实行更直接的控制，只需要男性来提交法律文件。1562至1568年，堂娜·胡安娜·德·洛斯·里奥斯对一名管理者提起诉讼，其中涉及她在维塔里卡和埃斯塔诺矿的两处矿产。[21] 她诉诸拉普拉塔皇家检审法院来寻求王室所承诺的正义。

在早期的几十年中，教士们也为权力和地盘斗争。1565年，波托西市政会要求土著头人或者酋长定期召集矿工，修建城市主教堂。市政会也要求神父轮流为“帝王之城”周边雨后春笋般出现的土著教区提供服务，这导致更多教堂的修建。1565年下半年，市政会要求医师前往这些可能出现流感的教区照顾其中的安第斯土著。[22] 神父也拥有矿产。1572年，即托莱多总督抵达以改革“帝王之城”之时，波托西神父克里斯托瓦尔·迪亚斯·德·洛斯·桑托斯以9360比索的价格购置了一处房产、矿山和800头大羊驼。[23]

铁和工业

欧洲人到达之前，安第斯土著还不会冶铁。可以想象，钢铁工具对波托西的成功至关重要。碰巧，西班牙拥有一些欧洲最丰
55 富的铁矿床，巴斯克的铁匠颇有造诣，他们与美洲银矿区联系密切。巴斯克人在波托西非常有名，他们在采矿、精炼、贸易和地方治理方面的支配地位招致西班牙其他族群的不满。

在关于重商主义式的贸易和制造业限令的早期尝试中，西班牙王室通过禁止殖民地开采加工铁矿石来支持巴斯克铁商和西班

牙商人。部分为了维持大都市和殖民地之间的贸易平衡，国王下令，西班牙生产铁，西印度群岛生产金、银。因此，所有的钢铁铸块、铁条、铁棒、铁质薄板以及钢铁制成品，如钉子、马蹄铁、锤头、匕首、砍刀、镐、锁和其他五金制品，都需要从西班牙进口。殖民地铁匠可以自由使用或改造任何物品，但是生铁和钢必须通过西班牙中间商进口。基于这一事实，后来许多学者将西属美洲工业发展缓慢归咎于该政策的实施。[24]

尽管钢铁工具在当地生产受限，但它们却给安第斯的采矿业带来了变革。工人们开凿坚硬矿石的效率显著提高，精炼厂能够使用冲击式粉碎机碾碎矿石，因此在托莱多总督到来之后，冲击式粉碎机的数量迅速增长，正如下一章所描述的场景。在波托西部分炼银厂中，铁屑也被用作试剂。总之，钢铁成为消耗最多的欧洲进口物，当然也是最重且最难运输的商品。

一些早期铁匠得到非洲奴隶的辅助，这种方式长期存在，而且扩展至炼银厂。1559 年，一个坐落于波托西拉里贝拉河畔的推拉式风箱炉（可能是为了将钢锭切割成条），连同 40 岁的长工安东·德·特拉诺瓦一同被出售。冶炼和锻造所需的大量木炭产自远离波托西之地。1559 年，两个波托西贵金属检定师和名为加西亚·米歇尔的木炭生产商签订了合同；他们要求商人每月提供 50 头大羊驼负重量的木炭，合同持续时间长达一年。[25]

铜制品也需要从西班牙和欧洲其他地方进口，尤其是瑞典，但西班牙王室并未在殖民地垄断这种金属，整个殖民时期都在开采当地铜矿。铜主要用于制造厨房用具，但有些用于制糖工业、大炮和钟表的制造，此外也在汞齐化法过程中起关键性作用。锡也是如此，玻利维亚拥有大量锡矿石。少部分铜与银能够熔成合 56
金，制成金属硬币、宗教器皿和银质餐具。

在被钢铁工具破开之后，矿石必须用结实的袋子运至瓜伊拉和磨坊处。兽皮大部分来自西班牙人所引进的牛，制革厂建立在波托西下方山谷中的城镇之外——根据法律，皮革厂必须建在河流下游以确保城市供水。动物脂肪也被用来制作蜡烛，有时甚至包括大羊驼的粗脂肪。随着矿脉深入地下，蜡烛变得越发重要。

矿工的衣服也很容易被撕烂，因此缝制好的裤子、衬衫和夹克从库斯科等纺织品生产城市源源不断地送来。遍布安第斯高地的数以千计的土著妇女每日都在加工赶制衣物，从纺纱到编织再到缝纫；有些甚至是在非法的血汗作坊生产的。由于土著衣物通常被当作贡品，因此这些生产裤子的妇女并不会得到补偿。

结实耐用的羊毛制品也来自遥远的厄瓜多尔高地，而当地生产的基多绒面呢很快成为波托西地区工匠服装的标准面料。[26] 更便宜的粗呢、棉纺织物，以及麻制凉鞋、绳索、纤维绳和篮筐则来自殖民地其他地区，从图库曼（Tucuman）一直到墨西哥。[27] 简而言之，波托西需要从欧洲到亚洲的各式手工艺品，也需要来自西属美洲其他殖民地的各样手工艺品。每个人都想要在富矿带分一杯羹，诸如基多和库斯科这样的城市成为事实上的附属地。如果它们的布料生产商没有受到塞维利亚和利马的豪华面料批发进口商的阻碍，这些地区中心可能发展出更先进的工业。全球对波托西白银的需求根本无法满足，里科山和毗邻的“帝王之城”立即被公认为新兴的跨殖民地的、全球性经济的发动机。

印第安商业中心

> 欧洲的纺织物在这个城镇有很大的交易量，这些纺织物通过海路在阿里卡和库斯科港口进入，每年的消费额超过了 120 万比索，这还不包括来自基多、拉巴斯和瓦努科

价值 50 万比索的羊毛织物、粗呢和格罗格兰姆呢，价值 10 万比索的当地织物，来自图库曼价值 2.5 万比索的织物，包括很多棉麻、地毯、装饰性的布匹、蜂蜜、蜂蜡和印第安布料。[28]

在海拔 4000 米的地方生活并非没有困难，特别是在小冰川时 57
代的鼎盛时期。在终年严寒的波托西，衣物需求量很大，而且越厚越防风越好。公证记录显示，来自欧洲和秘鲁各地的产品稳定输入波托西地区，质量大多不错，如果价格能说明问题的话。每个季节都有上好的羊毛制品从英国、佛兰德斯、法国、意大利和西班牙到达波托西，人们通常用织物支数来描述这些流光溢彩的织物。

在波托西，羊毛是重要的取暖物，但社会各阶层人士也消费了相当数量的丝绸和亚麻。丝织品来自格拉纳达和意大利部分地区，但由于中国纺织品和生丝的冲击，欧洲丝绸的售价迅速降低。当 1571 年马尼拉大帆船贸易正式开始后，中国的纺织品大量涌入。[29] 尽管塞维利亚强大的商人行会或者商人联合会一再强调西班牙王室的贸易限令，但中国纺织品以及印度的印花棉布在整个 17 世纪不断进入安第斯高地。亚麻通常来自法国主要的布匹制造中心里昂，部分则来自荷兰和爱尔兰。

在 1588 年的一份遗嘱中，西班牙人萨尔瓦多·德·塔拉韦拉的遗孀、库斯科土著居民玛丽亚·波马昆博罗列了波托西仓库中的各种豪华布料和其他商品。她有一套“印加时代的旧式昆贝（*cumbe*）服”，以及“与之相配的白银纺袖”。她还拥有一件“中国风的特鲁希略披肩”，一些软木底帆布轻便鞋，或者登山帆布鞋，以及精美的安第斯金色披肩别针、西班牙风格的金饰和翡翠珠宝。[30] 虽然该遗嘱未表明波马昆博拥有威尼斯样式的玻璃器皿，但显然她也可以使用这种器具，因为 1589 年的销售记录显示，30 个“来自威尼斯的玻璃杯”售价 100 比索。[31]

所有这些来自异国的奢侈品是如何到达安第斯高地的？赶骡的人被称为“阿里耶罗”（*arrieros*），是当时的运输伙夫，其资本包括精心饲养和训练的牲畜。波托西公证记录的一份文献披露了 1587 年莫斯考人桑切斯（绰号“飞人”）将一支有 11 头骡子的队伍出售给阿尔瓦罗·迪亚兹的情况。骡子的右腿打着标记“A”，分别被命名为“拉莫里斯卡”（栗色）、“立雷奥纳”（棕色）、“拉多克托拉”（栗色）、“查佩托纳”（棕色）、“埃尔提拉诺”（黑色，雄性）、“康特马艾斯特”（浅栗色，雄性）、“拉克里拉奥”（棕色）、“克拉玛特”（栗色，雄性），加上 3 头颜色不明的母骡，名为“巴斯卡鲁伊多”“拉维兹卡伊纳”和“拉穆拉塔”。这支骡队的售价仅为 750 比索，这表明某些色彩鲜艳的骡子正在变老。[32]
58 有时奴隶也会随着骡子一同被售卖。例如，20 岁的穆拉托男子胡安出生于殖民地，他在波托西和“一头红棕色的长尾骡”一起被售卖，售价 1000 比索。骡子的印记并未表明，但胡安的脸上却有烙印，这是对逃亡者的常见惩罚。[33]

奇恰酒和葡萄酒

> 他们习惯在公共场合饮酒，男女欢聚一堂，举行盛大舞会，利用古老的典礼和仪式教导后辈追忆过去的异教。[34]

自 1545 年在波托西采矿伊始，西班牙人就把奇恰酒视作必要又危险的恶习。整个殖民时期，西班牙神父和政府当局指责安第斯土著酗酒者及主要的女性供应商，然而这项生意无法被压制，甚至无从征税。正如古柯一样，西班牙人很早就参与了玉米贸易，因为他们早已认识到奇恰酒作为一种基本的刺激物和卡路里来源，可以带来巨大收益。早在 1549 年，波托西首个记录在案的银匠就购买了 100 蒲式耳（bushels）玉米，当时其价值超过 700 比索。以这样的价格，它只能用来制作奇恰酒。

1559 年，另外两个波托西矿主出售了位于"马伊思广场"（*plazuela del maiz*，玉米广场）的一仓库玉米，连同"一顶旧帐篷和两个量玉米的小口袋"，以及一些秤和砝码。[35] 由于担心玉米短缺，即使这两个西班牙富人要价 4000 比索，波托西市政会还是接收了这批玉米以填补粮仓。事情可能进展得太顺利了，因为到 1567 年，市政会取缔了西班牙人家中的"印第安人"饮酒聚会，即使在盛大节日也不能举行。即便如此，西班牙矿主还是成吨进口玉米，有些甚至已被磨成面粉。[36]

简·曼根展示了自波托西被发现一个半世纪以来奇恰酒市场的暴利，展示了部分土著女性和混血女性（指奇恰酒酿酒商，*chicheras*）如何从中平稳致富。当玉米粉短缺时，他们用小麦粉酿造啤酒，从而在玻利维亚生产出第一种知名的小麦啤酒（*Hefeweizen*）。市政官员并不觉得开心，更不用说波托西许多依赖小麦面粉的稳定进口价格以维持生计的面包师。[37]

小麦和玉米粉通常来自皮尔科马约河流域及其附近城镇，如伊尔塔拉（Yltala），它们通常位于前往丘基萨卡的路上。皮尔科马约河的支流反过来为磨坊提供动力。[38] 新鲜美味的小麦面包成为波托西社会所有阶层的主要碳水化合物来源，其价格由市政会决定。当 1564 年 1 月面包短缺结束时，市政会将价格设定为每比索 20 条 12 盎司的面包，或者 22 个"印第安面包"。印第安面包用更粗糙但可能更健康的面粉制作。[39] 59

西班牙人需要自己的发酵饮料和葡萄酒，这对地中海饮食以及天主教信仰来说是不可或缺的。尽管部分西班牙人酗酒，但卡斯蒂利亚人像大部分南欧人一样，以节制为荣。在早期殖民地，尤其是在像波托西这样的偏远采矿小镇，西班牙葡萄酒的高昂价格有助于限制人们饮酒，特别是在发现波托西之后的前数十年中。1559 年的一份合约显示，在波托西，葡萄酒的批发价也很高。两个银匠以每壶 20 比索的价格进口了 400 壶葡萄酒，这是一项重大投资。1567 年，波托西市政会禁止把葡萄酒出售给“黑人和印第安人”，称“除了酒所造成的伤害之外，这一商品已变得更加昂贵”。[40] 降低成本的唯一方式是在当地生产葡萄酒。

到 16 世纪 70 年代，即托莱多总督的时代，当地已足以生产数量惊人的葡萄酒并运往“帝王之城”。西班牙葡萄酒的进口迅速增加，其价格也因此而下降，但是秘鲁的葡萄酒仍以半价或更低价格出售。大部分葡萄酒装在 1 加仑大小的陶罐中出售，通常以焦油或者树脂密封。西班牙葡萄酒仍在市场上出售以提供更多不同的口味，同时是为了提高产品档次。稍微便宜的本地酒通常畅销于工匠、其他工人以及各类闲散人员中。

葡萄酒来自阿雷基帕、莫奎瓜山谷（the Moquegua Valley），秘鲁沿海的葡萄酒通过阿里卡港到达波托西，来自万卡韦利卡和西班牙的水银也经此港被运往高地。[41] 伊卡（Ica）、皮科（Pico）、纳斯卡（Nasca）和塔克纳（Tacna）最终因其海域毗邻波托西的“水银港”而获益。西班牙人在安第斯山脉的另一边发现了温暖的峡谷，尽管海拔很高但适合葡萄树的生长，偶尔也能丰产。葡萄园遍布多地，比如米斯克周围、皮尔科马约河上的印加旧堡垒奥朗科塔附近、塔里贾（Tarija）附近的辛提（Cinti）以及其他更南部的峡谷里，其中皮拉亚（Pilava）和帕斯帕亚（Paspaya）的葡萄园占据主导地位，并且持续至今。当地葡萄酒的酿造以及优质

西班牙葡萄酒的引进使得葡萄酒的价格开始降低，因此将葡萄酒 60
从中部阿根廷和智利的早期葡萄园运往波托西的生意并不划算，尽管它们已经非常成熟。早期，西班牙葡萄酒牢牢占据着市场的主要份额。1589 年的一份公证记录显示，“卡斯蒂利亚葡萄酒”每罐售价 25 比索，相当于一匹好马的价格。[42]

1640 年前后，为了在秘鲁提升葡萄酒的销售量，白兰地酒，或者说葡萄白兰地应运而生。大量白兰地从秘鲁以及“帝王之城”东、南部的低谷葡萄园运往波托西，如今秘鲁人和智利人将其称之为皮斯科（*pisco*），玻利维亚人称之为辛加尼（*singani*）。甘蔗白兰地或者葡萄白兰地广为人知，有时也用于医疗。今天，矿工通常饮用塑料瓶装白兰地，但仍然习惯性地先向埃尔蒂奥神泼洒一下。

古柯和其他刺激物

> 有人说，这是钱……确实，他们通过古柯以古老的方式进行商业贸易，延续以物易物的传统；因此古柯随处可见，一撮古柯可换取一撮玉米粒或者肉干，抑或其他任何东西。基于此种商业方式，古柯等同于货币。[43]

像奇恰酒一样，古柯叶（*Erythroxylon coca*）对安第斯土著来说既是必需品，也是有害物。与酒精的不同之处在于，咀嚼古柯并不干扰运动机能，反而能增强身体机能，同时能抑制饥饿。西班牙人旋即发现了一条快速致富的新路，即向波托西数以千计的土著矿工和粉碎厂工人提供古柯叶。

早期古柯销售的冠军是王室官员胡安·德·马蒂恩佐，他在

16 世纪 60 年代托莱多总督到来之前领导拉普拉塔的地区巡回法庭。[44] 马蒂恩佐非常超前地认为，西班牙人不受约束地增加当地银产量的最好方式是引进更多的古柯。根据马蒂恩佐所言，波托西的经济被安第斯土著矿工、精炼厂以及各种类型的贸易商所控制："最终，这是一场鲜有人能理解的巨大混乱；唯一能确定的是，对那个地方来说，最好的事情是不要尝试除了增加印第安人以外的其他任何新方法，这不会造成伤害，而且总是有利可图的。"[45] 马蒂恩佐不厌其烦地强调，安第斯土著中的古柯叶运输工需要花费 130 天来完成一趟运输，却仅能获取微不足道的 10 比索。[46]

61 正如奇恰酒一样，大部分古柯叶由土著妇女在户外集市（如波托西的"查图"，与主广场成对角线分布）零售，其供货商通常为与库斯科有联系的西班牙批发商。大部分古柯来自库斯科以东或以北的印加种植园，包括一个向保卡塔博提供古柯原料的中心区域，直到殖民后期，古柯种植才扩展至拉巴斯和科恰班巴（Cochabamba）以东的炎热峡谷。被西班牙人称为印加"安蒂苏尤"（Antisuyu）的安第斯山脉地区位于炎热的乡村山谷（例如托诺和图艾马）中，距离保卡塔博东北部有几天的行程。1549 年的一份早期船运记录表明，该地区的古柯在波托西售价很高：96 包古柯叶，每包售价为 19.5 鉴定过的比索。同年，来自拉巴斯东部低地"丘基亚博"的古柯每篮售价 14 比索，很难知道这些单位是否可以换算。1550 年一个订购 2000 塞斯托（*cesto*）库斯科古柯的订单涉及赫尔南多·皮萨罗控制的种植园。[47] "塞斯托"成为标准单位，即一大筐重 25 磅的古柯。

宝琳娜·努姆豪瑟（Paulina Numhauser）追踪了在库斯科以东种植古柯的西班牙业主和在"帝王之城"零售、但偶尔批发古柯叶的土著妇女之间的联系。努姆豪瑟发现，到 16 世纪晚期，库斯科与波托西之间因古柯建立的联系不仅创造了一个新的西班牙精英阶层——“古柯领主”，也在土著中催生了女性精英阶层。[48]像波托西米塔徭役制一样，库斯科古柯行业的强制土著劳动力激发了内部的论战，部分原因在于亚马孙上游谷地炎热的工作环境迫使高地原住民感染了各种各样的疾病，包括利什曼病，这是一种致人毁容，有时甚至致命的寄生虫感染疾病。

在“帝王之城”，土著妇女通常以代销形式将古柯出售给库斯科或者波托西批发商。涉及中间商的代销合同可以追溯到16世纪50年代后期，但是详细目录后来才出现。波托西鼎盛时期，一个成功的古柯经销商案例是弗朗西斯卡·卡瓦（也可能是卡华）。她于1588年所立的遗嘱中包含100多篮古柯绿叶，各种各样的土著纺织品、服装和珠宝。[49]卡瓦还拥有相当多的白银，她将其中一部分捐赠给科帕巴巴纳圣母会以及其他宗教修会。她还慷慨地给城市穷人捐赠衣物，通过方济各会和耶稣会士的所列名录进行强制性分配。简·曼根则追踪了另一个中等零售商伊莎贝尔·科塔奎的生意情况，她在1590年同意为一位西班牙妇女代销古柯。[50]

在波托西，古柯是首选成瘾性药物，紧随其后的是奇恰酒、葡萄酒和其他酒精饮料。基于美洲本地的联系网络，正如人们所 63
料，烟草也被各个阶层的波托西人所消费。与古柯类似，它必须从遥远的炎热低地进口，例如厄瓜多尔沿海地区以及遥远的尼加拉瓜。[51] 16世纪，人们通过陶土管吸烟，雪茄随后出现，鼻烟在17世纪中期风靡一时，甚至跨越了性别界限，令卫道士感到震惊。

严格用于医疗的药物包括洋菝葜干根（sarsaparilla）、美洲番泻叶（American senna，一种泻药）、金鸡纳树皮（*quina quina*），以及最终在17世纪初期在厄瓜多尔的安第斯山脉发现的奎宁树皮（quinine bark）。奎宁（quinine）仍然是治疗慢性疟疾的终极手段；金鸡纳树皮则是一种退烧药；洋菝葜干根见于瓜亚基尔附近以及

图 6　古柯商贩，费利佩 · 瓜曼 · 波马 · 德 · 阿亚拉，约 1615 年。

厄瓜多尔，可以作为“根汁汽水”的原料，也可有效缓解梅毒（西班牙人称之为“法国病”）的症状。[52] 索利曼（*Solimán*）是一种水银制造的药膏，也见于殖民地商人和药剂师的存货单中。它可以作为一种抗菌剂，但其毒性也令其成为一种流行毒药：杂糅数十种草本膏药和矿物精华制成，其中一种矿物以波托西西南部遥远地区命名——“罗斯利普斯石”（stone of Los Lípes）。在其他场合中，它被用作止血药。

耶稣会士贝尔纳贝·科博（Bernabé Cobo）对安第斯的所有事情进行大肆书写，从印加历史到矿物性能。秘鲁最著名的矿物是“胃石”（bezoar stone），① 部分见于小羊驼和骆马的内脏中。这些矿物堆积可能让我们觉得恶心或感觉完全无用，但在近代早期，它们被认为拥有强大的治疗作用。在访问波托西时，科博目睹过一块奇异的“胃石”，它内里包裹着一个箭头及一段箭杆。他认识到动物有胃石，是因为它们受伤后吃了有愈合作用的植物，而这些草药累积在箭镞附近，起了封闭的作用。[53] 小剂量这种珍贵的积淀物对恢复健康应该有很大的帮助。

波托西早期的奴隶和奴隶制

西班牙入侵者在成规模的战争与小型冲突中屠杀了很多美洲原住民，迫使他们退入丛林和荒漠，在他们中间实施奴隶式劳动制度，甚至还虐待他们。然而，更多美洲原住民被欧洲人和非洲人无意间带来的疾病所击倒。1650 年前后，原住民人口数量降至最低，然后开始缓慢爬升，直至今天。哥伦布航行之后不久，西 64

① 类似于牛黄。——译者注

班牙王室宣布奴役和贩卖美洲原住民违法，但加勒比人和智利的马普切人这样的反抗民族不在此列。征工和农奴的工作非常繁重，甚至可能致命，但大部分安第斯土著在法律上免于奴隶制度的压迫，而来自撒哈拉以南的非洲人则大多沦为奴隶。波托西的公证书记录了 1587 年贩卖一个来自玻利维亚东部低地土著妇女奴隶的情况。她名为玛格丽塔，据说当时 32 岁，一个波托西人以 300 比索的价格将其出售给一个来自科恰班巴的男人。[54] 1550 年的一份自由人笔记表明玛格丽塔并非个例，一个西班牙人在巴拿马买下了一名来自加勒比海珍珠岛的妇女伊内斯，并将其释放。伊内斯的下巴上被刺上了谜一样的刺青——“m. m.”字样。[55]

米塔制和亚纳科纳制这样的劳动制度，以及监护征赋制和教士们所提出的要求给波托西的美洲土著男子带来巨大压力，尽管很多妇女也被人从家中带走，去服务西班牙主人或者履行她们丈夫的贡赋义务。所有这些都意味着，土著劳力并不能满足所有西班牙定居者的需求，只有那些种植经济作物，或者可以接触到贵金属的人才有钱购买奴隶。

1500 年后不久，撒哈拉以南的非洲人被带到美洲，这是首批到达美洲的非洲人，同行的还有西班牙征服者。一些非洲人在古老的印加卡拉巴亚矿坑中、亚马孙上游地区以及秘鲁北部开采黄金。[56] 随着波托西银矿经济的扩张，非洲奴隶成为安第斯经济和社会的关键组成部分。在波托西，非洲奴隶的工作如同其在行政首府如利马、波哥大和基多一样。

很多奴隶是妇女，她们被迫从事家政服务和哺乳工作，男人多为马夫、工匠或地产经理。在波托西，似乎只有少数非洲男子在地下矿洞工作。大部分人不从事这些工作，他们或学习炼银技能，或学习其他手艺（例如铁器加工或者制鞋），或学习驱赶骡队或大羊驼队。在市区，似乎只有波托西的铸币厂长期雇用奴隶，也有一些奴隶在面包坊工作。1578 年的一份合同描述了一个“黑人糖果师”与两个男孩学徒一起工作的情况。[57]

早期，富裕的波托西人把家奴视作地位象征和必需之物。根据公证记录，诸如刘易斯·卡波切和阿尔瓦罗·阿隆索·巴尔巴（Alvaro Alonso Barba）这样的波托西著名作家都有奴隶，有男有 65
女。[58] 对于富裕的女人来说，奴隶通常包含在嫁妆中，与衣物、家具和珠宝一起被视作流动资本。只有那些在遥远肥沃的峡谷中拥有大量庄园（尤其是南部的葡萄园）的波托西人，才拥有大量非洲奴隶。到 17 世纪中期，这些庄园雇用 100 多名非洲奴隶。其他非洲奴隶则在科恰班巴东南部的米斯克附近制糖。[59]

当 16 世纪 80 年代末布宜诺斯艾利斯开放通行后，殖民早期到达波托西的数以千计的非洲奴隶大多来自非洲西部与中部，但在此之前，来自塞内加尔和上几内亚其他地区的奴隶最为常见。我们可以确定的是，波托西奴隶的价格一直很高，奴隶贩子和商人可以直接用掠夺来的奴隶交换白银，而非其他任何他们不得不再次转售的商品。例如，1578 年 1 月，尽管 20 岁的佩德罗·扎佩被称为“臭名昭著的赌徒”，但仍能售价 570 比索。1587 年，尽管 35 岁的安东·比奥有慢性胃病和严重的烟瘾，但仍售价 625 比索。同样，1588 年，30 岁的路易莎·乔洛法尽管被刺伤，仍售价 600 比索。[60] 这三个人均来自上几内亚。非洲人的后代，无论是奴隶还是自由人，在当地经济和文化发展方面都发挥了关键作用，对社会的贡献引人注目。波托西几乎所有的街头小贩都是非洲奴隶。

合同劳工或者契约同样重要。波托西的公证记录中有很多被称为“阿西恩托”（*asientos*）和“肯谢托”（*conciertos*）的雇佣协议。1570 年，自由穆拉托铁匠胡安·德·门多萨和一个波托西业主签署协议，成为一个普工。[61] 协议具有约束力，最常见的是西班牙封建领主和外来的印第安土著（即不隶属于村庄或与村民无亲属关系的人）签订的协议。一些协议表明，男性劳工尤其得到高度重视。1577 年 1 月 3 日，库斯科的土著移民工人安东尼奥·瓜马尼签署了为期两年的普工协议，每年获得 60 比索，外加食物。

女性的合同相对低廉。1577 年 1 月 3 日，玛丽亚·春卡被指派为木匠米格尔·莫雷诺工作一年，可能是专职的家政服务，但只赚了 10 比索。另一个土著妇女为一户西班牙妇女工作 6 个月，挣到了 8 比索，相当于一壶阿雷基帕葡萄酒的价格。1577 年的其他合同显示，从事家政服务的女性每年可得到 10 比索，而男性至
66 少能挣到 20 比索。到 1587 年，土著男性的工作合同显示他们平均每年可得到 20 比索。相比之下，一个西班牙家庭教师在 1578 年就可以挣到 140 比索，而非洲成人奴隶售价接近 500 比索。此时硬币仍很罕见，因此价格通常是以鉴定过的比索给付的，这是一种类似于卡斯蒂诺亚硬币的货币单位。[62]

像世界上许多矿区一样，波托西在发现后不久就面临危机。在里科山表面附近发现的易冶炼矿石很快被挖掘殆尽，风炉或者瓜伊拉时代如浮光掠影。自从矿山的首批所有权确立以来，由土著经营矿山和精炼厂一直是波托西的规则，由此产生一种独特的产量分成模式，也产生了一个充满活力的多语种城市市场。

土著赶驼人、贸易商和商人迅速适应了富矿带的生活，很多人设法从中牟利，而且他们向西班牙领主和赞助者交出的大量份额或寄售代销的刺激物令其同样致富。在征服时代，暴力冲突频现，但总的来说波托西最初几十年的白银产量似乎非常庞大，足以满足欧洲人和土著的财富欲望。大大小小的富人均购买非洲奴隶，其中一些非洲人可能已经找到了赚钱和购买自由的方法。

然而，当易挖掘的矿石逐渐枯竭时，危机渐显，紧张局势加剧。里科山散落着成堆的未熔炼矿石以及看似无用的尾矿。传说中照亮夜空的瓜伊拉已臻极限。如果没有颠覆性的创新，没有新的行动计划，“帝王之城”及其矿产将面临停滞不前的局面（如果说还未完全被淘汰的话）。在某些人看来，被大肆吹捧的“世界财库”似乎只是海市蜃楼。

第三章　总督的伟大机器

“帝王之城”波托西。幸而有该矿山，卡斯蒂利亚是卡斯蒂利亚，罗马是罗马，教皇是教皇，国王是世界的君主。圣母教堂和神圣信仰被4位印第安国王和印加皇帝保护。今天它授权于罗马教皇和我们的领主——国王堂·腓力三世。

——费利佩·瓜曼·波马·德·阿亚拉，1615年[1]

67 1568年，西班牙国王、谨慎的腓力二世任命受过良好教育的贵族堂·弗朗西斯科·德·托莱多担任第五任秘鲁总督。这是一个具有全球影响的决定性选择。1569年，托莱多总督到达利马后，很快启程前往安第斯高地，去为其国王组装一台巨大的炼银机器。如果一切按计划进行，这个机械装置将把波托西传说中的财富以前所未闻的数量注入王室司库，并将使整块殖民地——那瓜曼·波马笔下的新印加王国再次成为世界艳羡的对象。当1580年托莱多离开秘鲁返回西班牙时，波托西的风力时代已经结束。一个新的、急需工人的机器时代开启。托莱多急剧扩大了米塔徭役制，并且打乱了数万安第斯土著的生活，使西班牙国王在接下来的几个世纪中感到良心不安。

托莱多总督果真不负众望。他是典型的文艺复兴后期官僚，把一种冷酷无情的紧迫、效率和国家理性带到了广阔而粗犷的殖民区，该地区自从征服时代以来就被混乱和分裂所破坏。作为在

1570年前后“重新征服”西班牙秘鲁新阶级中的一员，托莱多致力于使私人雄心服从王室财政的利益。任何站在他和他的事业对立面的人都是潜在的叛徒。[2]

托莱多试图利用大秘鲁的所有资源来增加贵金属开采，以便
推进西班牙国王的全球计划：捍卫和传播罗马天主教信仰。“改 69
革”意味着把新技术应用到采矿冶炼、改善供给线、修建基础设施、起草新法和任命地方法官。最重要的是，“改革”强迫成千上万的安第斯人集中到乡村生活、实行市场交换并轮流提供劳动服务。托莱多还认为，驯服秘鲁需要重新书写印加历史，并灭绝残存的皇室。1570年，他下令将年轻的印加继承人图帕克·阿马鲁一世（Túpac Amaru I）从丛林的隐藏地维卡班巴（Vilcabamba）带到库斯科，并亲自监督了对图帕克的处决。图帕克的牺牲预示着新的殖民依附时代的开启。正如瓜曼·波马和其他原住民评论家所言，它也刺激了印加从阴影走向复兴。

本章探讨1572至1575年托莱多总督在波托西任职期间的情况，在此期间他巩固了米塔徭役制，强迫工人修建水库以便为冶炼厂提供动能，引进汞齐化法，并建立皇家铸币厂。接着，本章将结合进口技术和本地创新，考察托莱多所装配的机器如何运行。由于托莱多的努力，波托西的白银产量在1592年迅速增加，但是米塔制招致大量批评。本章也将阐述1571年马尼拉大帆船贸易开启后，波托西如何与亚洲建立联系。虽然人员和环境成本巨大，但由于白银“链条”的存在，全球首次通过海洋联系在一起。

图 7　“帝王之城波托西”，费利佩 · 瓜曼 · 波马 · 德 · 阿亚拉，约 1615 年。

米塔徭役制

直到近期，采矿依然需要大量工人。托莱多总督立刻意识到，振兴秘鲁的白银产业需要召集这样一支队伍。奴隶是一种选择，但是西班牙王室拒绝为矿主们进口非洲奴隶提供补贴。托莱多支持在大秘鲁矿场采用奴隶劳动，但他并没有看到这种解决方案及时发展起来，以拯救负债累累、四面楚歌的国王腓力二世。相反，正如被他急于诬陷为暴君的印加统治者一般，托莱多也开始把注意力转向安第斯土著农民。他将复兴并改进米塔徭役制。

就近可征用的是广泛分布的讲克丘亚语和艾玛拉语的高地农民和牧场主，他们的村庄、边远土地和牧场从阿根廷最北部一直延伸到距离波托西 1000 多公里的库斯科。这个广阔而高耸的地区 71
将在接下来数个世纪中成为波托西米塔网络的核心。随后该网络向更低和更绿的地区蔓延，如米斯克、科恰班巴以及塔里贾附近（参见地图 5）。

在波托西，实行米塔制的数百个村庄和血缘部落被分为 17 个地区，每年向矿山和磨坊提供 16%的壮年男子（每人需要服务 7 年），即 1.35 万人（基于托莱多 1572 年的人口普查）。其中，4500 人轮流到里科山的地下矿洞作业，剩下的人在冶炼厂工作，或者执行王室行政官员和私商安排的任务。自 1572 年后，采矿工作夜以继日地进行。波托西公证书中关于分工合同的描述证实了这一点。[3]

秘鲁高地利马东部万卡韦利卡的水银矿实行类似的米塔制，但规模更小。因为托莱多总督，万卡韦利卡的圣塔芭芭拉矿山（Santa Bárbara）于 1564 年开业，到 1577 年有 3280 个米塔工人轮

图 8　弗朗西斯科 · 德 · 托莱多总督，费利佩 · 瓜曼 · 波马 · 德 · 阿亚拉，约 1615 年。

流作业。这里的工作比波托西更加危险，万卡韦利卡的主要矿洞甚至被称为“死亡矿井”。[4] 安第斯山脉的矿山都实行米塔制，包括大基多和新格拉纳达地区的金银富矿区，但其规模远逊于波托西，更不用说万卡韦利卡。[5]

西班牙人无法自行管理如此庞大的系统，因为大部分人缺乏基本的语言技能。因此酋长和库拉卡充当中间人，召集并清点工人，确保每个地区的配额都能得到满足，并将他们移交给西班牙地方法官。托莱多任命了 5 名这样的矿工工头。1575 年，托莱多前往利马后，查尔卡斯皇家检审法院主席胡安·德·马蒂恩佐将米塔制的配额提升至每年 1.4 万名工人。虽然西班牙提出了明确要求，但当地工头证实难以长期维系该数额。即使国王不肯在书面上承认，但他确实强迫最脆弱的臣民冒着巨大的生命危险去开采他的宝藏。

在托莱多时代，米塔制从来都不是无可争议的：人们认为他解决波托西劳工问题的措施极度现实又极其残酷。利马的神学家称赞米塔制，但在临终时却又反悔，认为它有罪。然而，尽管批评早就出现并一直延续，波托西米塔制却仍然持久存在。[6] 只有 1812 年拿破仑占领期间，西班牙自由议会从加的斯（Cádiz）统治西班牙及其殖民地时，米塔制才被宣布为非法。即便如此，米塔制还是持续到 1825 年西蒙·玻利瓦尔宣布其结束为止。历代西班 72
牙国王均不愿终止托莱多所创造的米塔制。

然而，托莱多的米塔制也未能维持其最初规模。从字面上看，里科山的矿好像会吃人，长期流离失所及高死亡率打乱了托莱多利用试图重构的潜在生存基础。造成米塔制极度削弱的因素包括：土著因病而亡以及土著的反抗——或者逃跑，或者被矿主雇用（如果矿主愿意支付额外费用以保障日渐增值的工人，他们可以自由被雇用）。

至1600年，波托西的米塔制工人大约有1万人，镇上半数以上矿工拿到了工资。如前一章所述，这些自由工人通常被称为“明加”，他们往往比征召的米塔征工更为熟练。有些人就是老手。[7] 即便如此，波托西强大的矿主和精炼厂厂主不愿意放弃他们所分配到的征工，因为征工的工资通常较少；而且他们可以与其他所有者交换，或以其他方式实施剥削。一个日益壮大的矿方行会“阿索格罗行会”（*gremio de azogueros*）为保留米塔制而不停挣扎，直至殖民时代结束。

米塔徭役制劳工并非没有报酬。它既非终身性的，也不是奴隶制。然而，它具有强制性，工人报酬严重不足，严重破坏了印第安原住民的生存方式。仅举一例示之。1596年，耶稣会士安东尼奥·德·阿扬斯（Antonio de Ayáns）估计，一个波托西米塔工的生存成本总计每个月至少26比索。如果按承诺支付工资的话，米塔工人的月工资也仅有10比索。波托西的封闭与高消费抬高了必需品的价格。1596年，阿扬斯把基本生活必需品列举如下：半蒲式耳的丘纽（chuño，即经过冷冻干燥处理的马铃薯），10比索；一只羊驼，4比索；鱼、辣椒和盐，2比索；木柴和稻草，4比索；古柯，5比索；奇恰酒，1比索；合计26比索。[8]

如果阿扬斯的预估正确，米塔工的法定工资几乎无法购买半蒲式耳的冻干土豆。工人几乎没钱购买烹饪燃料，更不用说动物蛋白质或者诸如古柯和奇恰酒这样的刺激物。由于工资与生活成本之间的差异，大部分米塔徭役制劳工到达波托西时通常携带尽可能多的食物，以及可出售的任何物品。储存的丘纽和风干的大羊驼肉脯尤其重要。古柯、奇恰酒、辣椒和鱼则必须到城镇上购买。

灾难 73

对于这些人的悲惨经历，我记忆犹新，我将把其中一些转述给阁下，以便您了解他们的悲惨遭遇以及矿山给他们造成的损失，因此我们可以说，它是鲜血，而非矿石。有一起事故发生在维塔里卡拉穆尼扎矿山。在该矿山，一个西班牙人与另一人合作雇用了56个印第安人。其中28人上白班，剩下的上晚班。矿山很危险，其中一个拓宽的矿道尤其如此。当［王室派出的］督察员弗朗西斯科·德·奥鲁诺进入矿道视察时，他意识到印第安人所面临的危险，因而下令暂停工作直到采取某些必要的维修措施以保障安全，甚至为此发布了正式命令。矿主先以书面形式回复称，这些修复措施并不必要，那个命令是基于对矿主的强烈不满而发出的，矿山很安全，随后提出申诉并诉诸特定程序。由于未采取必要措施，这些不幸的人因此罹难：两天后矿洞坍塌，夜间工作的28人全部被埋在地下。第二天早上，所有的法官前往这座山查看情况，随行的包括大量印第安人及他们的妻儿与亲属，哭声震天。他们［被埋在地下的人］身上堆满了泥土和岩石，无法直接拉出。随着时间的流逝，泥土和岩石被一点点清除，他们才最终被找到。这个西班牙人被判入狱，经过多轮审判和拘留后，他被皇家检审法院判刑，其剩余财产根据受难者孩子的数量按比例分配给那些寡妇。

——路易斯·卡波切，1585年[9]

路易斯·卡波切确实描述了托莱多总督正式施行米塔制之后，早些年发生在波托西里科山的众多矿难中的一例。在此例中，矿工所拥有的所有法律保护，包括督察员有权要求暂停作业直到采取安全措施的干涉，均被证明无济于事。总督自己所制定的采矿法也被忽视了，28 个矿工在一次所有人都预见了的塌方中丧生。
74 这场悲剧不同寻常，因为很多人一次性死于突发矿难，而且矿主被判入狱并罚款。[10]

卡波切继续讲述第二个被困矿工的故事，尽管遇难人数略少，但在某种程度上比第一场事故更加悲惨。在这个案例中，7 名印第安矿工及其葡萄牙监工在一次大规模塌方中暂时幸存，然而他们最终还是在人们花费数天时间清理碎石的过程中死亡（参见附录）。人们很难想象比困在地下更糟糕的命运了，他们可以通过碎石的缝隙和亲人交谈，却无法逃出生天，最终由于饥寒交迫而亡。这样的故事使西班牙国王及其总督和其他官员们的良心备受折磨，米塔制因此看起来似乎是和魔鬼做交易。卡波切几乎是漫不经心地补充道："就在几天前，七八个印第安人死于山中，如果有人不得不详细地记录这些，他将浪费更多的纸张。"[11]

对于米塔制的直接受益人卡波切来说，托莱多所创造的与其说是一个"伟大的机器"，不如说是一个"凶残的野兽"，嗜饮印第安人的鲜血：

> 通常，他们把死去的［工人］以及头骨破裂、腿部骨折的人带下山，每天工人们都会在磨坊中受伤。在这样一个寒冷的国度，夜间工作以及照看这些矿石磨盘是最难的工作，因为灰尘落入他们的眼睛和口中，所有这一切都足以给他们造成巨大伤害。因此，医院里到处都是受伤的印第安人，每年有 50 多人死亡，这个凶残的野兽活生生地吞噬了他们。此时此刻，当地事务法官和矿山行

政官员设立的特别法庭正在追查70多个与印第安人死亡有关的犯罪案件。[12]

如果这些惯常的恐怖事件被目睹的观察者满怀同情地报告给国王及西班牙白银矿主和磨坊主，那么那些发现总督伟大机器的真正缺陷的人呢？他们是谁，他们带来了哪些影响呢？

对米塔制的早期批评

早在16世纪70年代初米塔制形成以前，西班牙批评家就开始抨击波托西地区虐待矿工的行为。多明我会的修道士，巴托洛梅·德·拉斯·卡萨斯之友多明戈·德·圣托马斯率先发声，同时他的呐喊声也最为洪亮。圣托马斯首次宣称里科山是“地狱之口”。

托莱多总督到达波托西时已充分意识到里科山的负面声誉。 75
部分出于这个原因，他一再请求国王腓力二世批准他为波托西设计的强化版米塔制。国王保持沉默。[13] 托莱多咨询了包括利马大主教在内的神学家，神学家们最终对此予以祝福，因为他们相信托莱多实施的检查和控制措施将有助于保护土著人口。一些历史学家认为，腓力二世对以矿产财富的名义迫使数千土著臣民离开家乡这个决定感到震惊，但最终他没有阻止托莱多。

国王的沉默可能与一系列批评托莱多总督米塔制的声音形成鲜明对比。很多批评者是16世纪末和17世纪初的耶稣会士，当时征工制——以及波托西的银产量——正达到最高水平。尽管有这些批评存在，后来的总督和高等法院法官也经常附和这些批评，但米塔制并没有被废除。就像数百万非洲人及其后代被持续奴役一样，米塔徭役劳工补贴一旦开始，就成为一种扼杀良心的毒瘾。

1596年，耶稣会士安东尼奥·德·阿扬斯对波托西米塔制提出了最广泛的批评。我们已经知晓他如何计算一个米塔工人在波托西的生存成本，它与矿主和磨坊主所支付的微不足道的工资形成鲜明对比。阿扬斯煞费苦心地描述波托西的米塔徭役劳工所处的恶劣工作条件和所遭受的其他困苦，但他更关注自己教区的居民从库斯科的市郊跋涉前往矿山的艰辛。

阿扬斯描述了地区长官如何例行性地强迫米塔徭役劳工及其家庭成员在长官家中或矿场服务，强迫他们购买并不想要或不需要的商品，对他们过度索取人头税或者贡物，甚至要求他们在前往车站或路边酒馆途中为自己提供性服务。阿扬斯并未提议废除米塔制，而是呼吁执法部门抑制其过度行为。阿扬斯认为，如果这些虐待得不到纠正，安第斯高原的人口将很快减少。

1603年，神父阿隆索·梅西亚·韦内加斯（Alonso Mesía Venegas）在写给路易斯·德·维拉索（Luis de Velaso）总督的信中，要求对据说居住在波托西及其附近约5000名安第斯人发放户口簿（*empadronamiento*），或者进行人口普查式的登记。他声称，一旦登记，这些安第斯人将能充分满足矿山和精炼厂的用工需求，同时这会使得更远省份居民的生存和纳贡，有如基多和其他人口密度较高但较少实行米塔制的各“王国”一样。梅西亚·韦内加斯承认，为当地工人提供足够的食物将是一个问题，但他提供了
76 各式解决办法，例如建议在波托西专门为安第斯矿工修建粮仓等。然而他的建议被忽视了。

由于本省人口下降，酋长们在提供米塔徭役劳工时遇到了困难，但他们的米塔制配额仍旧居高不下，梅西亚·韦内加斯描述了1601年一个有此难题的酋长对耶稣会士（也可能就是韦内加斯）的倾诉：

神父，我被要求带来31个印第安人，在过去的6个月中我已缺少16个人，为此每周我不得不支付126比索以雇用顶替者，为了做到这一点我卖了自己的一头骡子、一支大羊驼队乃至一些衣物，同时我一直在寻找贷款，甚至在我的印第安人同胞中乞求，但仍旧无法解决上周印第安人短缺的问题，最终我把女儿典当给一个西班牙人以换取所缺少的64比索，这周我不知道还能怎么做，除了吊死我自己。[14]

梅西亚·韦内加斯可能对米塔制的恐怖缺乏实际解决措施，但他是在波托西度过了相当长时间的见证者。他认为，更好的矿山督察员不应该仅仅是“绅士”或者“好基督徒”，更应该是“独立的人，是熟知大山，而且应是能像蛇一样整天走动的工人”。他补充道：

印第安人在矿山中的工作量巨大，主要原因在于分配不当。当采矿遇水时，他们只能在水的正中央工作，由于绳梯没有合适的脚手架（我们称之为休息平台）——这是印第安人攀爬20个身长距离时的必需品——他们只能抓住绳梯上下攀爬，既没有地方停下来喘口气，也没有办法为反向行进的人让路。[15]

尽管对安第斯土著米塔征工的处境表示同情，但梅西亚·韦内加斯说到底还是一个神父。关于奇恰酒，他曾言道：“在波托西的某个盛宴日，我需要穿过必经街道前往学院。在天黑之前，我看到三个公开的酒会，两个在围栏中，一个在街上，土著工人在过去崇拜的偶像面前，手持一葫芦奇恰酒，同时还载舞打鼓，此时要他们以更高的安全感和献身精神来投入这一活动是不可能的。”[16] 梅西亚·韦内加斯建议，国王应命令城市治安官倾倒所有船只运送的奇恰酒，如果负此责任的酋长首次违反规定，将其囚禁关押6天，第二次则关押12天。否则，这个“恶习将无可救药，它对他们的心灵和身体都是如此致命而有害”。[17]

77 并非只有耶稣会士对米塔制提出批评。圣哲罗姆隐修会修士迭戈·德·奥卡尼亚也是其中之一，他于1600年前后在波托西居住了将近15个月。奥卡尼亚虽未发出正式呼吁，但在回忆录中提供了令人毛骨悚然的矿山劳动景象，呼应了多明我会圣托马斯的描述：

上帝奇迹般地支撑着这座大山的机器，因为它从上到下遍布开口，内里中空，以至于人们无法知道其位置，也不知道是什么在维持它。里面的场景如地狱：深邃洞穴数不胜数，摇曳灯光随处可见，铁棒敲击声此起彼伏，喧嚣声致人丧失判断，乃至知觉。矿脉通过巨大坑道相互连接并相互作用；交叉口附近的空间较为开阔，随后变窄，有时是笔直的，有时又向下延伸，如果印第安人的蜡烛熄灭，他将会头重脚轻地栽下去。[18]

奥卡尼亚是一个西班牙人，他前往波托西寻求施舍以服务位于埃斯特雷马杜拉的瓜达卢佩圣玛利亚大教堂，但他也不由自主地注意到土著工人为生产他和其他人垂涎之白银所付出的代价。

1610年，波托西学院的数位耶稣会士以及几位矿主和磨坊主为改革米塔制提供了一些建议。这是一份值得予以关注的文件，因为耶稣会士提到，一旦他们意识到米塔制真正需要什么时，众所周知托莱多的宗教顾问如何改变了他们的想法。然而，这些神父提供的托莱多版米塔制替代方案和梅西亚·韦内加斯提出的计划如出一辙，即使“自由流动的印第安人”向波托西附近的城市和峡谷移民，随后通过人口普查将其登记在案，并分配给新的教区神父。矿主和磨坊主对印第安土著的强制劳动不会消失，只会继续加强。[19]

死亡和米塔制：原住民的视角

天主教神父和王室地方法官经常在著作中谴责波托西的米塔制。然而，只有少部分印第安土著的意见流传下来。即便如此，玻利维亚的部分村民仍然保留着关于米塔制的记忆。特里斯坦·普拉特（Tristan Platt）在波科塔村（Pocoata）发现了殖民仪式的证据：在举行葬礼般的仪式后工人被送往他地。托马斯·阿 78
伯克朗比（Thomas Abercrombie）报告说，即使在20世纪70年代末，波托西西北部库尔塔村（K'ulta）的村民，就像古老的米塔制区域中的波科塔一样，举行标志着米塔征工离开以前往矿山的宗教祭奠仪式。里科山是“泣血之山”，其含义等同于现金。[20]

正如N. D. 库克（Cook）所示，位于的的喀喀湖西南岸、人口相对较多的丘奎图省（Chucuito）对波托西的米塔徭役制至关重要。1600年前后，每年大约2200名工人被派往里科山，为此他们需要带上妻儿历经500公里的长途跋涉，用时将近2个月。同时代的另一份报告对这场行程做了如下描述：

我见过他们两次，一共有7000人。每个印第安人至少要吃8至10头大羊驼和少量羊驼。他们也用这些动物运输食物、玉米、丘纽，还有睡袋和稻草垫，以保护自己免受严寒之苦，因为他们总是睡在地上。牲畜加起来通常超过3万头。[21]

这位评论者还说道，所有这些移民中，只有 2000 人返回：“另外 5000 人，一些人死了，其他人留在波托西或者附近山谷中，因为他们没有牲畜来负载回去的行程。”[22] 1617 年，一个负责召集米塔徭役劳工的丘奎图首领抱怨道，1613 年要求他召集 1854 名工人，但他只能召集 1194 人。波托西的米塔制正在缓慢扼杀生育力最旺盛的一个高地省份。同时，波托西当地教区的土著人口则在膨胀，从 1572 年（托莱多到达波托西时）的 5 万人增加至 1611 年的 7.6 万人。[23]

与恐怖的强制移民和致命工作相映照的是地区领主的崛起，即前述的“米塔工头”。他们负责从家乡召集工人，在工人和西班牙行政官员以及矿主之间进行协调，逐渐变得强大和富有。公证记录显示，当地数个通过此种方式致富的领主已能购买非洲奴隶，作为私仆和厨师。其他人则穿着最新的欧洲时装，手持武器，身骑骏马。根据印加人的习俗，这些人被称为“马尔库”（*mallku*），他们大部分都是艾马拉地区的领主。

一个米塔工头的成功先例是胡安·科尔克·瓜拉奇（Juan Colque Guarache）。1576 年他向国王请愿，将履行波托西米塔义务和加封古代印加贵族联系在一起。[24] 科尔克·瓜拉奇负责运送来
79 自基拉卡（Killaka）和阿萨纳奇（Asanaqi）地区的工人、大羊驼和补给品，这两个地区位于波托西的西北部，在波波湖附近的丘陵和山脉中。

在“帝王之城”中，基拉卡和阿萨纳奇的米塔徭役劳工及其家属居住在圣贝纳多教区，该区教堂的修建得到了科尔克·瓜拉奇的部分赞助。除了他自己的“族人”，科尔克·瓜拉奇还负责运送附近另外两个族群的工人，他们最终被安置在波托西的圣巴勃罗教区。每周一，科尔克·瓜拉奇在里科山集合米塔徭役劳工，确保他们已经准备好投入工作。

另一个借此累积财富的米塔工头是迭戈·钱比拉（Diego Chambilla）。[25] 作为波托西地区的大酋长，他是一个受过高等教育的土著贵族，利用自身地位和文化知识在整个安第斯南部扩展商业联系。他和数十个小头目签订合约，也同西班牙商人和官员签订合约。例如，他和波托西女性土著供应商签订了合约，主要销售辣椒。

磨坊

> 当晚上在沿河水力冶炼厂工作时，由于墙体倒塌，4个印第安人因矿石磨盘（mortero）事故而丧生。在另一个磨坊，一个印第安人顺着矿石磨盘往上爬，但被凸轮击中头部，最终被机器撕成碎片。[26]

正如我们所见，波托西的地下采矿工作非常繁重，有时甚至致命。因为路易斯·卡波切自己就是磨坊主，所以他深知磨坊工作的危险性仅仅略逊于前者。由于工人们每日暴露在二氧化硅、汞、铅和锌等有毒物质的烟云中，再加上磨盘带来的危险，这导致磨坊的工作和矿山工作一样危险。有人认为，仅吸入粉尘一项就使得磨坊工作比采矿工作更糟糕。

自到达西印度群岛后，西班牙人就一直在修建水力驱动和马力驱动的矿石磨盘，有时受到德国人、法国人、意大利人和其他非伊比利亚的水车工匠的影响。16世纪70年代初，波托西就有一些上述的外国人，有些登记的外国人是水力磨盘的建造者或设计者。[27] 磨盘既复杂又昂贵，部分由于凸轮轴和其他运转部件需要粗大而耐用的木材。一个典型的磨盘需花费5000鉴定过的比索， 80

这与雇用的自由印第安工人的价格形成鲜明对比：后者每年仅能得到 20 比索。1588 年，一个价值 3500 比索的加工木材订单反映出建造一个磨坊所需要的费用之高；建造一个教堂都可能更便宜一些。[28]

托莱多总督认为，大量水力粉碎机对波托西的振兴至关重要，公证记录显示 1572 年之后相关建设非常繁荣。波托西的皇家地方法官和行政长官在选择粉碎机安装地段时使一些土著居民流离失所，市政会被迫介入此事，最终官员承诺会提供很多补偿。1572 年 10 月的合约描述了一个直径 18 英尺、宽 1 英尺的粉碎机轮子，它与一个凸轮轴相连接，用来升降 6 个捣锤。建筑师巴托洛梅·拉蒙（Bartolomé Ramón）和胡安·费尔南德斯（Juan Fernandez）得到来自拉普拉塔的非洲奴隶胡安以及其他许多被雇用的印第安人的帮助。1573 年，几个不知名的“穆拉托人”在另一个混合粉碎厂工作。正如皮特·贝克韦尔所言，到 1577 年已经实现了粉碎机的标准设计：一个 24 英尺的粉碎机轮子，带着 8 或 12 个捣锤。[29]

81 托莱多到来时，采矿业继续飞速发展，但是矿坑边已经堆积了大量废弃矿石和尾矿等待处理。自 1572 年后，在波托西百余家精炼厂中，重新粉碎的矿石、尾矿与大量盐和水银混合，白银产量再次飙升，同时汞排放量也急剧上升，下文将对此进行讨论。[30]公证记录中充斥着关于尾矿和含银泥浆的销售记录，磨坊可能不止一次通过这些尾矿和泥浆获利。托莱多的改组带来巨额利润，但却产生了意想不到的后果。随着新技术的使用，法律诉讼和类似的追加法令也随之增加。1573 年 4 月，懊恼不已的托莱多以“诉讼猛增”为由，禁止来自波托西和所有采矿营地的律师起诉，但是这一政令最终无效。[31]

当谈到水这个至关重要的问题时，波托西既是被诅咒的，也是被祝福的。坐落在安第斯南部高地、距离阿塔卡马沙漠（Atacama Desert）不远的里科山是被祝福的：由于雨季短暂，其水位线很高；而且由于山峰突出，它不太会和其他地区一样发生洪水，比如波科。然而，当谈到水力驱动的捣锤时，波托西是被诅咒的：因为其年平均降水量只有 63 厘米左右。即使是在好年景，雨水也难以捉摸，流经城镇的拉里贝拉河在 7 月和 8 月只是涓涓细流。有利的一面是，波托西以下游塔拉帕亚的温泉而自豪，这个稳定的水源足以为数十个工厂提供动力——只要人们负担得起大羊驼运输沉重矿石的费用。

矿石粉碎业的殷切希望在于城镇以东不算太高的卡里卡里山脉。按照安第斯的标准，卡里卡里山脉并不算高，海拔 5000 米以上地区偶尔会出现少量降雪和大量雨水。一组古老的冰斗在雨季形成小的季节性湖泊或湿地，托莱多及其顾问遂决定把十几个或者更多的天然洼地建成一个大水库。这些水库通过一系列运河和沟渠轮流与拉里贝拉河或主要溪流相连。因此，如果水库得到妥善管理，则可以全年向“帝王之城”的粉碎机供水。卡里卡里工程是一个巨大的公共工程，也是西班牙殖民地除了特斯科科湖的排水系统以外的唯一工程，该系统是为了保护墨西哥城免遭季节性洪灾的影响。[32] 两个工程都依赖成百上千土著征工的劳动。此例的不同之处在于，波托西工程确实发挥了作用，但由于维持不善，它偶尔也会致命。

汞

对于那些愿意投资矿石粉碎厂的人，托莱多放宽了信贷额度，但这些工厂本身用处不大。他们只是将矿石粉碎，这些矿石必须

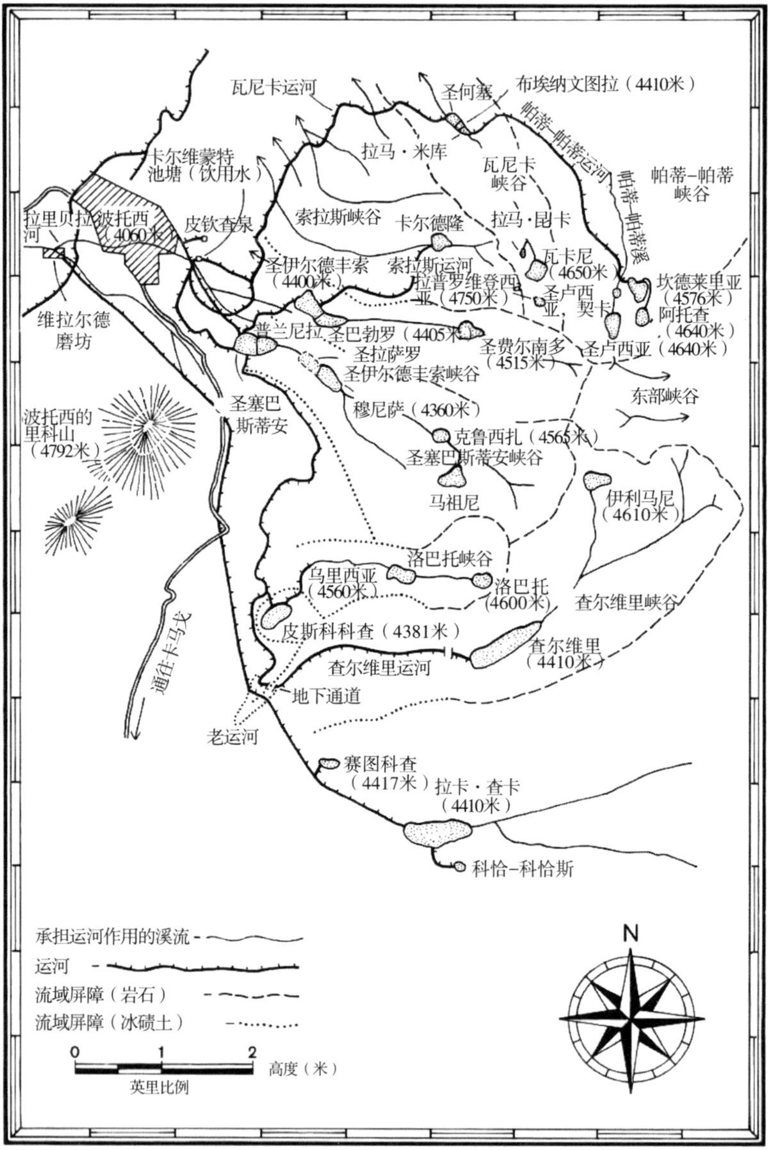

地图4 波托西卡里卡里山脉的水库和水道。

通过除熔炼以外的其他方法进行提炼。托莱多总督更青睐汞齐化法，这一方法自古存在，但在16世纪中期才发展到工业化规模。16世纪50年代，塞维利亚商人巴特洛梅·德·梅迪纳（Bartolomé de Medina）在德国熟人的帮助下开发了提炼墨西哥帕丘卡银矿石的新工艺：同时使用盐和汞，从价值极低的主岩中提取细小的银颗粒；随后通过洗涤和加热，将汞合金中的汞收集在静止的蒸馏器中，留下一个被称为“皮那”（*piña*）的松果状纯银锭。

稳定的汞供应从何而来？根据部分观察家的说法，西班牙奇迹般地拥有世界上产量最高的两个汞矿床，分别位于拉曼恰的阿尔马登（Almadén）和秘鲁的万卡韦利卡。17世纪20年代以后，阿尔马登和万卡韦利卡的产量逐渐下降，哈布斯堡斯洛文尼亚伊德里亚（Idria）的汞矿变得至关重要。

1572年，托莱多总督雇用的技术人员对麦地那的汞齐化法进行了改进，很快就发现波托西的前景将与“汞的供应量”密切相关。1572年2月以后，很多合同和法令都会涉及“新的汞精炼方法”。[33] 麦地那的汞齐化法所使用的液态金属只有一小部分可以通过蒸馏器回收，某些类型的矿石“消耗”的汞似乎远多于其他类型的矿石。大量的汞最终散布于大气、水道和土壤中，其余很大一部分汞存在于泥状氯化亚汞残留物中，呈惰性。[34]

竞标独占权的分包商经营着阿尔马登和万卡韦利卡的汞矿和精炼厂，但其价格与供应必须由西班牙王室来安排，如此则王室方可获得稳定收入，同时可以密切关注汞的使用情况，从而防止银矿商和精炼商逃税。[35] 不久之后，西班牙王室向波托西的许多银精炼厂——一个被称为“阿索格罗”的行会——赊购了汞，希望以此刺激该行业的发展。这种做法导致汞行业对王室的长期依赖和沉重债务，从而进一步密切了波托西公民与王室的联系。

汞提取自朱砂，这是一种自古以来就用作颜料的硫化矿石。[36] 84

开采朱砂的危险性可想而知，只有通过陶器冷凝器精炼提取的汞蒸气才能与之匹敌。与西班牙的阿尔马登汞矿一样，万卡韦利卡出土的液态重金属用羊皮包裹，接着用骡子或大羊驼运到太平洋沿岸的钦查，随后由船只运到阿里卡储存，并定期通过大羊驼和骡子运送至波托西。王室司库以英担为单位将汞出售给磨坊主，这些磨坊临近托莱多的另一项创新：皇家铸币厂。

波托西铸币厂

托莱多总督对安第斯的介入很广，他采取的所有措施几乎都有争议，例如前述的米塔制和实行汞齐化法的磨坊，皇家铸币厂亦是如此。1574 年，铸币厂在波托西建立，次年全面投入使用。在总督首府利马也有一座铸币厂，但很快就迁至拉普拉塔，距离波托西东部仅几天路程。但托莱多生性多疑。他认为，白银的加工和征税应该集中在“帝王之城”，即里科山的脚下进行。否则，白银将会有太多方式逃离国王税务人员的掌控。

皇家铸币厂并非要将波托西所有白银都铸成硬币，而是要将其中一部分（托莱多建议三分之一）铸成货币，从而使得殖民地内部（从巴拿马到布宜诺斯艾利斯的广阔秘鲁总督辖区）的交易可以顺利进行。除日常市场上的交易之外，工资和人头税也需要用现金支付。托莱多希望国王以这种方式回收造币：以工资形式发放，再作为贡物重新收集起来。铸币厂在征收铸币税（国王收取的一种硬币铸造税）方面获利颇丰。

像许多早期的现代机构一样，波托西铸币厂夹杂着国家和私人利益，这种融合反映在员工名册中。王室官员任命司库、贵金属检定师、熔炼工、称量师和法警各一名。这些人再雇用地位较低的人

（通常是西班牙裔后代）充当铸币工、搬运工和助手。所有铸币厂的 85
官员和雇员都需要签字发誓，保证诚信行事。同时他们也受到波托西显赫业主们的约束。铸币厂中有一些体力工作，比如化验和铸币，但其中最困难的两项工作是熔炼硬币金属及冲压业已切割和备好的硬币坯料，这些工作通常由土著征工和非洲奴隶完成。[37]

就像16世纪欧洲的铸币厂一样，波托西的早期铸币厂更像是手工作坊，而非工厂。其机械化程度极低，甚至连炉子的风箱都没有实现机械化，硬币也是手工铸造的。富商和磨坊主把银条从隔壁的王室司库带到铸币厂，并缴纳最重要的伍一税。然后，他们与铸币厂的毛坯切割监督员（最初有4名）签订合同订购一定数量的硬币，这通常在几周内完成生产。

根据王室授权的章程，利润以零碎费用的方式收取。最终，国王只得到所造硬币的一小部分，或者等价的金银块，就像司库、硬币切割监督员和法警一样。这些官员非常关键，因为他们保证了印有国王名字的硬币的重量和质量。验货师姓名首字母也被印在硬币上，旁边还有波托西的缩写“P”，如果其产品不符合王室标准，他将面临死刑。由于法律规定硬币的铜含量仅能低于7%，商人或粉碎厂厂主获得的现金利润极其微薄。因此，对他们来说，高产量是关键。

由于各个社会阶层的波托西人早已习惯了银锭、银条和小碎银交易，甚至是大块高品位矿石（或考帕）的交易，因此皇家铸币厂一开始就陷入困境。这令托莱多总督倍感惊讶，他以为“帝王之城”中心的铸币厂会受到欢迎，毕竟许多人都曾大声抱怨缺乏值得信赖的货币。然而，因为铸币厂的记录条理清晰，可能被用来对失信的人施压甚至起诉，因而银商和磨坊主对铸币厂的森严监管持谨慎态度。

即便如此，在1574年硬币发行后的10年内，波托西最富有的

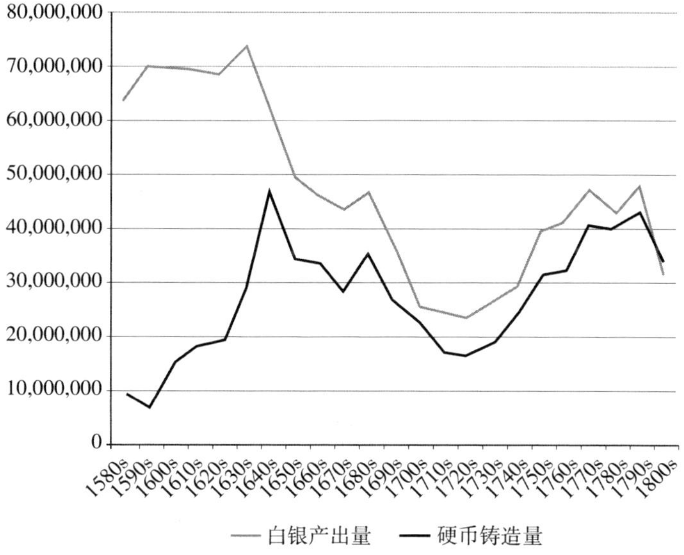

图 9　波托西登记的白银产出量与以比索计的硬币铸造量对比，约 1570—1810 年。

商人开始看到皇家铸币厂如何开辟新的盈利渠道，进而从根本上促使地区信贷市场更加和谐。不久，一项充满活力的白银期货交易正式开启，它通过预付硬币来购买白银。就像托莱多的其他几
86 项创新一样，这项创新最终会被诅咒，成为伪造账目和大规模渎职的新渠道。波托西明显缺乏稳定的机构去监管受规则约束的皇家铸币厂，更不用说监管高级财政了。

结果

在不超越真理极限的前提下，我可以肯定，波托西这座“帝王之城”……是整个地球上已知的最富有、最

> 豪华和最著名的地区，也是向其国王提供最多租金的地区。仅从该地区流出的白银数量就超过了世界上所有其他地区白银的总和，甚至可以说，它丰裕了整个欧洲、亚洲和非洲。
>
> ——马丁·德·穆鲁阿（Martín de Murúa），1616 年[38]

托莱多总督的伟大机器产生了腓力二世所期望的结果。波托西几乎在一夜之间从萧条走向繁荣，到 1592 年，里科山的白银产量超出了所有人的想象。仅在该年，矿场和磨坊就产出约 20 万公 87
斤纯银，或者更确切地说，这是波托西矿主和粉碎厂厂主报告的数量，还有多少遗漏，本书不得而知。波托西永远不会再出现如此多的白银，但官方的年产量在 17 世纪 40 年代初期仍旧保持在 13.6 万公斤以上，直到一场持久的危机袭来。

托莱多得到了一个几乎不受束缚的机遇，他通过引进汞齐化法和水力粉碎机及其他必要的基础设施来振兴波托西。同样重要的是，托莱多使米塔徭役制形式化并进一步扩大，为里科山和万卡韦利卡的汞矿提供了稳定的工人队伍。此外，托莱多将皇家铸币厂迁至波托西，希望启动真正的货币经济。其他“改革”还有被称为“隔离社区”（*reducciones*）的大规模土著安置计划，该计划远远超出米塔制的实行范围，以及对土著敌人的惩罚——从维卡班巴的反叛印加人到拉普拉塔边境的奇里瓜纳人。托莱多甚至试图鼓励历史学家把印加人描绘成不可容忍的暴君，以此来诋毁书籍或其他文字资料中印加人的名声。

最终托莱多未能抹杀印加人的记忆，奇里瓜纳人把总督赶出了自己的领地。在托莱多任期的最后几年里，马龙人（Maroons）威胁到了巴拿马的输银管道，主要由于“海盗异端”弗朗西斯·德雷克（Francis Drake），首次威胁到了太平洋。1580 年，总督离开殖民地前往西班牙后不久，设置隔离社区的强制安置计划便失去了效力，甚至波托西米塔制的规模和强度也在缩小，取而代之的是自由工人队伍和系统性买断的工人队伍。尽管如此，托莱多在担任秘鲁总督期间所开展工作的重要性仍旧得到了认可。

国王班底

在托莱多总督时代，西班牙帝国被称为西班牙王朝（Hispanic Monarchy），是由王国（kingdom）、公国（principality）、公爵领地（duchy）、保护国（protectorate）和军事前哨所组成的松散联合体。西属美洲被称为“西印度群岛”，由卡斯蒂利亚王国管辖，西班牙哈布斯堡国王主要依靠从这些地区获得的收入来进行战争。从查理五世开始，哈布斯堡王朝就特别依赖美洲白银，而当时白银主要来自波托西。

88 治理一个“复合帝国”并不容易，西班牙哈布斯堡王朝将大部分美洲白银花费在维持遗产上。16 世纪 50 年代，荷兰开始公开叛乱，许多意大利臣民反抗哈布斯堡的统治，他们通常把法国（或教皇）作为搅局者。与奥斯曼帝国的战争给西班牙海军带来了巨大压力，所有国家的海盗都掠夺西班牙满载财富的船只和其他船只。而波托西银币是早期现代战争的支柱，也是许多刚刚武装起来的掠夺者的目标。

历史学家们并不怀疑波托西白银在资助哈布斯堡西班牙无休止战争方面的重要性，但他们对王室财政的性质、特别是国王的信誉却持不同意见。多年来，人们一直认为腓力二世在向欧洲银行家（其中大多数是热那亚人或德意志人）借款时做出的选择大多是错误的。尽管美洲财富泛滥，但腓力二世于 1557 年、1575 年和1596年仍旧不得不中止还款。这些反复出现的“破产”被宣扬为长期财政管理不善的证据。

学者们重新审查了腓力二世的账目，发现腓力二世在财政上比人们一度认为的更为保守。[39] 尽管他确实挥霍无度，比如修建他极其喜爱的宏大的埃斯科里亚尔皇宫（Escorial Palace）等，因此评论家们认为他发现了一种“点银成石”的神奇方法，但国王只是在宝船延迟到达而导致现金被冻结时才暂停支付短期贷款。在波托西白银的支持下，王室债券保持稳健。的确，西班牙金债券（*juros*）是当时的最佳投资项目之一。

尽管经济史学家们恰如其分地强调，卡斯蒂利亚人的税负远远高于西属美洲人，但毫无疑问，国王的信贷依赖于一种商品期货：波托西白银。就像波托西白银是战争能量和国家之树的汁液一样，它也是贸易的血液。对于像腓力二世这样雄心勃勃的西班牙国王来说，其手腕在于对数百万臣民的生产和商业有限征税，但征税不会太多，以免扼杀任何一个臣民。然而自1592年起，征收不太重的销售税就足以激起基多的武装叛乱。远方的商业代理对此也很敏感，这限制了腓力二世的重商主义野心。贸易通过商人联合会（consulados）正式进行，这些商人通过向国王上交部分利润来换取对各种产品和贸易线路的独家控制权。在关键时刻，由谁来掌握权力从来就不是问题。然而最终，这位认为“世界还 89
不够”的国王总是在与商人联合会和主要外国银行家就获得美洲白银的问题进行讨价还价。

财政责任可能是我们这个时代的困扰，但对腓力二世及其继任者来说，财富是通往千禧年（millenarian）终点的途径：通过传播和捍卫罗马天主教，加速耶稣基督的再次降临。因此，托莱多总督试图利用秘鲁附属王国的资源，最大限度地增加波托西的白银产量，这是国王全球霸权计划的核心，而不是为了自身利益或者欧洲“大战略”而创造财富。然而，对于国王不同辖域下的众多臣民来说，王室的税收要求看起来似乎没那么公正，因此出现逃税、走私贸易甚至是坚决反抗并不意外。17 世纪，其他欧洲君主充分发展了封闭帝国体系的重商主义理念，但腓力二世不断通过获得大量波托西白银而增加新收入来源，这为现代国家财政奠定了基础。

波托西走向泛太平洋

正当托莱多总督开始在上秘鲁建造庞大的炼银机器时，西班牙人开始了从墨西哥经菲律宾与中国的定期跨太平洋贸易。菲律宾这块新殖民地是 1560 年被征服后，以当时还是王子的腓力二世之名命名的。菲律宾，尤其是吕宋岛北部的马尼拉港成为西班牙在亚洲的立足点，自此西班牙可以与当时唯一活跃在该地区的欧洲人——葡萄牙人竞争。

东亚和东南亚的贸易线路历史悠久，盛产异国情调的商品，但像欧洲和地中海一样，它对硬通货翘首以盼，尤其是白银。日本生产白银，但不足以填补缺口。西属美洲，尤其是托莱多离开之后几十年内的波托西，已经准备好满足跨太平洋的需求。尽管有一些可靠的估算，但我们仍然不确定有多少波托西白银通过这条路线到达了亚洲。16 世纪后期，波托西每年的出货量通常达到几百万比索。[40]

最初，马尼拉是葡萄牙风格的军事哨所，后来变成巡回法庭所在地，以及西班牙王室官员、商人和传教士的居所，他们大多与自己在墨西哥的基地有联系，而墨西哥总督负责统治该
90 群岛。1571 年，马尼拉大帆船或“中国之船”开始定期航行，

每年从阿卡普尔科出发并最终返回阿卡普尔科。随后，利马的商人开始派遣支线船队向泛太平洋的大帆船供应波托西白银，以换取丝绸和亚洲的其他精美商品。波托西的公证记录详细列出了中国丝织品以及漆器、瓷器、扇子、象牙雕刻品、香料和其他东亚进口商品。[41]

这是全球贸易史上令人振奋的时刻。自哥伦布时代以来，殖民贸易商首次完全绕开西班牙，直接从美洲向亚洲输送硬通货，以换取廉价而优质的奢侈品。甚至还有东亚和南亚奴隶贸易，在墨西哥其数量甚为庞大。亚洲奴隶在波托西很罕见，但 17 世纪初有几名亚洲奴隶从利马到达波托西。[42]

环太平洋地区相连有利于殖民者，对利马商会尤为有利，但对西班牙半岛的商人却未必。强大的塞维利亚商人行会代表愤怒地向腓力二世及其继任者腓力三世抗议并不断施压，要求关闭从利马到阿卡普尔科的波托西支线，并限制向马尼拉运送的白银总量。

考虑到塞维利亚商人的利益，国王答应了上述要求。但跨太平洋贸易一旦开始便再也无法中止。经由马尼拉至中国的贸易利润巨大，即使是最忠诚的西班牙官僚或军官也无法忽视。甚至神父和其他教会职员也参与其中。伊莎贝尔·德·巴雷托便是从新体系中受益的例子。1594 年，探险家阿尔瓦罗·德·门达纳的妻子巴雷托离开家乡利马，出任运气不佳的所罗门群岛探险队的联合首领。门达纳和探险队的大多数船员在上船后不久就去世了，但巴雷托最终抵达马尼拉，卖掉船上剩余物品并购置了一船中国丝绸，经阿卡普尔科返回秘鲁，她在此次交易中获利颇丰。[43] 这是波托西白银产业帮助创造的跨洋贸易新世界。

弗朗西斯科·德·托莱多是唯一一位在波托西全盛时期到任

的总督。他不仅严厉谴责居民的无序采矿行为，更谴责他们砍伐了镇上 25 里格范围内所有的乔木和灌木。但他如同一个叛乱煽动者。1574 年，当托莱多完成制定法律之时，他告知波托西人，只要管理得当，仅里科山的白银就足以维系 300 年。[44] 这是一个极其出格的宣言，但它被西班牙国王和其他世界君主铭记在心。

90 对于某些欧洲观察家来说，托莱多制造并启动了由米塔徭役制驱动且由水银浸泡的“机器”，这架“机器”是一个了不起的自动设备。它可能需要燃料、润滑油或维修，但只要能找到“印第安人”为它工作，它就会不停歇地向世界输送财富。托莱多的法令引起巨大争议，当地工人也进行了抵制，但最终制银机（现在也是铸币厂的自动提款机）仍旧按时启动。总督的庞大机器是一个现代奇迹，然而观察家们也注意到：它是一个吵闹的、破坏性的、24 小时制造污染的杀手，一个吞噬男人、毒害妇孺的怪物。这种交易是否仅仅是现代性的代价，或者更确切地说，是西班牙宣称自己是普世信仰捍卫者的代价？

在托莱多离开之后，波托西粉碎厂周而复始的节奏和新铸造硬币的叮当声响敲打着西班牙人的良心。神父、酋长和村民，甚至一些当地精英都谴责米塔徭役制的失德。正如一位神父所说，即使国王对财富的要求是正当的，托莱多在波托西和万卡韦利卡实行的米塔徭役制实际上也是在以资助反对旧世界异端斗争的名义杀害新世界的皈依者。上帝的想象力不可能如此有限！

然而，波托西白银早已让人上瘾，托莱多许诺的蒸蒸日上的无限希望更是如此。甚至在托莱多巩固里科山的机器和波托西的磨坊时，满怀希望的采矿者们也散布到乡村去寻觅新机遇。波托西对工人、水银、燃料、木材以及各种食品和商品的不断需求使大多数人的注意力集中在“帝王之城”上，但它也成为一个基地，自从行政长官奉托莱多之命从拉普拉塔迁到这里，它就是一个事实上的地区首府。这座修复后的“帝王之城”因其富丽堂皇和颓废不堪，因其虔诚和暴力而成为新的传奇。得益于托莱多，它成为当时地球上人口最多的城市之一，可能也是现代世界第一个伟大的工厂城镇。

第四章　出乎意料的国际都市

印第安妓女们围坐在一起聊天。

她们说："亲爱的姐妹们，让我们去库斯科、波托西、瓦曼加、矿山、利马吧……西班牙人和黑人将会给我们钱。也许我们将会和西班牙人一起死去。"

她们说："姐妹们，朋友们，我们去城市、去利马吧。姐妹们，让我们活下来。即使我们在那里会与西班牙人共赴地狱，也不和服苦役的印第安米塔徭役劳工死在一起。"

——费利佩·瓜曼·波马·德·阿亚拉，1615 年[1]

92 1592 年是波托西有记录以来白银产量最高的年份，那一年，一位名叫科内利斯·兰贝托（Cornelis Lamberto）的外国商人寻求法律帮助。数年前，兰贝托把他的妻子伊内斯·德·帕维亚（Inés de Pavia）留在了塞维利亚，而如今则必须返回妻子身边。根据王室法令，单身的陌生客是不被信赖的，因此所有未婚或与妻子分居的外来人均不得长留于殖民地。兰贝托抗议说，由于病情严重，他无法长途旅行，作为证人的数位医生在兰贝托的请愿书中详细描述了其当年的症状，如果这些医生所证非虚，则可证明他已处于梅毒晚期。[2]

波托西的一位外科医生做证说，5 年前，兰贝托的肛门和睾丸之间出现一个脓包，该伤口此后一直未能愈合。自此，兰贝托就只能从这个"新创口"小便。而近来在伤口附近和臀部又发现了其他创口。在一种被称为“火烙”的烧灼疗法治疗下，兰贝托的一些脓包得以治愈。

兰贝托花费了数千比索治疗顽疾却收效甚微。据此，波托西的5位顶级医生均反对对他进行强制遣返。兰贝托甚至连以女式马鞍骑马或骑骡子都无法做到，因为这会给他带来巨大的疼痛和感 93
染的风险。此外，一位医生指出，他无法与妻子保持“肉体接触”。拉普拉塔的地方巡回法院听取了医生的意见，准许兰贝托在病愈后返回，并要求他作出书面证明，声明其经常向远在西班牙的妻子汇去现金和银条。伊内斯·德·帕维亚得到了恰当的照应，而不是被丈夫弃之不顾。

波托西因其夜生活而闻名。1603年的一位访客提到：“这里有至少七八百名男性，他们无所事事，整天不是游手好闲就是嗜赌成性。女性则有120名，她们穿着华美的披肩和衬裙，公开从事色情行业，另有为数不少的印第安女性也做着相同的勾当。”[3] 安第斯土著作家费利佩·瓜曼·波马·德·阿亚拉在1615年的著作中公开援引该记载，并由此说明卖淫在波托西这样的矿业城镇十分常见。

正如许多殖民时期观察家所强调的，波托西的白银富矿带来了放荡的生活，这显然不是托莱多总督所期待的。然而波托西既呈现出毫无法纪的新兴城市形象，同时是一个正在蓬勃发展的功能型交易市场、一个行政与宗教中心，我们必须找到二者之间的平衡点。“帝王之城”规模庞大而坚固，足以容纳各种各样的行径，但它又十分脆弱，不确定的社会和经济因素对其居民流动产生着重要影响。虽然科内利斯·兰贝托这样来自远方的人最终葬身于此，然而波托西这个看似不可能的城市却因其取之不尽的矿藏得以幸存，并在每个新移民的鲜血、汗水和智慧的洗礼中不断重生。

本章将讲述波托西“帝王之城”的崛起，这座城市曾是数以万计消费者的家园，他们购买的商品从库斯科的古柯到中国的丝绸，无所不包。它既关注男男女女的生活，也涉及了社会阶级的跨越。本章通过关注消费，将波托西与世界其他地区更紧密地联系在一起。在上一章，我们看到波托西的白银是如何在1571年后通过跨太平洋贸易连接到东亚市场的，同时它也为哈布斯堡王朝染指欧洲和地中海提供了动力。但另一条重要的新路线在1590年前后出现：通过布宜诺斯艾利斯到达非洲的中西部，这是一条有争议的贸易路线，葡萄牙奴隶贩子可以通过这条路线直接获得波
94 托西的银器。一些奢侈品从这个方向到达了安第斯山脉，但更为重要的是西部中非洲人的涌入，他们给波托西带来了新的文化影响，他们的工作也导致了城市和区域经济的复杂性。最后，我们面临着一个悖论：波托西到底是一个在国际化潮流中辉煌的新兴城市，抑或仅仅是遭受着自身独有成长阵痛的“普通”西班牙殖民城市呢？

1603年的“帝王之城”波托西

> 他们曾在这座山上大量狩猎小羊驼、骆马和兔鼠……这里也曾有长角的鹿，但现在山上连草和树根都消失殆尽。最令人担忧的是，山上的岩石块裸露或仅仅覆盖着少量的土壤，而遍地都是矿石的尾渣。
>
> ——匿名，1603年[4]

1603年，一位匿名的游客留下一份关于波托西城市、山脉和矿山的详细描述，概述了此地在不到60年的时间里所发生的重大

变化。包含里科山的水彩画形象，画中最显著的位置呈现的是精炼厂（Refining Mill）。[5] 1603 年的报告显然是由秘鲁总督小路易斯·德·贝拉斯科（Luis de Velasco the Younger）委托完成的。1596 年，他从墨西哥城晋升至利马，改革波托西的米塔制是他的目标之一。未来的一系列总督也会通过做同样正义的事情来获得名声，然而收效甚微。

尽管波托西最初是一个杂乱无章的采矿地，但 1603 年被描绘为和大多数在美洲的西班牙城市布局一样：以一个主广场为中心，呈网格状排列。对于一个地势起伏的矿业小镇来说，这一布局并不合理，但这却符合腓力二世的指令。1603 年，这座“帝王之城”的 13 个教区中至少定居着 6 万余土著安第斯人，他们的居所正对着里科山的北翼，像城镇或营地一样排列着，其他教区也在陆续增加。此外，还有未按照西班牙式风格分布的被称为“牧场主”的波托西本地贫民区。画家在 1603 年的地图中，将此地描绘为点 95
缀着教堂的砾石。

据说，至少有 6000 名西班牙人生活在市中心，其中三分之二为男性。该数字大概率还包括其他欧洲移民。还有大约 5000 名非洲人，其中多数都是奴隶，每年约有 250 名非洲奴隶从布宜诺斯艾利斯和巴西被送至此处。另外，混血人群并未被计算在内。作者无法准确估算出城市的总人口，他推测仅土著安第斯人就有 12 万之众，并补充道：“可以肯定的是，至少还有 12 万只狗。”

这座“帝王之城”由一名地方长官、一名副官和两名市长和 19 名市政会成员管理，但市政会成员的数量很快就增加至 24 名，就像在西班牙的主要城市塞维利亚一样。由一名治安官和 14 名副官组成的市政警察负责城市治安，另有两名行政官在乡下履行维持秩序和追捕逃犯之责。市政会配有书记员一名，另有 4 名书记员以不同的身份从事公众服务，负责贷款、销售、托运、嫁妆、遗嘱和其他事务。还有据说是独立运行的 40 名公证员。

在托莱多总督治理下，波托西有了一个规模相当的官僚机构。托莱多总督把市长从拉普拉塔改迁波托西，并赋予他对米塔制、里科山、磨坊和水库的控制权。副手们在波尔科和其他周边地区巡逻。一名王室任命的书记员在矿区工作，那里经常发生索赔和劳动分配的纠纷。至少有 12 名官员在皇家铸币厂和毗邻的王室司库工作。按照国王的命令，3 名安全检查员核查矿山和精炼厂。还有数名税务员和地方法官以及数十名律师和办事员（尽管托莱多试图禁止他们进入该市，但律师们还是获胜了）。像本章开篇中提到的不幸的科内利斯·兰贝托一样，为波托西的病人服务的是 3 个注册内科医生、6 个外科医生和 10 个采血员。

城市的主教堂坐落在面向里科山的主广场上，在 19 世纪就已经达到了如今的规模。最初的教堂虽不是砖石结构，但内部装饰却无比华丽。1603 年的记载提到主教堂中一盏重逾 100 千克的精
96 致银灯，其制作成本达到 1.2 万比索。数年后，马丁·德·穆鲁阿神父对波托西主教堂的记述也证实了一盏巨大银灯的存在：

> 主教堂规模中等，尽管考虑到城镇周围的人口，它应该更大一些，但它最有价值的是昂贵的装饰。灯在最神圣的圣礼前点燃，一共包含有 420 马克［210 磅］的银。另外两份圣礼包含 100 马克的银；他们在圣安礼拜堂里装饰了 3 盏 80 马克的灯，而圣克利斯宾和万灵礼拜堂的灯也各有 80 马克。除了执事、司事和教区的神父以外，已经连续有 30 多位教士供职于此，他们全都享有非常丰富的物质保障和额外津贴。[6]

波托西的几所修道院里住着多明我会、方济各会、奥古斯丁会、施恩会和耶稣会的修士。但直到 1650 年后，波托西还没有修

女院，所以想要成为修女的女性会被送到拉普拉塔、库斯科、阿雷基帕或利马。波托西的几座宗教建筑有着复杂的木制天花板、精美的雕塑、手工绘画（进口和当地绘制的都有），也有各类手工制作的银器。包括弗朗西斯科·蒂托·尤潘基（Francisco Tito Yupanqui）在内的许多工匠都是本地人，他在 1582 年雕刻了著名的科帕巴巴纳圣母像。传说在 1603 年时，一位向圣母祈祷的人在炼钢厂从死神手中拯救了一位可怜的米塔徭役劳工。[7] 宗教裁判所在这里没有审判庭，而是依靠 1 位专员、3 位公证员和 6 位协调员或普通代表（或多或少是宗教裁判所的“耳目”）。波托西还以拥有地方律师和公证员的教区法庭而自豪。

波托西有 80 家杂货铺，是食杂店和小酒馆的两倍多。有 24 家店铺专营欧洲纺织品，同时销售来自中国的丝绸和来自印度的棉织品，这些进口货是店内的常见商品。据说有 25 家印第安人经营的商店专门销售欧洲和美洲制造的帽子。另有 8 家商店专门向西班牙人出售帽子。帽子在波托西显然是必需品，同样鞋子也是如此。28 家制鞋商生产各种类型的鞋，其中大多是以山羊皮或马革制成的。我们从公证记录中也发现，数以千计的鞋类半成品从基多等地向波托西运来，其中还包括童鞋。[8]

来自美洲图库曼、基多、瓦努科和墨西哥城中部的服装，和库斯科腹地缝制而成的夹克和马裤套装，在波托西全城畅销。不论是原住民还是非洲移民，尤其是城中男性都身着上述的服饰。98
而精美的安第斯布料主要卖给土著妇女。在她们的遗嘱和财产清单中常常见到这些商品的身影。根据 1603 年的记载，10 万个由粗纤维制作而成的麻袋被里科山的数十个矿山用于运送矿石。城里有 6 个马蹄铁工匠和 4 个蜡烛工匠。蜡烛店按照教堂的要求用进口蜡制造各样的蜡烛，照亮了“炼狱中的灵魂”。矿井用的牛油蜡烛则通常是由当地的安第斯妇女制作的。

此外，当地还有 6 家蜜饯店和 6 家糕点店，以及 20 家餐厅，以每月 30 比索的价格提供每日的肉类或鱼类餐。有些小酒馆兼作小旅馆。鱼类从太平洋经由科维哈运来，但更多新鲜的鱼捕自遥远的的的喀喀湖。[9] 据说，28 家面包店每天要使用 250 蒲式耳的面粉。葡萄酒的年销售量为 5 万壶，而奇恰酒的年销售量则为 160 万壶。屠夫每年要屠宰大约 4000 头牛，还有 5 万只羊和 4000 只大羊驼。专门设置的一位带薪的行政官监督着市政屠宰场的生产活动。

据推测，当地的安第斯人和其他人每年要消耗 6 万篮的古柯和 1. 4 万篮的辣椒。消耗糖类约 2. 4 万磅，甘蔗糖浆大约 2000 罐，水果蜜饯 1. 2 万磅。低地农场可年产 2 万份奶酪、2. 5 万罐猪油，大量的火腿、熏肉、腌里脊和猪舌头。而波托西每年还需消费数千罐橄榄和橄榄油，尽管橄榄树已经开始在秘鲁种植，但其中大部分仍进口自西班牙。毫无疑问，从 1587 年开始销售的“枣、杏仁和高脂橄榄”均源自地中海地区。[10]

根据 1603 年的报道，尽管秘鲁的葡萄园已经具备生产能力，但 8000 罐醋可能继续进口自伊比利亚半岛。各类肉脯总共重达 12 万磅。此时秘鲁的无花果产量达到了近 10 万磅。在 1600 年阿雷基帕附近的怀纳普第纳火山大规模喷发之前，波托西每年消耗 60 万磅的葡萄干，可能还包括李子和杏子。[11] 菜园里的蔬菜和水果每天从温暖的山谷运到波托西城东部和北部的市场。

安第斯当地的主食为丘纽，这是一种产自高原并经过冷冻、干燥后的土豆，一年大约要消耗 2 万蒲式耳，农村土著女性花费很长时间准备这种食物。除此之外，还有 4 万蒲式耳的新鲜土豆和 4 万
99 蒲式耳的燕麦块茎，常用于制作浓汤。藜麦没有在 1603 年的叙述中被提及，但在其他地方常被记录，它通常在汤和炖菜中食用。玉米消费量总计为 5 万蒲式耳甚至更多，大部分用于酿造奇恰酒。

这位匿名作者还对波托西的矿山和精炼厂给予了相当大的关注，但在此书与迭戈·德·奥卡尼亚的叙述中，皆使读者感觉到“帝王之城”波托西这座城市已经因其自身成就而成为奇迹的代名词。从这两份报告中可以清楚地看出，安第斯山脉、非洲、欧洲和其他地区的女性是促成这一转变的核心因素。波托西在成千上万的移民中不断穿行，而伴随着女性日渐增多，波托西的人口也在不断繁衍增加。

充满进取心和冒险精神的女性

> 超过100名女性在家从事洗衣业，这是一项利润丰厚的工作。她们有忙不完的活计，不断重复洗涤的步骤。完成一件普通的蕾丝花边领衣服的清洗可获得4雷亚尔，而清洗一件样式复杂的服装则需要8雷亚尔。
>
> ——匿名，1603年

虽然里科山和波托西“帝王之城”常常被认为是男性的世界，但多亏了女性，它们才得以存在。[12] 在公证书、市政会记录、法庭案件以及教会登记等文献中，常见到女性活动的身影。路易斯·卡波切等编年史家告诉我们，土著女性如何为矿工供应富有营养的餐食。多数从事餐饮业的女性是来自高地村庄的农民，她们同丈夫以及男性亲属一起，带着食物和炊具，经过长途跋涉来到里科山的两翼。其中一些女性每天上山送饭，另一些人则摆起摊位，销售炖菜、烤肉和其他食物。一些土著女性开了小餐馆，其中的少部分人因此致富。但是当男人完成了他们在矿山和精炼厂工作的“班次”后，大多数人最后还是重新回归农村生活。

有些女性追求独立于男性亲戚、临时伴侣或丈夫的生活。这通常需要寻找到得力的合作者，使其作为赞助人或法律保护者。男性西班牙官员往往只根据女性与男人的关系来确定她们的身份：
100 妻子、寡妇、母亲、姐妹、女儿、情妇或妓女。女性摆脱这种困境的一个方法就是在宗教聚会上以姐妹的身份参加。但是在教会中仍然需要听从神父的命令。女性权力被定义为破坏性力量。

然而在波托西，女性独立的迹象随处可见。迭戈·德·奥卡尼亚指出土著女性要求自由的意愿非常强烈，一旦感到生活不幸福，她们就会离开丈夫。奥卡尼亚也强调一些无所事事的西班牙男人主动放弃男子气概，转而依赖于土著和非洲女性的情形：

> 波托西的西班牙人几乎和印第安人一样多，还有很多“士兵”四处游荡，没有任何职业。他们靠赌博维生，与有钱的黑人女性和印第安女性同居，这些女性供给他们衣食；这些“士兵”整天徘徊在用鹅卵石路铺成的广场上，而他们之间时常发生争执，每天都有两三个人斗殴而死。[13]

尽管有民事和宗教上的限制，但像波托西这样的巨型矿业城市仍然为有进取心的女性提供了独特的机会。波托西有数百名从事商业活动的女性，其中绝大部分是土著女性，但也不乏混血和西班牙女性后裔。到了1600年前后，她们被男性店主和杂货商视为威胁。杂货店属于西班牙男性传统从商领域，杂货店主必须向波托西市政会纳税并缴纳执照费，然而安第斯女性所经营的土著市场则无须缴纳这些费用。[14] 整个17世纪，波托西的杂货店老板都向市政会寻求帮助，以压制繁荣的土著市场或“卡图”。

随着越来越多的西班牙女性来到波托西，她们的经济角色开始发生变化。到17世纪中期，有多达五分之一的炼钢厂属于女性，其中大多数是寡妇。很多女性拥有矿山、农场、葡萄园和畜牧场，在城市拥有房产和商店门面。多数女性的资金来自对丈夫财产的继承，按照源于西班牙的继承规定，遗孀和子女各获取亡夫财产 101
的一半，同时规定遗孀在子女 25 周岁之前应代管其遗产。考虑到波托西最不缺的就是各类流浪汉和罪大恶极之人的社会现实，精算师们在涉及遗产的法律场景中往往会更偏袒寡妇。

这并不是说父权制在波托西已经销声匿迹，而是说它的权力被女强人、西班牙继承法、当地的人口结构以及白银带来的经济机遇所制约。有权势的男性对此进行了反击，致使女性在几乎所有涉及法律的地方均需要男性担任法律代表。社会也不鼓励女性接受教育，富有的寡妇有时会被手段卑鄙的佃户或挥霍无度的儿子所利用。尽管如此，波托西的几位寡妇还是做得很好，通过挑选能干的矿产管理人员以及为孩子选择适当的联姻对象而巩固了家族财富。和本地市场的女性一样，一些西班牙女性也深谙于这场持久战。[15]

当然，相比于经营有方的女强人，也有不少女性是容易情绪冲动的。在 17 世纪访问波托西的人中，最为有趣的当属卡塔利娜·德·埃劳索。她是一位巴斯克女子，为追求冒险的生活而逃离女修道院，女扮男装来到波托西。她未能在自己的记述中提供准确的时间，只能大致估计她于 1617 至 1619 年居住在波托西及其附近。她描述了自己为波托西矿主赶着一群大羊驼去丘基萨卡，然后被招募去帮助镇压一个被称为阿隆索·伊瓦涅斯的男子所领导的反叛组织。她所提供的另外一条线索是波托西的地方长官拉斐尔·奥尔蒂斯·德·索托马约尔，她曾在其手下任职。[16]

巴托洛梅·阿尔赞斯·德·奥尔赛·维拉记载了一些关于波托西不太可靠的情况，却没有提到埃劳索的任何消息。但他描述了奥尔蒂斯对抗一个由卡斯蒂利亚人阿隆索·法内兹或称亚内兹领导的叛军组织，后者在1617年被捕并被处决，这一记载与埃劳索的描述吻合。[17] 埃劳索站在了支持市长的巴斯克人一边，并在一个不知名的军士长手下服役了两年，之后被征召到一个叫巴托洛梅·德·阿尔巴的人所领导的埃尔多拉多探险队。我没有发现任何关于这次远征的记载，不过可以确定的是大约在相同时间，波托西确实派出一支远征队，沿着拉普拉塔东部托米纳的东南边界线与奇里瓜纳交战。

埃劳索还有另一个看似为真的故事。她从科恰班巴赶着大羊驼到波托西，在去磨坊的路上曾在皮科马约河边停留。这段田园诗一般的插曲又夹杂了流浪式的冒险经历。例如，她从一位男子手中救出其已经有外遇的妻子，以及在一场纸牌游戏后的决斗中杀死一名男子，却幸运地躲过了绞刑。她像一个自由自在的"流浪汉"，又在利马短暂停留后返回西班牙。她的真实性别被世人所
102 知后，她获得了教皇的赦免并得以继续着男装。最终，她在墨西哥成为一名女骡夫，并结束了冒险旅程，于1650年前后逝世。

如果我们相信阿尔赞斯的话，那么埃劳索就不是唯一女扮男装去波托西冒险的女性。根据阿尔赞斯的说法，1653年的波托西住着两个"女战士"——安娜和欧斯塔基亚。她们不是亲姐妹，但其中一个女孩成孤儿后，她们在同一个家庭一起长大，并和另一个女孩的哥哥一起学习火器使用和击剑。由于厌倦了赋闲在家的生活，两人决定女扮男装跑到波托西的大街上。途中遇到一个外出买面包的年轻人，后者同意带她们在城里转转。

阿尔赞斯说，这两位冒险者偶然遇到了夜巡员，却发现本应维护治安的巡逻员正在殴打抢劫无辜百姓。正当其中一人拔剑逼近之际，欧斯塔基亚女士掏出手枪将其击毙，其他人见状四散而逃。在同伴的帮助下，女孩们回到了自己的家，照顾她们的非洲女奴隶让她们进了屋，幸而未被发现。此后，市民和治安官也未

能知晓巡逻队员被当街击毙一事的真相。

几周后，两位“少女战士”在年轻男性友人的陪同下再次走上波托西的街头，这位男性友人便是阿尔赞斯称其在晚年所遇到的知己。这次，姑娘们带着一把吉他，打扮得像个绅士，炫耀着手枪、剑和小圆盾。三人在一个富有的女市民的房子外唱歌弹吉他，却因被认为是在勾引房内的女主人而遭到驱赶。女孩们坚决不离开，并与驱赶者发生了冲突，其中一人向一群男子开枪，最终被困在一扇门洞中。于是，每个人都拿出了剑，一场混战随之而来。正如阿尔赞斯所描述的：

> 他们从四面八方互相攻击，挥舞着武器，发出巨大的声响，仿佛有100个人在战斗，他们的刀剑中迸出火花，互相猛烈地攻击，打斗的声音在街上回响。其中一个人对安娜说，“啊！恶棍，你弄伤了我！”然后他野蛮地冲向安娜，刺穿她的盾牌和并使女孩的胸部受伤。他还撕破了她的衣服、夹克和衬衫，并恰好伤及她胸部左侧，致使女孩摔倒在地。当勇敢的欧斯塔基亚看到这一幕时，她跳起来，站到她妹妹的前面，向四面八方挥舞着弯刀，她非常清楚她们所处的险境，用脚推了安娜一下，对她说：“妹妹快起来，我们现在处境危险。”受伤的女孩像雌狮般站起，认出了伤 103
> 害她的人，说：“怪物，现在我要为你对我的伤害报仇。”她猛地冲向他，用她的弯刀狠狠地击打了他一下，弄断了他的盾牌，刺伤了他的手。他不敢再等另一个姑娘的到来，便加入了他的团伙伺机而动，此时安娜终于与欧斯塔基亚会合，姑娘们如野兽般战斗。[18]

据阿尔赞斯说，这些“女战士”又一次在其因为怯懦而避战的男同伴的帮助下回到家中，用两个月的时间来复原。但在第三次尝试外出时，两个女孩被欧斯塔基亚的父亲抓住。父亲将她们锁在一个房间里并决定严厉惩罚她们，而其兄弟为她们准备了骡子和男装，女奴帮助两位姑娘逃出了家门。

在接下来的 4 年里，两个女孩从丘基萨卡到了利马，又搬到了特鲁希略，在欧斯塔基亚 20 岁时，她继承了父亲的遗产并回到了波托西。阿尔赞斯说，这两个女孩在拉普拉塔一起生活了几年，但安娜在利马因斗牛受伤而去世。欧斯塔基亚“为她心爱的伴侣而悲伤”，不久后撒手人寰。阿尔赞斯还声称曾在拉普拉塔目睹过这两名女子打扮成男子的画像，他说：“她们的美不可名状。”[19]关于波托西“少女战士”的档案证据尚未浮出水面，但巴托洛梅·阿尔赞斯·德·奥尔赛·维拉讲述的其他故事已经被证实。

从安哥拉出发的漫长道路

就像女性经常被关于波托西的宏大叙述所抹去一样，被奴役的非洲人和他们的后代也基本上被人为遗忘。17 世纪，波托西的大部分奴隶是由安哥拉和西非其他地方经布宜诺斯艾利斯和科尔多瓦（Córdoba，阿根廷中部一个新兴的贸易中心）来到这里的。正如我们在第二章中提到的，南线是波托西与大西洋相连接的最佳道路，但由于利马和塞维利亚强大的商业行会影响，这条线路在当时仍被视为“非法”。然而，自从这条路线在 16 世纪 80 年代开启以来，就再也无法被封闭了。在 1603 年的波托西，一位匿名的访客统计，波托西大约有 5000 名非洲奴隶，其中多数来自安哥
104 拉和刚果。1622 年，科尔多瓦建立了皇家海关，更加深了对波托西的依赖。甚至布宜诺斯艾利斯也在 17 世纪早期由于这种持续的交通往来而转变为一个奴隶社会。[20]

大约在 1630 年前后，里约热内卢的总督萨尔瓦多·德萨·贝纳维德斯（Salvador de Sá y Benavides）长途跋涉到波托西寻找商业机会。他在阿根廷西北部的拉里奥哈成婚，然后回到巴西，最终在葡萄牙的法院待了一段时间。[21] 尽管荷兰人在 1630 年占领了巴西的东北部，并于 1641 年占领了安哥拉罗安达的奴隶港口，但萨尔瓦多·德萨·贝纳维德斯并没有放弃他的梦想——将奴隶贸易扩张到波托西，这里是南大西洋唯一可靠的白银来源。1648 年，他从里约热内卢出发，带领一支探险队成功夺回了安哥拉。不久之后，荷兰人于 1654 年被逐出巴西东北部。通过这一系列行动，萨尔瓦多·德萨·贝纳维德斯和其他葡萄牙的官员、商人得以给波托西运送来自非洲中西部的奴隶——尽管葡萄牙于 1640 年反抗西班牙。[22] 详情将在本书第六章中介绍。荷兰、法国和英国的奴隶贩子也仿效萨尔瓦多·德萨，通过布宜诺斯艾利斯向波托西运送奴隶。

尽管没有进行准确的人口普查，但可以确定的是，在 17 世纪中叶，波托西的非洲奴隶及其后代的数量不断增长。公证员的记录充分证明了被奴役的男性和妇孺是如何进入精英家庭的。更多的奴隶被派到农村去管理牧场、农场和葡萄园。更令人不安的是贩卖儿童成为当时的普遍现象，波托西的富人们也会带着大袋银钱去布宜诺斯艾利斯购买符合其各类需求的奴隶。[23] 甚至一些土著的波托西人也购买了非洲奴隶，例如在 1640 年玛丽亚·奥西略以 380 比索的价格，从布宜诺斯艾利斯一个与萨尔瓦多·德萨有联系的奴隶贩子手中买下了 15 岁的克里斯蒂娜·安哥拉。[24] 卡西克（Caciques）① 和米塔工头均拥有非洲奴隶，其中部分动机是为了提高他们的地位。除了家庭服务和做奶妈外，一些非洲女奴被迫在

① 指当地居民中由选举或世袭产生的首领。——译者注

城市街道上售卖食品来为主人赚钱。自 1640 年后，波托西女奴的价格通常超过男奴，高达 1000 比索。

部分奴隶也因争取自由而留名青史，比如“妖怪”或“妖精”的奇闻逸事。当地历史学家阿尔赞斯在 18 世纪早期记录了这一事件，这位被称为“妖怪”的人名叫胡安·佩雷斯，他在 17 世纪 50 年代早期在“帝王之城”制造了多起抢劫、强奸以及
105 其他种种恶行，最终被捕并处以死刑。令人惊讶的是，他是作为一场因误会引发的街头斗殴事件的受害者出现在档案记录中，而非一个混世魔王的形象。他的案例和其他档案可反映出当时正在日渐形成一个繁荣的黑人亚文化圈，包括敌对的武装派系和宗教兄弟会。[25]

总之，尽管一些被奴役的非洲人在 17 世纪的波托西设法开拓自己的社会—宗教空间，其中一些人发现了赎身和为所爱之人赎身的办法，但是他们仍然被视为商品，被冠以“银条”或者“8 块钱”的蔑称。奴隶也被视为一种“零件”或一种价值单位，就像银条一样，奴隶身上到处都被烙上诸如王室的印记以证明其价值。波托西这座“帝王之城”或许为社会发展提供了特殊的机会，但我们却不应过分高估。波托西数位精英的财产清单表明，他们派往皮科马约河盆地照管葡萄园的数千名奴隶，其实生活在极其肮脏和完全与世隔离的环境中。[26]

娱乐之城

和其他主要的西属美洲城市一样，波托西以其大量的节日和游行而闻名，其中最主要的是宗教节日，当然也不乏为庆祝世俗生活中的重大事件而设置的节日，如军事胜利、王室婚礼。但神

圣与世俗之间的界限并非泾渭分明，大多数宗教庆祝活动都包含了释放食色欲望以及与日常规则相违背的狂欢活动。只有结束地震、干旱和瘟疫的宗教游行倾向于保持庄严。葬礼则兼有严肃与豪放两种形式：在庆祝新生之前先哀悼死亡。

这些被认为可为波托西带来福运的狂欢节和纪念活动耗资巨大。迭戈·德·奥卡尼亚的著作最为详细地反映了城市殖民节日文化。奥卡尼亚是瓜达卢佩的收藏家，对圣母十分崇拜，曾为圣母信仰筹集大量资金，也尽自己的最大努力在波托西推广圣母信仰。[27] 奥卡尼亚描述了 1601 年 9 月末在主广场举行的一场被称为“环形竞赛”的马术比赛，这场比赛也是瓜达卢佩为期 8 天的盛会的一部分。

如果奥卡尼亚的记录可信，这场比赛则是一个当地人展示财富、地位和虔诚的机会。精英阶层的男女观众坐满了赛场旁的大看台，柜里摆放着瓜达卢佩的肖像，周围环绕着价值 20 万达克特的银条和银锭。在这场精心准备的比赛上，一名拿着长矛的“圣 106
骑士”和撒旦的决斗上演了，或者更确切地说，一名灵巧的骑士装扮成路西法的模样。主角们在善恶之战中迅速进入广场，相互喊话并交换信件。当圣母像被揭开时，司仪展示了一张布告，上面写着：

圣母虽然身着棕衣，
却汇聚了世间的美丽，
她托起了诸天和大地。

黑暗王子骑着马走进广场，用典型的巴洛克风格投递了一封信：

> 在这个地狱般洞穴的黑暗地牢里，我和那些有着天使般特质的贵族一起下到黑暗之湖中央，一起经受着无尽的折磨，在嫉妒的烈焰的刺激下，燃烧着熊熊的硫黄火……

在对圣骑士的挑战之后，比赛的评委们回复了他们的信，信的开头是这样的："黑暗王子，我们收到了你的信，在信中我们看到了你的傲慢，以及你和你虚假伪善的王国。"扮成魔鬼的骑手一把夺过信，疾驰而去，一边挥舞着鞭子，一边说：

> 鞑靼人的王子，
> 生活在充满硫黄的洞穴中，
> 他将在五点半到来，
> 他感谢那些在此之前将要受苦之人。[28]

奥卡尼亚记录的片段使我们可以管窥当时多样的戏剧文化，这些表演显然丰富了波托西大量居民的娱乐生活。1616 年，一个专门的剧场开始营业，但许多戏剧仍然露天上演。1621 年，为庆祝腓力四世加冕，市政会计划举行盛大的庆祝活动，竟然致使当地财政破产。第二年，洛约拉的伊格内修斯被封圣时引发了更大的轰动。

1638 年，佩德罗·拉米雷斯·德尔·阿吉拉（Pedro Ramírez del Águila）神父参观波托西时，发现这座城市仍然沉迷于炫耀财富的活动，这些活动"与礼拜有关"，有些"过度奢华"。[29] 就像迭戈·德·奥卡尼亚描述的节日一样，宗教和世俗的界限常常模糊不清。即便波托西进入困难时期，佩德罗·拉米雷斯·德尔·阿吉拉仍将波托西的庆祝活动称为"王国中最宏大的"。他称赞了这
107 座城市的慷慨，就像蜜蜂迷恋蜂蜜一样吸引着神父前来。正如我

们将在第六章中看到的，寻求施舍的人甚至从巴格达远道而来。

文化之城

罕见的库存清单显示波托西在全盛时期可以买到的一些书目。[30] 最引人注目的是1614年葡萄牙书商巴伦廷·德·阿科斯塔（Valentín de Acosta）的清单。阿科斯塔的书店位于波托西主广场上，他的清单上列出了超过200本书籍，其中大约一半是宗教书籍，其余的书籍包括骑士故事、各类历史书、歌曲集、诗集、古典著作和技术手册等。塞万提斯（Cervantes）的《堂吉诃德》（*Don Quixote*）并没有出现在阿科斯塔的清单上，但是来自附近拉普拉塔的证据表明这本书当时正在发行（《堂吉诃德》第二部在1614年刚刚出版）。

塞万提斯在《堂吉诃德》和其他作品中提到了波托西，包括短篇小说《嫉妒的埃斯特雷马杜拉人》，这些作品随后几年在当地出现。阿科斯塔的清单上还有马特奥·阿莱曼（Mateo Alemán）于1599年被禁的小说《无赖古斯曼·德阿拉法奇的生活》（*The Life of the Pícaro Guzmán de Alfarache*），该书第二部于1604年出版后也很快出现在波托西的书店中。除了大量图书之外，阿科斯塔还拥有一个配有全套图书装订工具的工作室，但我们无从得知他是否出版了当地作者的作品。

阿科斯塔的书店里还有多卷本的《英国史》（*History of England*）、《东方》（*The Orient*）和一本《世界通史》（*General History of the World*），另有14本《帖木儿大帝》（*The Great Tamurlane*）。阿科斯塔一定和墨西哥的经销商有过交易，因为他列出了15份弗雷·费利佩·迭斯·卢西塔诺（Fray Felipe Díez Lusitano）的作品——《普埃布拉德洛斯安赫莱斯城的条约及其贵族》（*Tratado de la Ciudad de la Puebla de los Ángeles y grandezas*)。[31] 另一位作家是新格拉纳达的胡安·德·卡斯特亚诺斯（Juan de Castellanos），他擅长用诗歌叙述历史，作品《印第安杰出人士的挽歌》（*Elegías de Varones Ilustres de Indias*）仍存于世。古典作品目录下包含荷马、维吉尔、奥维德、西塞罗、卢坎和恺撒的主要作品。现代经典作品则包括佛拉芒的新斯多葛派学者、西班牙哈布斯堡王朝时期的重要作家胡斯特斯·利普修斯（Justus Lipsius）所撰写的关于民法的多卷著作，这些书被译者从拉丁文翻译成卡斯蒂利亚的西班牙语。[32]

技术类书籍包括巴托洛梅·德·阿奎罗（Bartolomé de Agüero）1604年出版的医学论文——《临床手术和常见病的治疗方法》（*Treasury of the True Surgery and Proper Way against the Common One*），以及如迪奥斯克里德斯（Dioscorides）的经典作品《论药
108 物》（*De Materia Medica*）。一位葡萄牙的书商也有一本1587年由西班牙女医生、哲学家奥利娃·萨布科·德·南特斯·巴雷拉（Oliva Sabuco de Nantes Barrera）所撰写的《人性的新哲学》（*New Philosophy of Human Nature*）。[33] 遗憾的是，这些医学书籍都没能帮助到可怜的科内利斯·兰贝托，即本章开篇中所提到的梅毒患者，但是波托西的医生们看上去与当时最新的医疗理论保持了同步。我们还可以发现多种记录各种“秘方”的书籍，部分可能是由阿尔伯图斯·马格努斯（Albertus Magnus）所写，其他的书名则与度量衡、草药、药物制剂和处方有关。特别有趣的是乔治乌斯·阿格里科拉（Georgius Agricola）1556年出版的关于矿业生产的大部头著作《论冶金》（*De re metallica*），书中充满了矿石磨盘、精炼桶以及排水设备的图表。

波托西这座城市不仅消费图书，也孕育了不少文学作品，尽管大多数作品都以手稿形式流传，最为典型的是在无数节日期间

所上演的喜剧或戏剧作品。自称“喜剧作家”的加布里埃尔·德尔·里奥（Gabriel del Río）于1619年通过海运得到了31部西班牙喜剧以供自己收藏。1621年，另一位生活在波托西的喜剧作家是胡安·加林多·德·埃斯基韦尔（Juan Galindo de Esquivel），他是一个嗜赌成性的人。奇怪的是，无力支付罚款的赌徒被强制要求在库斯科的喜剧中唱歌跳舞，但我没有发现波托西有类似处罚。波托西的公证记录中也不时会出现喜剧团和乐队演出者。[34] 波托西的剧院被命名为“喜剧街”，这一命名考虑了空间与道德两个因素，而演戏在当时还是一份备受质疑的职业。1647年，一位寡妇因与几个男人有染而受到惩处，她的室友就是一位不知名的喜剧演员。[35]

罪恶之城

> 在城镇，每天共计消费60副牌，一年共消费2.19万副牌。
>
> ——匿名，1603年

毫无疑问，这个西班牙帝国最富有的新兴城市也是最暴力、最邪恶、犯罪最猖獗的城市。也许只有塞维利亚和后来的马德里才有资格与其角逐“罪恶之城”的称号，当然那不勒斯也不能被排除在外。波托西的赌场比教堂出现得还要早，许多都附属于妓
院。犯罪有利可图甚至能带来安宁，在波托西，大量的白银和松 109
懈的执法导致了更多暴力的出现。非法侵占他人土地和矿产导致了大量谋杀和报复性劫掠的发生，还有涉及债务、边界、用水权和性伴侣等无休止的争端。在波托西，质疑他人名声将会引起一

场致命的决斗，或者以暗杀、偷袭的方式置敌于死地。

波托西的男人们在赌博上花费了相当多时间和金钱，赌注也往往比其他地方高得多。在下一章我们将看到17世纪40年代的波托西铸币厂欺诈中，赌注和损失达到了令人震惊的程度。这座“帝王之城”没有真正意义上的赌场，但普通公民和某些政府官员可以一次性购买数年赌桌经营权。

一家规模中等的赌场在1590年被公证记录在册。这是一家由胡安·巴莱罗上尉和弗朗西斯科·迪亚斯·格雷罗两个人建立的赌场，两人各投入一半资金建造了“赌坊和赌桌”，赌坊建在私人住宅附近，配有“赌桌、一个带抽屉的桌子、两把椅子和两条长凳”。此外，二人还出资1万比索，用以借给赌徒玩卡牌和其他游戏。巴莱罗上尉担任收银和会计，公司会在一年半后付清所有款项。[36]

经过注册并纳税的赌场可获得合法经营的身份，当时最受欢迎的是卡牌游戏。西班牙国王很快就介入这项生意，所有卡牌均由获得皇家授权的垄断特许商生产和销售。显而易见，木版印刷的牌在使用一次后就被销毁，以防止被做上记号，同时促进了卡牌的消费量，在赌博中使用未经授权的卡牌可能会遭到严厉惩罚。在随后的几年间，国王还出租斗鸡的垄断经营权，但卡牌仍然是波托西最流行的赌博游戏。

我们对波托西鼎盛时期赌博的了解，大多来自公证记录中发现的一种奇怪的文献：《戒赌词》（*gambler's renunciation*）。自称赌博成瘾的人发誓要在一段时间内戒掉一系列卡牌游戏、骰子游戏和其他赌博游戏，如果他们重回赌场，这些男性——当然都是男性——将根据他们的名声和财富向某个宗教慈善机构奉上巨额罚款。

在17世纪的波托西，大多数戒赌的赌徒承诺拿出几百到几千

图 10　西班牙卡牌。

比索来帮助照顾利马宗教裁判所关押的囚犯。尽管据我所知，宗教裁判所并没有主动逼迫那些赌徒，但赌徒所奉献的财物却成为
110 一项可靠的收入来源，这批款项由圣职专员收集并送往利马。[37]
另一些赌徒则承诺向当地宗教兄弟会和医院支付罚款，许多人还向揭发重操旧业的赌徒并劝其自首的人提供大量奖金。

17 世纪，波托西的赌徒们倾向于戒掉被称为科梅森、翁布雷、普利梅拉、帕萨迪兹、基诺拉斯和品脱的卡牌游戏，有些卡牌游戏在改变一些形式后仍保留至今。戒赌期从几个月到终其一生的都有，有些人戒掉了所有的赌博游戏，包括掷骰子和多米诺骨牌。一名理发师酷爱多米诺骨牌，但在一场比赛大输之后放弃了一切赌博游戏。一个小商贩宣布不再玩卡牌、台球和抽牌，但他保留了押赌注的权利。

悔过的赌徒甚至包括神父，还有一些是极其富有的阿索格罗和套利者。根据文献记录，游戏漏洞并没有被区别对待。几个主要的波托西放贷人，包括下一章要讨论的铸币厂欺诈的策划者弗
111 朗西斯科·戈麦斯·德·拉·罗查（Francisco Gomez de la Rocha），
也承诺不向高风险的借款人提供担保，在波托西放高利贷是一个危险的行业。我并没有发现奴隶们有任何自我反省嗜赌成性的案例，就像人们通常认为的那样，他们有时会被主人在出售凭据上谴责为不可救药的“玩家”。[38]

圣徒

如果在波托西的众多恶魔之中存在一个例外的话，那么一定是指弗雷·维森特·贝尔内多（Fray Vicente Bernedo）。约 1562 年，贝尔内多出生在纳瓦拉的蓬特德拉雷纳，他在阿尔卡拉德·

埃纳雷斯和萨拉曼卡学习后加入了多明我会，16 世纪 90 年代在西班牙传教。1598 年前后，贝尔内多乘船去了卡塔赫纳，1600 年在波哥大中途停留后到达利马，1601 年抵达波托西，此后他在当地多明我会修道院内及附近一直住到 1619 年去世。与其同时代利马的圣罗斯一样，贝尔内多与凡事隔绝——这在波托西算得上是一项成就——并信奉宗教意义上的苦修。根据他的传记记载，贝尔内多在 17 世纪 60 年代早期就开始提出宣福礼，他在多明我会寒冷的钟楼里住了两年，后来又住在附近一个极简的小屋里，生活条件简陋到连床上用品都很少的地步。他的行为像个隐士，时常鞭笞自己、刻意忍饥挨饿以及禁受其他可以锻炼虔诚信仰的苦行。

一个人在波托西需要忍受的多种折磨，除了常年寒冷、缺氧和被污染的空气外，还有压印机持续整夜的嘈杂声，轰鸣的机器就在贝尔内多狭小的住所旁边。据他的支持者说，这位可怜的修士根本没有时间睡觉，因为他总是在祈祷或阅读托马斯·阿奎那的作品，他在笔记本中对阿奎那的作品进行了详尽的评论。有些人形容他“身体一直不好，面色苍白，骨瘦如柴”，也许还患有汞中毒，这些苦修使得他具备了巴洛克圣徒的特征。[39] 尽管患有慢性疾病，贝尔内多还是经常看望病人，为贫穷的安第斯人募集救济品。一些精英发现他有预言的能力，例如一位忏悔者得知她被偷的奴隶失而复得。

在某种程度上，贝尔内多成为知名的矿工圣人。他向圣佩德罗教区和邻近村庄的当地工人布道。贝尔内多留存的著作寥寥无几，但其中有一篇关于与东部边境的奇里瓜纳人交换战俘的奇特见解，这正是基于他在托米纳附近传教的经验。作为一名学识渊博的大学生，贝尔内多被列为宗教裁判所的官方顾问，更加深了 112
他与多明我会的密切关系。1619 年，贝尔内多死于一场疾病，死后一直流传着他的尸体不腐的传说。此外，在他尚在人世之际，就有当地人说偶尔可以闻到从他身体中散发的芳香，但在这种说法出现之时，这位波托西最虔诚的人还没有被封圣。

巴斯克人和“小羊驼”

> 因为人的傲慢和可耻罪行，公义又奥秘的上帝要施以惩罚。在这个时候，上帝神圣的审判便是令波托西的卡斯蒂利亚人和巴斯克人之间爆发内战。[40]

尽管这里海拔高且寒风凛冽，但关于波托西的某些东西，比如源于火山喷发的说法，却激发了人们的热情。这里的空气似乎也能将原本通情达理的人们变得喜欢争吵不休并诉诸暴力。据说，就连土著矿工在此也比在自己家乡时更喜欢饮酒作乐，同时更容易彼此争吵，被奴役的非洲人也被指存在反常的举止。但是就我们所看到的而言，西班牙人和其他欧洲移民，特别是其中的男性，变得更加好斗并倾向杀戮，彼此之间密谋如何给对方以致命性打击。西属美洲见证了西班牙半岛白人的同质化趋势，这些人有时会与土著居民、混血的西班牙人发生冲突，一直到 17 世纪。波托西和大部分上秘鲁地区都被分裂成不同的种族派系。

重要的是，西班牙在 17 世纪时还不是一个民族国家。“西班牙”还只是一个设想，源自对古罗马时期西班牙行省的复兴。哈布斯堡王朝统治下的伊比利亚半岛由众多小王国和地区组织而成，这些分散的地区组织还需要得到奥地利君主的承认。安达卢西亚人（Andalusians）和埃斯特雷马杜拉人与曼切戈斯人（Manchegos）、加利西亚人（Galicians）和老卡斯蒂利亚人争夺权力。北部的伊比利亚人，特别是巴斯克人和纳瓦雷人，比大多数卡斯蒂利亚人拥有更大的自治权。加泰罗尼亚人（Catalans）和阿拉贡人（Aragonese），包括穆尔西亚人（Murcians）和瓦伦西亚人（Valencians）也享有特权。阿拉贡王国地处马德里以东约骑马一 113
天脚程之处，但仍然使用自己铸造的货币，并在很大程度上远离了美洲的事务。

葡萄牙及其海外领地尽管在1580年被西班牙吞并，但到1640年独立前仍保持了很大程度上的自治。葡萄牙臣民，包括所谓的新基督徒或更新近的从犹太教皈依基督教的教徒及其后裔，大量迁入西班牙殖民地。以波托西为例，许多家庭经由里约从布宜诺斯艾利斯登陆。一些与巴西和非洲有联系的葡萄牙移民和客商在大查尔卡斯被怀疑秘密遵守犹太教法规，包括殖民地一些富有家庭，也被利马的宗教法庭审判和定罪，最值得注意的是1639年发生的一次针对异教徒所执行的恐怖火刑。[41]

在西印度群岛，土著身份并不总是获得优先。面对大量的美洲原住民、非洲奴隶和混血人种，半岛上的西班牙人有时会采用“西班牙人”（español）这个绰号，将自己与有色人种加以区分。在殖民地出生的西班牙人或克里奥尔人则更喜欢这么做，因为许多人的父母来自西班牙半岛的不同地区。在整个殖民地时期，“西班牙人”可能成为“白人”的代名词，尽管肤色由于地区和时代不同而差异很大。在那些有竞争力的年轻男性移民不断涌入的城市，最为强调的是地区身份认同，波托西可能是最极端的例子。[42]

17世纪头几十年，来自西班牙巴斯克省的商人和矿主在波托西取得了巨大成功。他们用一种独特的语言交流，并成立了自己的宗教兄弟会，专门崇拜阿兰萨苏圣母。他们引入了手球运动，波托西的一条老街因而被称为“球街”。他们主要来自比斯开湾和吉普斯夸，他们以西班牙其他地区的土著不喜欢的方式守望相助。随着他们变得越来越富有，巴斯克人购买并垄断了市政会和王室官员的职位，掌握监督劳力调度、税收、水银分配和铸币等权力。其中一些职位是世袭的，这为城市政治的种族垄断奠定了基础。到 1610 年代晚期，巴斯克人对波托西的垄断引发了沸腾的民怨，王室司库一项始于 1618 年的财政调查揭开了这个谜团。

巴斯克人的宿敌大多来自西班牙南部：安达卢西亚人、曼切戈斯人，以及最为重要的埃斯特雷马杜拉人。埃斯特雷马杜拉人经常把自己和征服者扯上关系，但他们也已经被巴斯克人征服。
114 这两个族群也曾在冈萨罗·皮萨罗和德·阿雷吉叛乱时期宣布造反，却并未真正参与其中。这些“民族”联合起来保卫他们的利益与荣誉。非巴斯克人有时称自己为卡斯蒂利亚人，以此将巴斯克人定位为他者。随着 1620 年双方关系的进一步白热化，一群卡斯蒂利亚人得到了“小羊驼”的绰号，这源于他们戴着用野生安第斯骆驼毛制成的帽子。一些克里奥尔人和葡萄牙人加入了“小羊驼”的行列，挑战巴斯克人的统治地位，但是他们的利益诉求却是不同的。

在“帝王之城”和附近的采矿营地，团伙斗殴和暗杀事件时常发生，但直到 1622 年 6 月，巴斯克人和“小羊驼”之间的争斗才演变成帮派地盘之战。暗杀和午夜屠杀一直持续到 1625 年年初，一项有争议的王室大赦令颁行才平息。关于这场所谓内战的第一手资料非常稀少，并且按照派别的不同而各执一词。但很明显的是巴斯克人遭到了多方围攻。尽管他们强大，但人数少，也缺乏盟友帮助。虽然他们被王室官员救了下来，但经过了一波冲突屠杀的后遗症和苦涩的余味持续了数十年之久。

这场帮派战争的导火索是一次王室巡查，或者说是一次常规性的巡查，由利马派来的王室会计阿隆索·马丁内斯·德·帕斯特拉纳（Alonso Martínez de Pastrana）领头，他本应该在 10 年前就来进行这次审查。任何前往波托西的王室巡查员，即使他接受贿赂并假装不偏袒任何一方，也同样会打破权力的平衡。帕斯特拉纳站在了“小羊驼”一边，向巴斯克人施压，要求他们偿还税款、任职薪俸和其他王室司库的债务。这是他的本职工作，但在这个过程中，帕斯特拉纳揭露了一种特殊的腐败：贿选。有权有势的巴斯克工厂厂主从市政会成员那里购买选票，使他们能够避免向国王偿还其生产高级水银的债务。可以说，他们是以牺牲国王的利益为代价，操纵了城市政治。

帕斯特拉纳在一项王室法令的支持下，以债务问题为由将许多巴斯克人驱逐出市政会。但这只取得了部分成功，一些精明的“小羊驼”利用机会购买了一些席位，但巴斯克人仍然保持了在市政会的优势地位。包括庞大而富有的贝拉萨特吉家族在内的巴斯克派系正准备迎战，他们得到了来自“帝王之城”首长的支持，也同附近查尔卡斯腐败的检审法院法官进行合作。巴斯克人不会轻易接受失败，尽管不久之后许多人将被迫逃亡他处。

1622 年 6 月，一个名叫圣胡安·德·乌尔维塔的身材魁梧的 115
巴斯克人被害，由此引发了一系列的仇杀事件，帮派之间的杀戮和伏击一直持续到 1624 年年初。据称，一队全副武装的巴斯克人在街上游行，用他们的语言大喊：“谁要是不用巴斯克语回应就死定了！”然而，由于人数和武器上的劣势，巴斯克人遭受了最严重的打击。数十人在冲突中丧生，许多人逃到拉普拉塔和利马，他们远在比斯开湾的亲属则请求腓力四世提供帮助。

“小羊驼”的领袖是埃斯特雷马杜拉人胡安·费尔南德斯·德·托瓦尔，他最终成为一名方济各会修士并帮助调停冲突。托瓦尔这样做部分是为了防止波托西城建立永久性的军事力量，这肯定会损害他的派系利益。在总督于 1625 年 4 月发布大赦之前，1624 年年末，政府官员们还是介入了冲突，并在城镇周围的山上追捕逃亡的“小羊驼”。在最终的和平到来之前，国王派了两名高级官员，迭戈·德·波尔图加和费利佩·曼里克试图解决问题。曼里克曾在那不勒斯和摩洛哥服役，更为严厉。他对巴斯克人的明显偏袒为后来的对抗和暗杀埋下伏笔，即便如此，波托西的种族帮派争斗因王室法令而一度中止。

1620年代所谓的巴斯克与“小羊驼”之战被后来的观察家视为一场重大的灾难，如城镇历史学家阿尔赞斯。但就王室而言，其最为重要的银矿产区不断发生帮派斗争，然而王室的关注却聚焦于财政上的忧虑。由于担心税收减少，并为了维持哈布斯堡王朝保持众多敌对臣民之间的和平与和谐的治理理念，腓力四世和他的大臣们不得不在波托西颁行法律。

17世纪30年代，埃斯特雷马杜拉一位名叫胡安·德·卡瓦哈尔·桑德（Juan de Carvajal y Sande）的总检察官声称要重新调查巴斯克与“小羊驼”的冲突时，他的视察活动被叫停。40年代早期，加泰罗尼亚籍总检察官胡安·德·帕拉西奥斯（Juan de Palacios）也做了同样的事情。正如将在下一章中看到的，王室因害怕再次引发族群暴力而在财政问题上犹豫不决，这为皇家铸币厂内部的大规模欺诈打开方便之门，可以说，这是波托西在其漫长殖民历史上遭受的最大灾难，或被称为“上帝的秘密审判”。

17世纪初，波托西的当地人口超过了12万，此时的“帝王之城”波托西已经成为一个全球现象，正如迭戈·德·奥卡尼亚所
116 说：“这是世界第八大奇迹。”这里有戏院，有受教育的阶层，有盛大的宗教游行队伍，有美洲最好的妓院、赌场和酒馆。它的医生即使不是世界上医术最为高超的，那也是世界上最为昂贵的。坐落在海拔4000米和美洲安第斯山脉中心的波托西，本是一座难以企及的大都市，然而却成了地球上与其同等大小的城市中最崭新的一座。在某种程度上，这座暴力、污染和罪恶的城市是总督

托莱多所造就的，因为没有米塔制、工厂、水库和铸币厂，就绝不可能在第一次萧条后重新恢复生机。

但同样明显的是，波托西在 17 世纪与托莱多诸多计划初衷渐行渐远。下一章我们将看到，这座城市成千上万不安的居民将会因为他们的罪孽受到他们所谓的“严厉的惩罚”。我们可能会暂不下判断认为，波托西就是一座偶然形成的高原城市，实际上，它的形成得益于一个大型地下采矿综合体，一个附近的由数十座人工湖泊和运河供应的准工业精炼部门。当然，按照货币单位来计算，它的银产量是十分巨大的，但人们也常常忘记了它究竟有多少消耗：城市、矿山、精炼厂，从中国的丝绸到钢铁再到羊驼的粪便，所有这些加起来消耗了巨大的资源。波托西要养活 10 万多人，但这只是开始；工业规模级采矿、精炼和巨额财富，使这座“帝王之城”远远超过了其作为消费者的基本需求。这种随意的浪费使早期的许多游客感到惊讶。富甲全球却身患梅毒，波托西在其鼎盛时期便体现了全球化的外在局限性。

第五章　上帝的秘密审判

> 3月15日，周日，下午1点30分，正对着邦加河（Río Panga）水库的卡里卡里水库向其岛屿一侧发生了溃坝，冲破了22码深的防洪堤。猛烈的洪水以极快的速度冲向了城区，造成了无法弥补的重大损失。洪水异常凶猛，人们看到了大量的洪水倾泻而下，没过最高建筑的屋顶，将部分建筑冲到了很远的地方……实际遇难的人数和损失远超过本简报所记录。统计的被淹死的人数达到了350人，但到目前为止已无法找到所有失踪者。失踪者人数甚巨，有西班牙人，也有印第安人。
>
> ——巴托洛梅·阿斯泰特·德·乌略亚（Bartolomé Astete de Ulloa），王室代理人，致波托西地方长官，1626年[1]

117 根据18世纪早期的编年史家巴托洛梅·阿尔赞斯·德·奥尔赛·维拉的记载，波托西在1600年之后经济开始衰败，这是由其居民不断积累的罪孽造成的。上帝非常愤怒，接连降下三次灾祸摧毁了这座城市和它的矿井。第一次是所谓的巴斯克人和“小羊驼”的战争，在前一章已经讨论过。第二次是1626年的大洪水，这是由于暴雨和高山水库的维护不善所引发的。根据阿尔赞斯的说法，第三次也是最致命的灾祸，则是对皇家铸币厂的全面巡查。这项巡查在1649年（此时欺诈行为已经持续近10年）大张旗鼓地拉开序幕，又因 1660 年特别检察官的去世而匆匆结束。

1626 年的洪水使得波托西最富有的工厂主减少了一半，也使得超过 350 人在洪水中溺亡。但是相比之下，1649 至 1660 年的大审查对波托西的打击则更为剧烈。在清廉的西班牙前检察官弗朗西斯科·德·内斯塔雷斯·马林（Francisco de Nestares Marín）的领导下，王室巡查清理了波托西许多最富有的矿主、商人和包括附近的查尔卡斯皇家检审法院法官在内的高级官员。尽管很多人试图通过改革米塔制并提高水银产量的方式来重振城市，但是波 118
托西再也没能恢复昔日的辉煌。这座城市遭受了一系列持续的饥荒、瘟疫，以及包括阿尔赞斯在内的巴洛克西班牙人所称的“上帝的秘密审判”。

17 世纪的波托西是十分艰难的，尤其是在世纪中期更为艰辛，历史学家一直对危机的原因给予关注。杰弗里·帕克（Geoffrey Parker）最近提出，漫长的寒冷期和小冰河期带来短期的气候变化，扰乱了全世界的生存环境，加剧了瘟疫的肆虐和各地的叛乱活动，也导致人口大规模迁徙，甚至发生战争。[2] 17 世纪波托西的问题与气候波动有关，因为当时记录了灾难性的洪水以及随后多年的干旱。但文献记载却试图说服我们，波托西的居民遭受的大多数灾难都有“非自然的”原因。虔诚的天主教教徒责怪自己，将灾难归咎于“上帝的愤怒”，几乎没有让有罪的波托西逃脱罪恶之地的命运。

在简要介绍了疾病、森林砍伐和技术创新之后，这一章主要讲述使波托西陷入困境的两起重要事件：1626 年的洪水危机和 1649 年的铸币厂丑闻。尽管这些都是波托西内部丑闻，却在全球引起了反响。在 1640 年代铸币厂欺诈的高潮期，波托西的问题导致了一场世界范围的货币危机，几十年后才得以解决。在西班牙面临破产、欧洲卷入三十年战争的时候，波托西将不足量的银条和硬币销往世界各地。这几年也给奥斯曼帝国和萨非王朝带来了财政危机，还见证了中国明朝的灭亡。这些只是震撼时代的全球混乱的一小部分。

流行病

不治之症在近代早期是很常见的，但传染病的流行仍可令最虔诚的基督徒也感到震惊。天花、流感、麻疹、斑疹伤寒和许多其他疾病随着欧洲人和非洲人的到达而席卷了南美洲，这或许归咎于新家畜的引入。1546 年，波托西发现了一种出血热疾病，同年在安第斯山脉肆虐，随后在 1560 至 1561 年安第斯山脉附近出现了类似的疾病，大多数患者在患病几天内就会死于发烧。另一场传染病暴发于 1588—1589 年，可能是天花加上流感；据说，仅在波托西就有 1 万安第斯土著患病。人口和流行病学历史学家认为，白喉在 1615 年暴发，随后在 1619 年和 1630 年又暴发麻疹。[3] 波托西在 1649 年还遭遇了一场致命的鼠疫。

这些疾病的暴发使人口锐减，在较为温暖的低地地区，如玻利维亚米斯克山谷和秘鲁东部的古柯种植地区，人口减少了 90% 以上，而在 17 世纪早期，疟疾和其他蚊媒传染病的到来加剧了一些地方的人口减少。在波托西东南部温暖的山谷中，有着大量的葡萄园，但可能在 1650 年前这些地区就已经有疟疾传播了，尽管这很难被证实。[4]

然而，即使在蚊子鲜少出没的寒冷高地省份，疾病也造成了严重的损失。虽然很难将传染病的影响与其他因素，如过度劳作、人际冲突、营养不良引发的低出生率和强行军等区别开来，但总体来说，与波托西繁重劳动相联系的高地省份似乎到 1620 年减少

了大约45%的土著人口，到1683年减少了60%。此时，一些地区 120
的人口开始反弹，混血人口的数量也在上升。尽管拥有疾病抗体的人越来越多，但疾病的累积效应对安第斯土著村民的影响仍然是毁灭性的。

1689年，秘鲁总督、拉普拉塔公爵组织了一次人口普查，以更新波托西的米塔制配给。人们发现，南安第斯山脉的大部分承担赋税的土著已经背井离乡了，也就是说，几乎一半人已经成为流动性工人，而不是继续在家乡务农。[5] 秘鲁的继任总督蒙克洛瓦伯爵下令调查村庄居民消失的原因（除了疾病因素之外），调查显示许多生活在波托西米塔制下的土著男子发现自己处于艰难境地。一方面，乡村生活收入微薄，但是卡西克和地方长官的要求却很高；另一方面，长途跋涉到波托西会有生命危险。因此四处流浪对他们来说不啻于一种明智的选择。

矛盾的是，正如我们已经看到的，住在波托西学习技能成为矿工或工匠，是逃离苦难农村生活的一种方式；成为外乡人，或者迁移到远离波托西的某个牧场或农场，虽然是有风险的，却能给他们带来生存的希望。许多逃离波托西米塔制的南部安第斯人来到了皮拉亚和帕斯帕亚地区的葡萄园和农场，那里靠近当今的阿根廷边境。渴望劳动力的地主们向他们支付工资，并承担他们进贡的义务。[6] 理论上说，一个人可能会陷入庄园设下的债务陷阱从而沦为劳工，但土著大量的流动，加之庄园对工人的持续需求，使得这样的“陷阱”难以大规模存在。从某种程度上说，这些人仍然是“为波托西工作”，因为南部生产的葡萄酒是送往“帝王之城”出售的。

正如我们所看到的，卡西克和库拉卡——他们中的多数是男性，偶尔也有女性——负责围捕和遣送米塔工人到波托西，有时他们也会滥用权力。并非所有卡西克都是坏人，但也有不少因扣留贡品谋取私利而受到批评。还有一些卡西克与地主和商人进行暗中租赁买卖，或者与腐败的地方长官、神父合作。许多卡西克并非当地被征服后官方所认可的领主后裔，数个重要的世袭职位都被包括梅斯蒂索人在内的冒牌者占据。

121 将上秘鲁的弊病归咎于不道德的卡西克是不够明智的做法，要知道17世纪，波托西对米塔的要求已经转为可以通过缴纳现金而免除徭役。由于这些现金都被放入袋中，因此被免除徭役的人被称为“口袋里的印第安人”。例如，当时一位的的喀喀湖沿岸地区的卡西克被要求，要么能够依照早已过时的人口统计提供足够数量的工人，要么拿出能满足波托西工厂主和王室官员要求的现金以免除徭役。到1690年，的的喀喀省的一些土著安第斯人支付200多比索以便不去里科山服役。一些人抱怨说，他们被迫饲养并出售整群牲畜以及他们所拥有的一切，只是为了筹到现金。因此，在年景尤为不好的时候，人们纷纷逃离村子外出寻找工作，不论工资是多么微薄。

加布里埃尔·费尔南德斯·瓜拉奇的案例提醒人们，波托西米塔制给当地人带来的痛苦不断加剧。从17世纪40年代开始，他多次向查尔卡斯巡回法庭请愿，希望能降低自己的等级。瓜拉奇继承了波托西米塔工头的头衔，负责从多个地区召集应征者。在过去这是一个有利可图的荣誉头衔，但是到1640年，瓜拉奇成了最后一个拥有此头衔的土著安第斯人首领。当地人口不断下降，但是任务又十分繁重，使他不得不卖掉自己的牲畜，并且用骡子将葡萄酒沿着海岸运到“帝王之城”，以便满足波托西的精炼厂行会的现金豁免要求。该行会依靠波托西的地方长官的支持，20年来一直反对瓜拉奇的请求，没有丝毫减少负担之意。这个案子最终被送到了西班牙的西印度群岛事务部，在那里它卷入了一场关于米塔制的新讨论。尽管瓜拉奇的头衔听上去拥有权力，但实质上却是一个负担。直到 17 世纪 60 年代，瓜拉奇和他“同行”们的请求才开始被关注。[7]

被破坏的景观

> 这个城镇的木材支出额巨大，因为此处有很多商人，消费的总数无法确定。但是为了使人们对这笔开支有个大致的概念，我会描述一根被称为“车轴”的横木，22 英尺长，2 英尺宽，价值 900—1000 经检定的比索。[8]

在如此艰苦的高山环境下，维持一个人口超过 10 万的大城市是一项令人生畏的挑战，任何一个去过滑雪小镇的游客都会明白这一点。高山上的矿业城镇对环境的要求更高，它们对资源的需求范围更广，还会产生大量有毒物质。总督托莱多在 16 世纪 70 年代到达波托西时，仅是汞污染问题就足以永远诅咒波托西了。[9] 但除此之外还有许多其他问题，如做饭的燃料、建筑材料和饮用水，还有人畜粪便的污染问题。波托西不仅地势高、气候干燥，还在林木线之上，并受到了小冰河期的影响。波托西的生态如何得以维持？脆弱的安第斯山脉环境又付出了怎样的代价？ 122

波托西的公证记录中包含了从遥远的阿根廷图库曼地区运来木材的合同，这些木材要么由骡子拖来，要么由当地居民搬运。更为常见的木材来源包括波托西北部的安第斯山谷，1588 年的一份合同提到了其中的皮塔托拉山谷。3 名搬运工人拿着极其低廉的薪水，往返搬运 4 次才得到 8 至 14 比索的报酬。[10] 我们缺乏详尽的研究，但从殖民时期的账册中可以清楚地看到，波托西人对木材和木炭的消耗给远处的森林带来了环境压力。我们已经看到总督托莱多在16世纪70年代早期就注意到了这个问题。多鳞杜鹃树是一种多节的矮生植物，可以在海拔4000米以上的安第斯山脉生存，但在波托西人定居后，这些树似乎很快就消失了。[11] 仅波托西的燃料需求就摧毁了方圆数百公里的灌木丛，使得当地不得不把包括人类排泄物在内的所有的东西都收集起来，以保证精炼炉所需的燃料。

汞齐化法对燃料的要求比炼银炉要低，但仍然需要燃烧木炭来保证熔炉持续工作。波托西的公证记录包括木炭运送合同。皇家铸币厂的内部账目记载，铸币厂还消耗了大量木炭来冶炼硬币金属并抛光原料。羊驼粪也被定期送到城里，尽管我还没有找到相关合同。另一种毒性较小的燃料“亚勒塔”（*Yareta*），是一种海绵状的绿色苔藓，木质根系生长在海拔极高的岩石中。1648年的公证记录中出现了一份购买50批“亚勒塔”的合同，表明采购这类植物的活动在波托西持续了很多年。根据1648年签订的合同，这些苔藓将被收集到约卡拉盐泉上方的某地，然后送往位于“帝王之城”下方的坎图马卡的一家炼银厂。[12] 在小冰期极端的天气状况下，乱砍滥伐“亚勒塔”这样的植物增加了对土地的侵蚀，
123 这可能会加速卡里卡里水库的泥沙淤积，而水库则是城市和矿山赖以生存的关键所在。

1626年的大洪水

> 本月的15号，星期天，卡里卡里水库泄洪。他们说，当时人们听到和看到了地下颤动和一些其他预兆。上帝想要惩罚我们，也许是因我们犯的罪惹怒了他。但撇开

神迹不谈，可能的原因是人们长期以为安全的水库侧面由于长期干旱已经彻底干涸，所以在水的巨大压力下突然破裂了。就断裂的位置来看，它本可能摧毁整个城镇。但是上帝的仁慈总是大于审判。

——巴托洛梅·阿斯泰特·德·乌略亚，1626[13]

一个世纪后，城镇的历史学家巴托洛梅·阿尔赞斯写道，这是“上帝在波托西‘帝王之城’第二次大发雷霆”。造物主仁慈地结束了巴斯克与“小羊驼”之间的战争，但阿尔赞斯说城市的居民仍然“不领情”。重新获得繁荣后，他们忘记了对上帝的虔诚，并以前所未有的方式作恶。尽管这些说法不免夸张，但阿尔赞斯对1626年的受难周发生的溃坝所做出的冗长而痛苦的描述，在某种程度上得到了同时代人的共鸣，比如上文提到的巴托洛梅·阿斯泰特·德·乌略亚。波托西市的市政会成员们组织了食品救济组，但是市政会成员们其实更担心的是发生抢劫，他们私底下暗示当地的安第斯人偷走了留在城市炼钢厂废墟中的银条和银锭。为富者的忧虑恐怕便是如此吧。[14]

当时究竟发生了什么呢？时值3月中旬，雨季即将结束，圣伊尔德芬索水库（或称卡里卡里湖）水量充盈。大约在周日中午，大坝夯土结构出现了一小部分的垮塌。早在1599年，这部分就曾作为泄洪道被打开，但后来可能没有得到充分的修缮，或是因为维护不足而出现了缺口。大坝决口后，汹涌而出的水流很快就冲出了一个更大的缺口，由水、泥和岩石组成的洪流席卷了城市的主要峡谷——拉里贝拉河。数十个工厂和毗邻的水银冶炼厂顷刻间被摧毁，还有一些西班牙人和土著居民的住宅也被摧毁。据估计至少有几百条生命因此逝去，人员损失无法统计，但损失的设 124
备、工厂和部分精炼的银矿石价值约成千上万比索。仅在灾难发生后两天，阿斯泰特·德·乌略亚就估计在建筑、矿石和水银方面的损失超过了400万比索。[15]

波托西市政会呼吁举行宗教游行，以“请求上帝停止愤怒并施以宽恕”。精炼厂厂主组成的阿索格罗委员会受命修复城镇上方的所有水坝，并监督安装墙体。为保证工厂全年无休、昼夜不停地保持运转，当时有16个水库维系。4月22日晚上，又发生了第二次洪水，当时另一股规模较小的洪水沿着与上次大洪水相同的路线冲下来，“许多人赤身裸体地从房子里出来，恐慌向四处蔓延开来”。[16] 洪水发生后，人们决定在当时卡里卡里水库溃坝的地方，用水泥建造新的坝体和防洪堤。

有数家工厂的厂主试图用散落的、破碎的零件重新组装他们的机器，因此国王免除了他们的债务。大约24名阿索格罗失去了一切财物，另外24名则遭到了严重的损失。堂娜·马里亚那·马尔多纳多属于第二类。更不幸的是一个名叫伊西德罗·加拉维托的人，不仅工厂“严重受损”，“自己也被洪水冲走，至今下落不明”。[17] 波托西的阿索格罗在市政会拥有许多代表，他们坚持要求法官暂停审理所有印第安工人针对工厂主的诉讼，这些诉讼包括工人对遭受虐待和矿难事故所提出的赔偿要求。之所以要求暂停受理此类诉讼，是因为工厂主们需要大量资金维修受损的工厂。1626年9月，该市终于制订了计划，清理淤泥和石块、用鹅卵石重新铺设受损街道以及更换破碎的陶瓷排污管道。10月，当地雇用了大量的石匠和劳工。[18]

上帝可能并没有完成他的刑罚。1627年前半年，干旱再次降临，随之而来的又是新的洪水。1628年，一场天花和恶性热病席卷了整个城镇，之后又是一波针对承包商的法律诉讼，这些承包商本应修复卡里卡里大坝。当时正值5月，雨季还未结束，新工地上灌满雨水，漏处连连。[19]

对阿尔赞斯来说，1626 年的大洪水是波托西恶贯满盈的证据，
他笔下的洪水记录分为恐怖和神迹两个鲜明的对比。在他的叙述
中，一个住满了宿醉狂欢者的妓院被彻底摧毁了，因为他们找不
到前门的钥匙。他们徒劳地伸展双臂，听到有人喃喃低语：“湖在
隆隆作响。”然后嗡的一声，另一所房子被激流夷为平地，只留下
一堵饰有十字架的砖墙。阿尔赞斯描述了圣方济修道院的见习修 125
士们在灾难发生时匆忙抢救圣物，并因此在翻滚的巨石中奇迹般
地躲过一劫。与此同时，数十名年轻女性，无论是被奴役的还是
保持自由身份的，均被卷入漩涡中溺亡。无辜者与死不悔改的罪
人一同殁亡，这正体现了上帝的愤怒。

1626 年的洪水对已经饱受摧残的波托西来说又是一次重大挫折，但从另一方面来看，它延缓了里科山的衰落。史学家巴斯克斯·德·埃斯皮诺萨（Vázquez de Espinosa）要求国王通过提高银的官方价格来缓解波托西的阿索格罗的负担，将其价值从 65 雷亚尔/马克提高到 77 雷亚尔/马克。[20] 这项提议被置若罔闻，但对沉重的税收导致生产成本上升的抱怨却逐年加剧。波托西阿索格罗雇用了一名职业说客在马德里宣扬他们的主张。如我们所见，一些波托西人也采取了欺诈手段。17 世纪 30 年代，南部高地乌尤尼和图皮萨之间新复采的乔卡亚矿山（Chocaya）转移了一定的注意力。突然之间，新一轮的谋杀和混乱开始了，这是繁荣时期的典型现象。这些情况令阿尔赞斯这样的编年史家惊讶不已，波托西又一次被幸运之神眷顾，似乎将会在犯罪与惩罚中再次开启新的轮回。

一线生机：技术创新

17 世纪初期，波托西并非完全充斥着黑暗、死亡和环境恶化。神父阿尔瓦罗·阿隆索·巴尔巴就是意想不到的亮点之一，他 1640 年的专著《冶金术》（*The Art of Metals*）引起了科学家和历史学家的兴趣。他被称为“巴尔巴”，尽管他的父亲姓阿隆索。这位波托西最富经验的冶金家出生在大西洋港口韦尔瓦附近的安达卢西亚小镇勒佩。韦尔瓦省是西班牙著名的力拓河矿所在地。这些污染河流的多金属矿床从前罗马时代就开始开采，产生大量的银、铜和铅。我们不知道巴尔巴是否在年轻时期访问了力拓河矿，但他在年事已高的时候被召回西班牙，试图使力拓河矿重焕生机。基于对波托西及其周边不同矿石类型的一系列实验，他相信自己可以做到。

巴尔巴在 1610 年前的某个时间被授予圣职，此后他乘船去了秘鲁，1615 年在的的喀喀湖附近的蒂亚瓦纳科任职。后来他被任命到利佩斯地区偏远的银矿区，也就是今天玻利维亚西南部的地方，后来又去了繁荣的奥鲁罗（Oruro）。直到 17 世纪 30 年代晚期，巴尔巴才来到“帝王之城”，他在那里任圣伯纳德堂区主事。
126 1640 年 1 月，他在波托西公证书的记载中出现过，当时他从一个刚从布宜诺斯艾利斯来的葡萄牙商人那里购买了两个安哥拉奴隶。[21] 巴尔巴自己的作品写到，他从包括临近的波尔克和其他矿区，为他在波托西的实验室工作引入了许多关于银矿石的知识。他是一个资深的实验员，并得到了查尔卡斯皇家检审法院主席胡安·德·利萨拉祖的支持。

巴尔巴的目的是开发和传播一种精炼难溶银矿石的新方法，

然而他的论文不仅仅记录了他的配方。在书中，巴尔巴引用了大量的经典和炼金术文献，这些都表明了他作为一名典型的学者对知识的不断吸收。他也注意到当时伽利略出版的《星际信使》（*Sidereus Nuncius*）中记载了木星的发现。巴尔巴很了解科学发展的新趋势，因此他的部分工作受到宗教裁判所的审查。

值得注意的是，巴尔巴在分析他自己的实验结果时直接挑战了权威。巴尔巴拒绝将自己归类为特立独行的实验员或者是巴洛克式的炼金术士。可以肯定的是他的确是一位创新者，他所创造的提炼法可以精炼安第斯山脉中最难提炼的矿石，这种方法一直被沿用到 19 世纪。1780 年，当波托西第一所矿业学校成立时，学生们被要求一字不落地抄写他的作品，希望能从中汲取他的智慧。

1644 年，巴尔巴离开了波托西，前往拉普拉塔主教堂任职，在那里他的地位慢慢提升，并参与角逐大主教一职，遗憾的是他未能成功。此后，巴尔巴继续阅读科学论文并且从事矿石研究。在从一位垂死的波托西矿工那里听说，他在自己的家乡西班牙也见过类似的矿石后，巴尔巴向腓力四世申请许可，让他返回伊比利亚半岛去寻找这些矿藏。[22]

由于急需白银，国王同意了巴尔巴的请求。1657 年，巴尔巴乘坐一艘荷兰船从布宜诺斯艾利斯返回西班牙。尼布拉的废弃矿场靠近韦尔瓦，距离他的家乡不远，但复兴此矿的设想最终未能实现。但巴尔巴在他生命的最后 5 年里，仍然试图重振西班牙内陆已知的银矿，其中包括瓜达尔卡纳尔和力拓河的银矿。遗憾的是，他具有创新性的精炼方法在秘鲁北部得到了广泛证明，在家乡西班牙却毫无所获。1662 年，巴尔巴在塞维利亚的特里亚纳附近去世，他的财产清单里都是神秘的书籍和实验设备。他曾获得了重返安第斯山脉的许可，但在出发之前因病逝世。对波托西来说， 127
巴尔巴留下了创新和实验的遗产，足以同欧洲的地球科学和冶金术相提并论。然而，就像许多其他同时代的欧洲发明家一样，比如艾萨克·牛顿，巴尔巴不愿放弃神秘炼金术的魔力。[23]

铸币厂丑闻

约翰·埃略特（John Elliott）强调了信誉在17世纪西班牙君主政体中的重要性，尤其是在腓力四世漫长而动荡的统治时期（1621—1665）。[24] 很少有比波托西的银币更能象征国王信誉的东西了，刻有标记“P”的“八雷亚尔”硬币立即在世界范围内引起轰动，因为其含银量比预期的略高一些。持有一枚波托西银比索，就能感受到西班牙国王在全球的影响力。在硬币上摸一下他的纹章，读到他的名字，就知道世界的宝库只属于他一个人。

但就像困难时期的百吉饼一样，波托西硬币很快就缩水了，重量和纯度都达不到其本来的标准，这一问题在腓力四世的统治期过半时恶化了。到1630年，里科山的矿场已经开始倒闭，“帝王之城”的工厂主们也像1626年洪水之前一样资不抵债了。然而，并不是每个人都知道这一点，许多知道现实的人则选择逃避。波托西的银是全球公认的，这意味着它的硬币应该仍然是最好的。英国人称之为“八雷亚尔”，它可能比之前的粗糙、重量更轻而且光泽度下降，但人们普遍认为它比荷兰的旧银币甚至是威尼斯的硬币更值钱。

印有哈布斯堡的盾形纹章和希腊的十字架，以及狮子和城堡装饰的波托西钱币在世界范围内流通。当它们在北非作为支付方式时，书记员们会写下这样的免责声明：“由异教的基督徒所铸成，愿神毁灭他们。”这显然是口是心非的。1612年，安东尼奥·德·索萨神父（Antonio de Sosa）和米格尔·德·塞万提斯在阿尔及尔一起被俘，他在书中提到巴巴里海盗：

> 但是，他们最为珍惜、用以吹嘘和获利最大的外国钱币是西
> 班牙的雷亚尔，无论硬币面值是四雷亚尔还是八雷亚尔。因为他
> 们甚至把这些硬币带到土耳其和大开罗去，从那里向东传到东方
> 的印度，甚至远到中国。中国人和鞑靼人总是会给予带来西班牙 128
> 银币的人一些好处。因此，运往阿尔及尔、巴巴里或土耳其的货
> 物，再没有比西班牙的雷亚尔更贵重的了。[25]

西班牙的雷亚尔包含丰富的波托西白银，即使是在塞维利亚铸造的硬币，也经常使用波托西出产的白银。根据我们的最优估计，仅里科山 1545—1825 年产出的白银就占世界银产量的 20%。在托莱多的推动下，1575—1640 年的经济繁荣时期，这一比例接近 50%。在这些年间，大多数波托西的白银是以银条而不是硬币的形式流入西班牙。此外，还有数额不详、未经征税的银锭从秘鲁非法出口。但到了 17 世纪 20 年代，波托西银币所占的份额越来越大，1574 年托莱多总督建立的皇家铸币厂也在不断扩张。铸币厂扩张的同时，里科山的白银产量急剧下降，这本应该让王室司库官员们三思而后行。

早在 1630 年，塞维利亚的批发商就遇到了带有波托西标志的劣质银条。秘鲁总督钦琼伯爵受命调查此事，他怀疑是波托西和奥鲁罗的未经训练的王室司库官员所为。但是他并没有得出确切结论，钦琼返回西班牙后，这种状态也一直持续。到了 1640 年，有消息指出更为糟糕的事情正在发生，波托西著名的“八雷亚尔”的银币在重量和纯度上也出现了问题，远远超出了一般人的容忍范围。

像当时大多数欧洲硬币一样，波托西的硬币都是手工铸造的，

因此没有两枚硬币是完全一样的，不少硬币也会出现变形或做工粗糙的可能，但是这并不意味着银币没有质量要求。铸币厂检查员将不合格的硬币挑出来重新铸造，合格的硬币则装在大约 100 个袋子里，按照严格的王室指导标准进行均分。每年要制造数百万枚约为 1 盎司的银币，每枚银币均需保证相同的重量和纯度，这项工作实属不易。在波托西，这项工作由 100 多名非洲奴隶负责完成。[26]

到 1641 年，热那亚和安特卫普的市政长官开始禁止使用所有波托西铸币厂的硬币，因为他们不再相信这种银币的价值。[27] 热那亚人长期以来以向佛兰德斯的西班牙军队输送大量现金而闻名，同时他们也是腓力三世和腓力四世国王时期的主要银行家，因此有理由抗议。然而，就像安特卫普人和越来越多持有西属美洲银币的跨国商人一样，热那亚人为波托西硬币的突然贬值而感到困惑。过去外国人常常会将假币混入大量硬币中，但是银币的整体
129 纯度发生巨大变化则是他们从未见过的新鲜事，这说不通。西班牙当局同样困惑不解，他们命令秘鲁总督曼塞拉侯爵（Marquis of Mancera）进行调查。

这本应该很容易，但曼塞拉忙于他自己的计划，包括把因 1640 年布拉干萨起义而被分散在秘鲁各地的葡萄牙人集中起来，以及于 1643 年在智利南部对抗试图在此建立殖民地的荷兰人。在全球恐慌中，曼塞拉被迫成为国王美洲财库的捍卫者，但他却未能成功对抗辖区内的腐败和叛乱问题。在西印度群岛事务部的巨大压力下，他命令一名调查员——检审法院法官布拉斯·罗布雷斯·德·萨尔塞多（Blas Robles de Salcedo）前往波托西。由于恐惧和孤独，罗布雷斯很快向盘根错节的铸币厂诈骗团伙的成员们妥协了。1644 年，在一封从“帝王之城”寄给总督的信中，罗布雷斯哀叹自己缺乏足够的权力，并暗示了黑暗势力的存在。“这件

事太危险了。”他说，仿佛有一把刀插在他的喉咙上，他恳求总督派其他人来调查此事。曼塞拉和西印度群岛事务部要求他提供更多细节，但在 1646 年，罗布雷斯却突然神秘死亡了。 130

翌年，两名奴隶从波托西铸币厂逃到了拉普拉塔附近的查尔卡斯皇家检审法院。他们在法官面前做证说，他们的主人、许多铸币厂的官员和雇员，以及城市的地方长官、他的副手、一个侄子以及多名市政会成员，都参与了一场巨大的贬值骗局。欺诈本身十分简单，就是生产含银量低于预期要求的银币，但是由此引发的系统性和大规模贬值的财务骗局却非常复杂。它囊括了波托西的整个信贷市场，使其得以在里科山衰落的情况下继续运转。波托西这架宏伟的机器在对未来的绝望中勉强运转，白银的短缺使其只得用铜来凑数。

和曼塞拉总督一样，拉普拉塔检审法院的法官也因犹豫不决而没有进行彻底的调查，这大概是出于恐惧心理。西印度群岛事务部和感到不满的国王腓力四世决定派遣一名拥有广泛权限的特别审查官。1647 年 9 月，弗朗西斯科·德·内斯塔雷斯·马林从西班牙被派遣，他是继托莱多总督之后在波托西最热心工作的王室代表。内斯塔雷斯·马林曾任纳瓦拉的检察官，毕业于博洛尼亚大学，他收到的命令是将波托西“打扫干净”并保持波托西白银的流动性。西班牙的外国对手也不罢休，热那亚人正在设法拿回西班牙驻扎在意大利和佛兰德斯军队所需的一袋袋现金。

马林于 1648 年 12 月抵达波托西，在这之前他已经审问了查尔卡斯逃亡的奴隶，并且从其他的证人处得知，现在正担任地区检审法院的主席（西班牙国王授予的特权）也参与到了这场骗局中。他们不是直接作恶者，但是他们已经腐化，被银币贬值欺诈的幕后真凶用债务所裹挟。究竟谁是真正的蠹虫？

托莱多所设立的皇家铸币厂混合了旧大陆和新大陆两种模式，

行会结构不断扩大以适应非洲奴隶和少量安第斯原住民。正如我们在第三章中所看到的，铸币厂主要官员都已是城镇居民，他们购买官职，并希望从 1497 年由费迪南德和伊莎贝拉所制定的金属铸币规则中收回自己的投资。白银本身则来自另一阶层，即当时所谓的白银商人，普通百姓也从硬币铸造中获利，但利润非常有限，只有大量生产才能获利。

131 到 17 世纪 40 年代早期，随着矿山的开采，在波托西只有少数人拥有足够的资本，能够在铸币厂以高利润率经营银业。银商反过来向矿主和工厂主预支现金，他们中的许多人是强大的阿索格罗行会的成员，也是市政会成员。如果没有银商的大量现金垫付（通常是在慷慨的条件下），山地中的所有机器和整个城市都会在一大堆债务中轰然倒下。来自地下矿洞的消息表明，“魔鬼的世界”正在变得越来越糟，而不是更好。

因此，以弗朗西斯科·戈麦斯·德·拉·罗查为首的银商们，一旦拿到铸币的权力就一定会走上歧途。罗查在 1641 年前后开始贿赂铸币局官员，他与多疑的金融资本家之间的联系可以追溯到 1637 年，当时他刚从库斯科来到波托西。罗查出生在埃斯特雷马杜拉北部，进入“帝王之城”时是一名古柯批发经销商。年轻时，他在保卡坦博以东的丛林里经营古柯种植园。

毒品贸易利润为急需资金的波托西人提供了向更高金融水平迈进的跳板，到 1644 年，当布拉斯·罗布雷斯·德·萨尔塞多在绝望中给曼塞拉总督写信时，罗查已成为波托西最富有的人。他可能也是那个拿刀抵住罗布雷斯喉咙的人，因为当时他正在向智利派遣军队，借钱给国王并希望以此换取一个贵族头衔。这是一个公开的秘密，铸币厂欺诈如同癌症一样蔓延。罗查的同伙和竞争对手人数也在不断膨胀，他们都在竞相贬低这一货币。当然，许多主犯彼此间也会互相攻讦，而罗查的老友们在 1648 年年底特别审查官到达前就已溜之大吉。

罗查和马林玩起了猫捉老鼠的游戏，希望能拉拢这位审查官或使其调查活动无疾而终。与此同时，奴隶们则抱怨说他们夜以继日地工作，却制造出无法漂白的粉红色硬币，而且这种硬币质地很脆，用铁锤一敲即碎。在马林的盘问后，铸币者和铸币厂的底层员工们打破沉默，希望以此得到宽大处理，他们揭露了更深层次的腐败网络。在波托西，拒绝贿赂的铸币局官员会受到威胁而被迫下台，而新来到拉普拉塔的地方长官和检审法院法官则会被大量借贷，使得他们只能妥协噤声。

查尔卡斯皇家检审法院法官和波托西的地方长官还经营赌场，铸币厂欺诈案的许多主犯都在赌场欠有高达数万比索的债务。一位商人在一夜之间就输了 2 万比索，其损失相当于“一艘大帆船的沉没”。做证的逃亡奴隶说，书面的检查报告是有意作假的，不 132
可以相信。马林是一个耐心而周密的审查官，在国王的支持下，他一个接一个地追查嫌犯，编订了列有 119 人的罪犯名单。

1649 年年底，罗查和他的同伙建造的纸牌屋崩塌了，但考虑到腐败的广度和深度，再加上矿业经济的脆弱状态，马林的选择有限。他必须使白银继续流转，否则国王就会遭殃。新总督萨尔瓦提拉（Salvatierra）伯爵也想靠解决秘鲁的财政问题而立功受奖，为此他向利马强大的商业行会寻求支持。这反过来又使马林怀疑总督可能受到了与波托西有关的腐败集团影响。

1649 年，马林独自一人住在他在波托西铸币厂楼上专门建造的公寓里，他花了大量的时间来取证、磋商罚款，最终编织了一张可以捕获所有主犯及从犯并且能没收其全部财产的法网。这是一个充满争议和紧张的过程，马林收到了许多死亡威胁，雇来的暴徒向他的窗户开枪，其肖像在办公室外的主广场上被焚烧。他查清了罗查就是此次铸币厂欺诈案的主谋，并发觉对方正准备置

图 11　波托西制银币。

自己于死地时，这位前检察官开始出击了。

133 1650 年 1 月下旬，马林下令绞死罗查，并将他的尸体吊在波托西主广场的绞刑架上。罗查的供词（据说是在严刑拷打下得到的）没能保存下来，但他显然命令一个担任厨师的女奴用水银在马林的食物中下毒。幸运的是，其他奴隶揭穿了女厨师，使得马林躲过一劫。[28] 第二个受刑者是铸币厂的贵金属检定师，费利佩·拉米雷斯·德·阿雷亚诺（Felipe Ramírez de Arellano），他于 1650 年 2 月下旬被处以绞刑。在两次处决之后，一系列死刑判决相继执行，但许多罪犯已经逃往利马、智利、巴拿马、西班牙，甚至法国，还有数人越狱并迟迟未归案。

马林面临着一项最艰巨的任务：在没有确定的债权人、铸币厂官员，甚至没有地方长官的情况下维持波托西的矿山和铸币厂的运转。他把地方长官流放到库斯科，只是为了让他逃到西班牙去觐见王室。与此同时，马林与留下来的白银制造商达成了一项协议，将铸币标准保持在略低于王室标准的水平，以便银币能够流通。尽管利马的萨尔瓦提拉总督和马德里的王室参赞都表达了不满，但马林还是为波托西的矿主赢得了王室的让步，取消了自查理五世统治时期就开始征收的、额度为1.5%的“科博斯”（*Los Cobos*，铸币税的一种）。

铸币厂欺诈案的全球后果

1652年，波托西的货币重新回归其重量和纯度，并有了新的设计：哈布斯堡盾被“赫拉克勒斯之柱”取代。与此同时，旧硬币，包括在核查期间制造的新硬币，都被正式贬值并要求重新铸造，在某些情况下甚至完全退出流通。始于1650年的货币贬值与召回，扰乱了整个西班牙帝国的货币市场，包括拥有铸币厂和白银矿产的墨西哥。受影响最严重的是现金匮乏的省份，如危地马拉、基多和委内瑞拉，同时图库曼、布宜诺斯艾利斯、智利和加勒比群岛也受到影响。在库斯科、拉巴斯，甚至波托西，安第斯原住民工人抗议他们的工资一夜之间贬值，但也许最严重的减薪发生在西班牙南部。这次银币召回事件在塞维利亚、科尔多瓦和格拉纳达引发了骚乱，这些地方已经在瘟疫和粮食短缺中遭到了严重打击。

在世界的另一端，波托西硬币经常在印度和东南亚的香料港 134
口遭到拒绝。17世纪40年代早期开始，英国东印度公司（English East India Company）商人沮丧地从苏拉特向内政部抱怨，即使在1652年后新的改良硬币出现，苏门答腊的胡椒王国首领们也不再接受，因为他们认为“P”代表毒药。人们花了几十年时间才恢复了对曾经声名显赫的波托西钱币的信心。印度莫卧儿王朝还有另一个解决办法：将数百万枚可疑的波托西硬币以卢比兑换，打折后卖给乐意提取其中优质银的贵金属交易商。东亚套汇者可能在中国的许多港口也做了同样的事，但总有一些人受到了伤害。总结明朝的突然崩溃时，中国官员强烈质疑“财富之泉”是否已经干涸？[29]

对于波托西 18 世纪早期历史学家巴托洛梅·阿尔赞斯来说，上帝对他的城市所进行的第三次致命打击不是铸币厂欺诈，而是上帝派来作为祸害的、极度狂热的西班牙特别审查官马林。按照阿尔赞斯的说法，罗查是个倒霉的替罪羊。在罗查被处决之后，这个版本的故事已经在广泛流传。令我们感到匪夷所思的是，波托西人觉得银币贬值仅仅是冒犯君主的罪行。但自从托莱多总督时代以来，马德里和“帝王之城”之间的距离就越来越远了。

不知为何，在 17 世纪 40 年代，波托西众多有权有势之辈——他们大多出生在西班牙——难以看出贬值欺诈是多么愚蠢。由于无意中损害了国王的声誉，他们影响了全世界的信贷和商业循环。现代资本主义早期在形式和程度上因地而异，但世界上大部分国家都同意将白银视作跨境交易的标准媒介，波托西的“八雷亚尔银币”为世人所公认。但现在剧本被翻转了：波托西银币成了全球化的早期拥护者们公认的不满、恶意和作弊的象征。对他们而言，“波托西”同“秘鲁”一样，皆成为历史。

为了表彰他的功勋，马林被提拔至西印度群岛事务部，但此后他都未能返回家乡。在阿尔赞斯描绘的巴洛克式结尾中，马林的继任者要么早逝，要么在最后一刻拒绝接受该职位。在一个通信极其缓慢的时代，要想找到合适的接任者也需要好几年的时间。
135 当接替者终于到来之际，马林已经等不到了。他于 1658 年年底抱病离开了波托西，在 1666 年 4 月 22 日去世。临终时刻，他说：“我侍奉了我的上帝，我的君主。”尽管档案中没有证据表明他有任何欺诈行为，但他在生前却受到了大量的诽谤，正是由于阿尔赞斯的存在，这些关于邪恶的审查官的故事在今天的波托西不断被提起。相比之下罗查却成了流行文化中的人物，因传说中他埋藏了一大笔财宝而闻名。

1649 年的铸币厂丑闻及其余波标志着波托西一个时代的结束。随着信誉泡沫的破裂，本已艰难度日的白银生产商和批发商纷纷破产。审查官马林是对的，他纠正了所发现的诸多罪行。但事实上，这也使得马林成了波托西衰落的“元凶”，因为是他中止了波托西的“繁荣”。尽管他尽了最大的努力，1651 年也修复了卡里卡里水库的部分运河系统，以抵消干旱对银矿开采的影响，并竭尽全力使银币上涨到合适的价值水平，但最终还是无法重振矿业经济。马林是一个在乌烟瘴气时代里能保持正直的人，当西班牙国王面临瘟疫、庄稼歉收、阴谋和战乱的至暗时刻，他选择忠于王室。

波托西的窘境反映了卡斯蒂利亚的困境。巴斯克—“小羊驼”冲突、1626 年的洪水、17 世纪 40 年代铸币厂的欺诈，再加上一系列的传染病、干旱以及对葡萄牙或荷兰入侵的恐惧，使得这座“帝王之城”在 17 世纪中叶变得风雨飘摇。为了弥补 1640 年后矿山的减少，波托西人开辟了新的采矿区，特别是在遥远而寒冷的卡兰加斯和利佩斯地区。甚至欺诈案首犯罗查也曾在寒冷的高原地区投过资，巴尔巴则在这里完善了他的新工艺。马林也试图维系新开矿山的正常运营，给“帝王之城”供应白银来抵消里科山遇到的问题，直到新投资者可以开凿新的排水隧道或发明新的矿产加工工艺。

“上帝的秘密审判”，给全球带来了启示——波托西并不是绝对可靠，即使是“世界财库”也不是取之不尽、用之不竭的，它也可能会遇到波折甚至突然崩溃。事实上，铸币厂欺诈案表明，当波托西打喷嚏时，全世界都会感冒。对西班牙来说，这一连串

136 灾难引发了对其海外统治的“最后考验”。无论其机制多么落后和低效，西班牙的君主制或西班牙帝国就像波托西一样表现出惊人的持久力，在遭受毁灭性的打击后又重新站立起来。通过对铸币厂欺诈的调查，证明国王仍有能力控制和惩罚帝国最偏远角落的不法之徒。即使当地人并不认为马林的工作有什么积极意义，但是这证明了马德里仍然控制着局势。尽管波托西自命不凡，却远非西班牙王室统治下的法外之地。

第六章　衰落与重生

> 一天，我去了他们铸造第纳尔（dînârs）、比索、50分硬币和25分硬币的地方。在这个铸币厂里，有40个黑奴和12个西班牙人在工作。我们看到一堆硬币像小山丘一样堆在一边，面值50分的硬币堆在另一边，还有另一半面值25分的硬币也堆在这边。这些堆在地板上的硬币，像没有价值的泥土一样被踩在脚下。
>
> ——埃利亚斯·阿尔-穆西利（Elias Al-Mûsili）[1]

1678年，来自巴格达的迦勒底神父埃利亚斯·阿尔-穆西利访 137
问了波托西，并在那里停留了一个多月。“帝王之城”是他西属美洲之旅的首要目的地。他的名字翻译成西班牙语为“摩苏尔的堂·埃利亚斯”（Don Elias of Mosul），其中的“堂”在西语里专用于对尊贵人的敬称，为此他得到了西班牙太后——奥地利的玛丽安娜许可，太后也同意他前往秘鲁为其陷入困境的教会寻求捐赠。此外，他还获得了教皇的许可，因为他同时肩负着教廷“传道总会”的使命。研究人员发现，埃利亚斯曾经是巴格达聂斯托利派的成员，后来又皈依了罗马天主教。

由于奥斯曼帝国和萨非帝国之间常年的战争，17世纪的巴格达处境艰难。美索不达米亚是一个古老的中心地带，同时是一个贸易的十字路口，大量的白银通过这个地区运输，连接了地中海、欧洲、亚洲和印度洋地区。17世纪中东的白银大多来自波托西，而且经常由亚美尼亚商人携带，同埃利亚斯一样，他们也是基督教徒。事实上，埃利亚斯·阿尔–穆西利说，在西班牙时，有 2 名亚美尼亚奴仆以及 4 只“会说人话的鹦鹉”[2] 陪伴其左右。在 1640 年代的铸币厂欺诈时期，亚美尼亚神父也曾在波托西四处募捐。

埃利亚斯到波托西的航程异常漫长，但这加强了银城的传奇
138 性。关于里科山，他说：“它因其财富极多而闻名于世；140 年来，从周边采掘出无数的珍宝。”[3] 当这位来自巴格达的神父抵达之时，波托西正处于衰败之中，其铸币厂和矿场的工人数量还不到数十年前的三分之一。即便如此，埃利亚斯还是声称自己遇到了 4 位与铸币厂有关的“巨富”，其中一位无疑是加利西亚的百万富翁安东尼奥·洛佩斯·德·基罗加。

在波托西的耶稣会信徒中，埃利亚斯了解到一些关于米塔制的细节、矿井工作的困难以及汞齐化法的流程。埃利亚斯最终离开波托西前往拉普拉塔，在那里他用叙利亚语做了许多弥撒。他说他还用含有青蛙骨灰的药水治愈了一位修女。[4] 互惠是他的原则；在去太平洋海岸的路上，埃利亚斯把他在罗马获得的耶稣像送给了仁慈圣母会修道院的院长。

波托西市政会记录了埃利亚斯于 1678 年 10 月 14 日发出的请愿书，其中称呼他为“堂·埃利亚斯·德·圣·胡安，巴比伦的教士”。埃利亚斯向市政会寻求捐赠，以“拯救巴比伦教会”，他说许多城镇都已经捐了款。市政会拿出了 200 比索的捐款，然后继续处理世俗的杂务，比如市场上缺斤短两的称。[5]

离开“帝王之城”后，埃利亚斯说他一直担心他那一大批银子的安全。他也确实有理由担心安全，因为他的航程漫长而复杂，先是太平洋，然后又徒步穿越新西班牙。但是他没能保护好自己的财产，还是遭到了海盗抢劫，而这些海盗曾在 1683 年洗劫了墨

西哥的韦拉克鲁斯。不知以何种方式，这位“巴比伦教士”还是跨越了大西洋，但无法确定他是否成功返家。在 17 世纪 90 年代，他的签名出现在加的斯附近的圣玛丽亚港的公证记录中，并与其他东方基督徒的事务联系在一起。埃利亚斯剩下的银器不太可能留在巴格达，但他的故事提醒我们里科山在全球持续的影响力。

在 1649 年铸币厂丑闻之后的 100 年里，波托西经历了艰难的时期，但并非所有的事情都是黑暗和苦难。正如埃利亚斯的描述提醒的，波托西有着惊人的复原能力，尽管曾引起了上帝的愤怒，但它仍不失为不竭的财富之源。其他访客增加了“帝王之城”和里科山的神秘感，助长了雄心勃勃的商人和怀有嫉妒之心的国王们的梦想，他们都希望能进入波托西的市场，甚至将里科山据为己有。同时，当地企业家，比如加利西亚人安东尼奥·洛佩斯· 139
德·基罗加，充分利用了这一具有挑战性的情况，雇用了自由工人，又引进黑火药，并以其他技术提高白银生产效率。

本章追溯了波托西在 1650 年后的衰落，但安东尼奥·洛佩斯·德·基罗加等成功人士在一定程度上抵消了这一颓势，他可能是当时美洲殖民地最富有的人。这一章还更多地揭示了这座城市与周边银矿和新技术的联系。也正是在这个时代，人们付出了巨大的努力对米塔制进行改革，但结果却喜忧参半。在危机中，出现了两位重要的艺术大师，作家巴托洛梅·阿尔赞斯·德·奥尔赛·维拉和画家梅尔乔·佩雷斯·奥尔古因。本章还谈到了外来人士如埃利亚斯对波托西的信仰，他们认为波托西的财富取之不尽、用之不竭。17 世纪 50 年代晚期，来自法国的访客比斯开的阿卡雷特（Accarette du Biscay）在报告中对波托西大肆宣传，引发了新一轮对里科山的炒作，也促使了英国垄断贸易企业——南海公司的成立。此后这家公司为偿还国债，在 1720 年前后引发了巨大的金融泡沫。由于阿卡雷特的影响，法国人对波托西的兴趣在 140

路易十四时期达到了顶峰。从17世纪50年代开始，一直持续到1702至1713年的西班牙王位继承战争，以“太阳王”的孙辈登上西班牙国王的宝座为终点。即使正在衰落，波托西仍然是无可争议的世界财库。

科尔伯报告

对于好奇的国王们来说，旅行者对波托西的描述价值如同银子一般。即使不说其他，他们也暗示了西班牙国王的真正财富。关于埃利亚斯·阿尔-穆西利波托西之旅的阿拉伯文记载，似乎在几个世纪以来一直默默无闻，尽管其中的一些内容可能被奥斯曼帝国苏丹或波斯王阅读过。我们之所以知道它，是因为它在20世纪初被耶稣会学者发现。

与此大相径庭的是17世纪末的旅行家——比斯开的阿卡雷特。阿卡雷特可能是法国的巴斯克人，他写了一篇简短但精辟的文章，讲述了他1658年经布宜诺斯艾利斯到访波托西的情景。路易十四统治初期，法国人对波托西的兴趣倍增，在一定程度上是由于阿卡雷特将他的手稿副本交给了财政大臣让-巴普蒂斯特·科尔伯（Jean-Baptiste Colbert）。法国的入侵计划已经制订但没有实施，也许是因为1659年的《比利牛斯合约》结束了与西班牙的长期战争。阿卡雷特的记录很快从法语翻译成英语，并激发了海盗和投资者的想象。

和埃利亚斯·阿尔-穆西利一样，阿卡雷特有着间谍般观察入微的眼光，他解释说：尽管距离遥远，但从布宜诺斯艾利斯到波托西相对容易。西属美洲城市的富庶和防御的缺乏给他留下了深刻的印象。他声称，阿根廷中部的科尔多瓦每年向波托西和上秘鲁其他地区运送近3万头骡子，使这座与世隔绝的城市变得富裕起来。人种的多样性也引起了他的注意。阿卡雷特迫不及待品评了安第斯土著和非洲奴隶的衣着和随身携带的武装，并解释混血男性的数量似乎与西班牙男性差不多。这个细节并没有出现在西班牙的记录中，尽管我们知道的混血居民数量在增加。

阿卡雷特还指出，波托西的西班牙妇女“普遍沉迷于过度服
用古柯”。显然，他并不了解它的作用，还说：“她们是如此的兴
奋，有时绝对是被它迷惑了，她们根本无法控制自己。”至于耶巴
马黛茶，也就是巴拉圭的草药，阿卡雷特说，它在很大程度上是
当地工人在呼吸矿井的空气后，为了补充水分而食用的，因为这 141
里奇怪的空气会使人体“变干”。[6] 不管波托西人是否有这样的感
觉，阿卡雷特都信奉古希腊名医盖伦关于人体的观念。

历史学家必须谨慎对待像阿卡雷特这样的作家，要清楚地认识到阿卡雷特的写作目的是为了给其赞助人路易十四留下深刻印象（通过阅读科尔伯报告）。然而，这份资料的主要弱点——天真如初——也是它的优势所在。与西班牙语或土著资料相比，我们发现阿卡雷特提供了一些奇特的细节，就像埃利亚斯一样，当地人认为这些细节并不值得注意。例如，或许因为阿卡雷特是巴斯克人，他被告知在吉普斯夸山上出现圣母幻影后，里科山又被称为“阿兰萨苏”。据我所知，其他人没有这样说过。

阿卡雷特比埃利亚斯更详细地描述了白银加工和精炼过程，还简短地讨论了生银条的铸造和征税，以及如何将它们运往西班牙的问题，因为这些细节会引起像科尔伯这样的政治家的兴趣。更有趣的是阿卡雷特描述了在获悉卡洛斯王子出生的消息后，“帝王之城”举办了盛大的庆祝活动。卡洛斯王子是西班牙未来的国王，也是西班牙哈布斯堡王朝的最后一任国王（参见附录）。庆祝仪式持续了两周，在此期间所有工作都停了下来，“所有的人，无

论西班牙人、外国人、印第安人或者黑人，唯一需要做的事情就是隆重地庆祝这个节日”。[7] 每天都有竞赛、舞会、游行和音乐表演，而“压轴乐章”则展示了其全球影响力：土著安第斯人拉着一艘配有完整风帆和实弹火炮的船模型穿过“帝王之城”的街道，掌舵的是一位波托西的显赫人物，他打扮成“东方的皇帝”，通过向王室的代表——检审法院主席致敬来表达对西班牙王子出生的敬意。

然后，这艘船停在一座仿真城堡前，这座城堡据说是奥利弗·克伦威尔的家，他是当时西班牙最痛恨的新教敌人，在一场充满烟火的战斗之后，这艘船和城堡一起在火焰中燃烧。在此之后，许多富人以国王的名义向穷人投掷硬币。但对阿卡雷特的读者来说，印象最深刻的是庆祝活动的最后一天。此后法国、英国的商人和官员也引用这段描述以招徕像南海公司这样的海外投资贸易公司。这一天进行的是圣体巡游仪式，圣体经过的街道上铺满了银条：

142 > 整个圣坛上摆满了金银雕像、器皿和盘子，上面镶嵌着珍珠、钻石和其他珍贵的宝石，这些宝石在别处难得一见，因为市民们把他们所有的珍宝都带到了那里。整个庆典的花费估计可以达到50万克朗。[8]

很明显，这个古老的“帝王之城”——即使是在衰落中——仍然可以举办一场狂欢活动。尽管矿山几十年的低收益和一系列灾难曾挫伤整个精英阶层，然而这座城市仍然非常富裕，有奢侈的新花样和办不完的狂欢节，只要他们仍有值得庆祝的理由和能够展示的珍宝。阿卡雷特的记录对我们来说是非常珍贵的，部分原因在于1658年的市政会记录并不完整，其中都没有提到这次庆祝活动。

正如丽莎·沃格特（Lisa Voigt）所指出的那样，1663 年的另一次庆祝活动被一位不知名的诗人所记录，这表明人们在不断减少的收益中仍然陶醉于狂欢和过度的炫耀。[9] 复活节早晨举办圣礼时，每个人都穿戴整齐，出席者包括查尔卡斯皇家检审法院的主席、持有银质手杖的 24 名市政会成员、城市中的贵妇和所有穿着白色法袍的神职人员。虽然里科山在日出时被光线“加冕”为“它自己的君主，不可思议”，诗人还是强调波托西与马德里的平等地位，仿佛波托西有朝一日会成为帝国的首都。总督送来的一幅巨型挂画帮助参加狂欢的人们联想着马德里的埃斯科里亚建筑群、丽池公园以及阿兰胡埃斯皇家庄园。3 座喷泉被塑造成耶稣受难的场景，从耶稣基督被钉的伤口处流出葡萄酒、水和奇恰酒，“印第安人、黑白混血儿和黑人都在那里不停地狂饮”。[10] 城市的阿索格罗精英赞助了这次活动，而这些就发生在米塔制受到严格审查之际。

米塔制的批评者归来

波托西的米塔制在 16 世纪 70 年代早期由总督弗朗西斯科·德·托莱多正式提出，从一开始就备受争议。更饱受争议的是波托西赖以生存的万卡韦利卡矿的米塔制。早在 1629 年，神父佩德罗·德·奥纳特（Pedro de Oñate）就提出了一个有力的观点。奥纳特声称矿场米塔制违反了自然法则，甚至连罗马人都知道矿场工作是致命的刑罚，为了王室的良心，它应该被立即取缔。 143

对于那些声称西班牙君主需要波托西的银和万卡韦利卡的汞以在三十年战争的混乱中保护天主教信仰的人，奥纳特提出：“上帝是全知全能的，他拥有无限的宝藏，怎么可能在汞元素之外，就没有其他手段来保护他的教会不受异教徒的攻击呢？”[11] 奥纳特进一步辩称，来自西印度的白银是对西班牙的诅咒，没有白银，西班牙的信仰会更纯净，对异教的防御力则更强。年轻的腓力四世或许注意到了这场争论，但他并没有采取任何措施以减轻波托西或万卡韦利卡对米塔制的滥用。

然而，在腓力四世的漫长统治期间，随着安第斯土著人口的减少与重组，波托西米塔制发生了相当大的变化。正如我们已经看到的，到了 1640 年，米塔制已经在很大程度上变为对拥有配股权的强大矿主和精炼厂厂主的现金补贴。对一些人来说，“口袋里的”印第安人和在矿井里工作的印第安苦役一样好。然而矿井的米塔制并没有消亡，在铸币厂欺诈案及其余波尚存的时代，它仍然在“吃人”。因此，它继续招致神父和世俗官员们的批评。

还必须指出的是，安第斯原住民对米塔制的抵抗仍在进行。大多数被征召的劳工选择了用脚投票，但在主要征召米塔徭役劳工的地区，当地强有力的首领们聚在一起，对米塔制提出了新的、具体的意见：要么彻底废除米塔制，要么尽力推动它的改革。正如路易斯·米格尔·格雷夫（Luis Miguel Glave）和其他人所表明的那样，在铸币厂欺诈和新总督——孔德·德·阿尔巴·德·利斯特（Conde de Alba de Liste）到来之后，对米塔制的批评浪潮不断。阿尔巴总督也有他自己的想法，其中之一就是通过另一位王室巡查员的方式，迅速完成对米塔制彻底的改革。[12]

多明我会修士弗朗西斯科·德·拉·克鲁斯（Francisco de la Cruz）可以说是 17 世纪对波托西米塔制最为著名的批评者，甚至可能还为此付出了生命。作为哥伦比亚加勒比海海岸圣玛尔塔主教，1659 年，克鲁斯被阿尔巴总督派往波托西去实行激进的改革。此时阿卡雷特刚刚离开。波托西的阿索格罗滥用职权的行为激怒了克鲁斯，他宣布暂停米塔的现金豁免以保护土著首领，并下令进行新的人口普查。他的工作使他遭到了报复，1660 年 4 月，凶手在他晚餐食用的巧克力中投下毒药谋害了他，依靠米塔制补充劳工和获得现金补贴的精炼业者行会是最大的犯罪嫌疑人。[13]

然而痛苦很快又回来了。1670 年，在托莱多总督将米塔制正 145
规化将近一个世纪后，一个新的秘鲁总督孔德·德·莱莫斯（Conde de Lemos）给摄政女王奥地利的玛丽安娜写了一封情绪激昂的信。莱莫斯简要介绍了波托西米塔制的历史，以及他想要将其改革或废除的思路。然后，他讲述了这一制度是如何变成一小群有权势的矿主和工厂主根深蒂固的补贴来源，这些人声称如果改变米塔制，西班牙王室就会垮台（奥纳特在 1629 年就曾对同样的理由予以反驳），以此为由来要挟王室。在秘鲁高地小镇胡利，一群耶稣会士在 1670 年的一封信中附和了总督的哀叹，说他们帮助所辖教区居民通过出售农作物换取现金的方式来获得豁免。[14]

除了支撑波托西的旧有精炼厂厂主阶层外，米塔制还减少了安第斯山脉的人口，减少了西班牙臣民的数量，并加重了朝廷的道德负担。莱莫斯说，有 2.4 万多名土著安第斯人长居波托西，他们足够作为雇佣工人满足矿山的需要。玛丽安娜摄政女王也许是所有西班牙哈布斯堡家族中最同情美洲土著的，但是她选择了祈祷而不是颁布改革令。莱莫斯最终死于任内，米塔制也未能废除。

在某种程度上，莱莫斯的后继者所实施的改革缓解了“王室的疑虑”。[15] 一项拖延已久的人口普查终于在 1689 年进行了，它显示了土著居民在米塔制下所遭受的痛苦程度。利马巡回法院法官马蒂亚斯·拉古内斯（Matias Lagunez）在 1691 年的论述中主张废除米塔制，这使得 1692 年进行了更加温和、更受制约的米塔分配改革。1697 年颁布的限制令进一步减少了米塔的人数，但是波托西的阿索格罗进行了反击，干扰了新规则的执行。1700 年，波

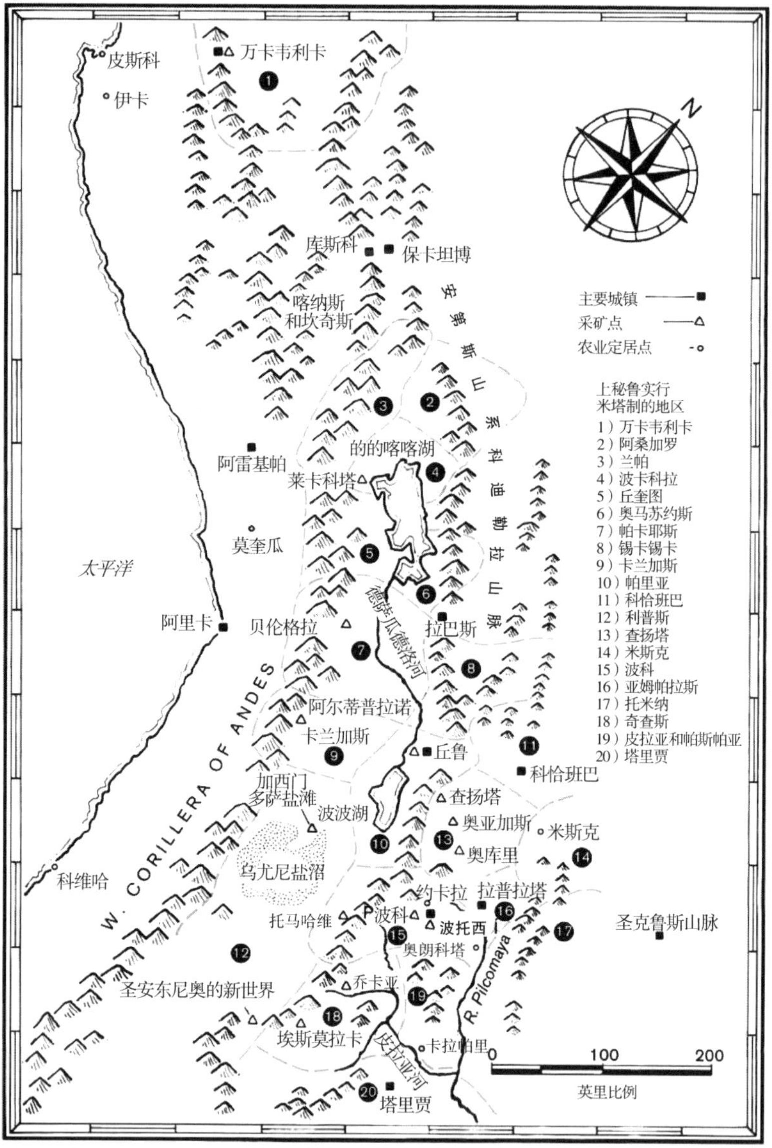

地图5　波托西实行米塔制的区域及周围的采矿营地。

旁王朝取代了哈布斯堡王朝，改革米塔制的呼声与新王朝的财政需要发生了冲突，而西班牙王位继承战争则持续到了 1713 年。

到 1719 年，对米塔制的批评已经见怪不怪，也不再同此前一般尖锐，甚至都不需要以具体事实为依据了。[16] 好像托莱多总督的这台大机器已经如此自然而然，甚至于其最糟糕的部分也不再令人发指，或者至少不再值得取缔了。这是理解帕德雷·曼努埃尔·德·托莱多·莱瓦（Padre Manuel de Toledo y Leiva）观点的方式之一，莱瓦在 1724 年提出关于米塔制内容广泛且看似相互抵牾的观点。说句公道话，莱瓦所写的本来是万卡韦利卡的银矿，他在那里担任耶稣会学校的校长，但他也经常提到波托西，这是一座他非常了解的城市。[17]

146 与之前来此地的人一样，托莱多·莱瓦也承认，神学对米塔制和制定米塔制的人的评价是长期混乱的。他生动地描述了开启万卡韦利卡米塔制的总督的死亡，这大概指的是弗朗西斯科·德·托莱多。包括他在临终时看到"无数的印第安人就像空气中的原子"，他们大声呼喊，以致总督大叫："放过我吧，万卡韦利卡的印第安人！你想要什么呢?"[18] 莱瓦似乎认为，由于 1719 至 1721 年的瘟疫，波托西的米塔徭役劳工几乎全部死亡，许多银矿矿工和劳工不得不迁移到正在飞速发展的奥鲁罗地区。

至于万卡韦利卡，莱瓦哀叹米塔制给当地工人带来的苦难，但归根结底，他认为没有其他办法来维持矿山和精炼厂的运转。白银对于西班牙帝国来说是必不可少的，而万卡韦利卡在西印度是独一无二的。关于安第斯土著会自愿在这里工作的想法，使莱瓦感到荒唐可笑。米塔制像往常一样，蹒跚着向前徐徐迈进。

波托西困难时期的百万富翁：安东尼奥·洛佩斯·德·基罗加

> 每天都能在这片土地上见到靠着矿山致富的投机商，一个昨天还只能赤膊上阵的投机人，可能明天就已赚得50万比索，并且可以像一个大地主一样炫耀财富。尽管在相同时空里，我们也看到许多人因他们的虚荣心和繁荣时期的挥霍无度而破产。[19]

在17世纪40年代的铸币厂欺诈案的余震中，波托西的矿业陷入困境，但并未崩溃。这座城市并没有被遗弃，尽管生产速度大不如前，但是白银依然在源源不断的生产中。此外，也没有足以弥补里科山产量下降的新发现。然而，正如商界时常发生的那样，波托西有史以来最伟大的企业家之一却在废墟中成长起来。安东尼奥·洛佩斯·德·基罗加是西班牙加利西亚人，1648年来到波托西经商，1699年去世。他被称为整个西属美洲殖民时期最富有的人之一。他白手起家，建立了一个个人的商业帝国：一个由矿山、精炼厂、乡村庄园、城市别墅、商店，甚至教堂组成的庞大网络。尽管洛佩斯·德·基罗加取得了惊人的成就，但他唯一买不到的东西之一就是贵族头衔。

147 安东尼奥·洛佩斯·德·基罗加在艰难时期的商业成功提醒我们，即使在西班牙殖民地的环境下，有进取心的人也能成功。[20]没有任何文化或法律制度能让一个雄心勃勃的商人裹足不前，就连高额度税收也构不成障碍。基罗加从白银商人开始了他漫长的攀登生涯，基本上取代了被处决的铸币厂欺诈策划者弗朗西斯科·戈麦斯·德·拉·罗查的角色。洛佩斯在17世纪50年代早期

曾为另一个商人短暂工作过，之后控制了购买矿石的业务，并向
矿山和磨坊主发放硬币贷款。尽管洛佩斯抱怨说，他的许多客户 148
都长期赖账，但从事银行业却是个非常不错的起点。

作为白银商人和金融家，洛佩斯积累了资本和知识，在17世纪50年代末期又转向了采矿和精炼业，受到干旱和其他突发事件的不利影响，这10年对于白银生产商来说异常艰难。由于天气变幻莫测，许多工厂都陷于停顿。慢慢地，洛佩斯买下了奄奄一息或被洪水淹没的矿井，雇用了熟练工人，在其矿区引入了黑火药爆破技术，并投资于长期项目，包括花费巨大但是意义重大的坑口或坑洞。洛佩斯财力雄厚又对财务管理十分谨慎，使得他能够承受较大的损失并比其他矿主支撑更长的时间来获取利润。

更重要的是，洛佩斯进入了硬岩开采行业，由于该行业所需要的巨大资金投入，多数投资者都对此退避三舍。他得到了审查官内斯塔雷斯·马林的祝福和鼓励。马林在波托西一直工作到1658年，其间一直致力于将王室财政恢复正常，他迫切需要像洛佩斯这样的人来填补因诈骗犯罗查及其亲信所留下的空缺。

洛佩斯确实不辱使命。仅在17世纪50年代，他就通过司库和铸币厂转移了价值1400万比索的白银。他在里科山的第一个富矿被戏称为“劣币”（Mala Moneda），这是一位曾受到他慷慨款待的寡妇所赠送的。此外，当他的债务人破产或去世时，洛佩斯接管了他们的产业，由此获得了他的第一座炼银厂并使其业绩风生水起。

洛佩斯幸运且贪婪，不久之后，他开始投资洛斯利普斯省西南方高地的圣安东尼奥·德尔·努埃沃·蒙多的采矿营，以及远在北部、可俯瞰的的喀喀湖的秘鲁普诺附近的莱卡科塔银矿。这些矿场和里科山一样陷入困境，根源在于缺乏愿意冒重大风险的长期投资者，而洛佩斯正符合条件。他派出亲信，又雇用了深谙

其做事方式的得力工人。洛佩斯所采用的坑道排水技术给他带来了丰厚的利润，到17世纪70年代时，洛佩斯已富甲一方。

值得指出的是，洛佩斯的投资也面临着巨大的风险。在17世纪60年代，莱卡科塔遭受着长期暴力冲突的蹂躏，冲突类似当年波托西的“巴斯克—小羊驼”战争，以至于总督不得不亲率军队前往。[21] 圣安东尼奥·德尔·努埃沃·蒙多矿位于洛斯利普斯的
149 西南部，海拔较高、气候严酷，但同样因暴力不断而闻名。西班牙环球旅行家格雷戈里奥·德·罗布雷斯（Gregorio de Robles）在17世纪90年代来过这座城市，当时正是洛佩斯最后的项目完成之际，他留下了一条罕见的描述。罗布雷斯从布宜诺斯艾利斯出发，经过萨尔塔和卢维，他描述了海拔超过5000米的偏远采矿营地：

> 我在那里待了20天，我看到了整个山脉的银矿和精炼厂，其中至少60多处都有人居住和工作，它们是波托西的补充矿场，因为波托西的矿石短缺已为众人所知。此地非常寒冷，地形异常崎岖，以致我无法完成考察。山脉终年积雪，在较大的山坡一侧，人们用麻袋收集冰块，运回后点火使其融化成水。另外，孕妇必须到8里格以外的地方去生产，在那里的一个定居点或峡谷中，大约有100个居民，叫作圣安东尼奥旧矿场，气候比较温和。[22]

显然，在如此高海拔且恰逢小冰期的严酷条件下采矿是一项不小的壮举。对工人来说，这样的采矿营意味着生存的极限；对投资者来说，这标志着创业精神的天花板。像洛佩斯这样的人不必亲自住在那里，他在波托西主广场旁建造了一座豪宅，这座豪宅至今仍屹立不倒。

150 奇怪的是，洛佩斯发现，无论是在西班牙国内还是在海外殖民地，都很难获得类似巴洛克时期西班牙社会所要求的那种军方

图 12　圣安东尼奥·德尔·努埃沃·蒙多矿遗址，2016 年。

荣誉认可。当然，与其说他是军队的指挥官，倒不如说是金融和工业的领袖，但他的职业选择并没有阻止其他人提供资金支持，他甚至还亲自发起了保卫港口、抵御新教徒“异端”、镇压偏远地区土著的起义。许多地位较低的人在 17 世纪哈布斯堡王朝的统治时期能跻身贵族。

到 17 世纪 70 年代时，洛佩斯为了获取名声而资助了一次前往亚马孙河上游的探险，寻找传说中伟大的派提提王国。这一传说实际上是“埃尔多拉多”传说的一个变种。对一个头脑冷静的商人来说，在最后一个印加人去世一个世纪后，再把钱花在这样一个计划上似乎有点不切实际，但这却是洛佩斯赢得贵族头衔的唯一途径。皮特·贝克韦尔断言，这位加利西亚的百万富翁之所以没有被称为伯爵、侯爵或是地方长官，是因为他的野心太大。由圣克鲁斯·德·拉·谢拉领导的探险队最终一无所获，但他们却提升了洛佩斯的名声。

最终，洛佩斯只得满足于陆军元帅的虚名。然而他很可能在

1699年安然去世，因为从来没有人在一生中监督过这么多白银的生产，更不用说在衰退期而非繁荣期了。根据税务记录，洛佩斯在1661至1698年大约生产了超过38.6万千克的银。这大约占波托西王室财政官员登记的所有白银的七分之一。从加利西亚商人转型为矿业企业家的安东尼奥·洛佩斯·德·基罗加是名副其实的财富之泉，他成了一个传奇人物，是哈布斯堡王朝波托西暮色中一颗罕见的明星。他被埋葬在波托西的方济各会修道院，他的肖像则被挂在了皇家铸币厂。

新世纪的糟糕开局

1700年11月，没有子嗣、体弱多病的哈布斯堡君主查理二世在马德里病逝。此时，波旁家族即将登上西班牙王位的消息像一片乌云笼罩着欧洲多地。路易十四准备吞并西班牙及其海外帝国，
151 使得英格兰、荷兰和其他欧洲列强组成联盟，反对法国—西班牙联盟。他们手上有一个哈布斯堡王朝的继承者，虽然不是查理青睐之人。对波托西来说，随后的西班牙王位继承战争（1702—1713）带来的影响是喜忧参半的。由于缺乏像洛佩斯·德·基罗加这样的人，这些矿山已经濒临倒闭，米塔工人也供不应求。然而，西班牙突然与法国融合，造成廉价的法国商品大量涌入，又刺激了白银的生产。

随着波托西的衰落，位于墨西哥中北部的萨卡特卡斯银矿开始被大量开采。大约在1695年，在巴西南部高地发现的黄金使得巴西采金行业迎来了繁荣时代。新近扩大的全球贸易，尤其是在南亚和东亚，推动了对各种各样的金条和硬币的需求。路易十四和南海公司的英国投机者们都想知道，他们如何才能利用波托西

的里科山，获得传说中无穷无尽的财富。阿卡雷特在 1658 年的记述显然已经过时，但却被骗子冒名翻译并广为传播，里科山的形象也登上了英国南海公司的海报。

波托西的精英们正困扰于自身的现金流问题，对外界如此关注波托西的情况一无所知。一如往常，精英们将此归咎于本地的安第斯人，认为是他们常年私采富矿引发了现在的问题。这种行为被称为“卡乔”（*kajcheo*）。当矿主缺乏资金时，土著矿工以各种方式填补了缺口。卡乔首次出现于波托西 1709 年的记录中，官员们声称，土著卡恰人在依靠马匹作为动力、技术原始的小型矿石磨坊中生产了大量白银，同样的情形也发生在小型制糖坊。[23]

正如我们所看到的，私自采矿并不是一个新现象，但随着大型矿场的减少和高品位矿石的日益短缺，它的含义已经发生了变化。据官方估计，卡恰人虽然只采掘了约占全部矿藏大约 5%的矿石，但这 5%的矿石却能精炼出占波托西总产量 40%的白银。[24] 根据法律，私采矿石的卡恰人如被发现，将会被罚在城里的面包店或皇家铸币厂强制劳动 6 个月，但事实上对私采矿石的执法却很松懈。

在这一时期，除了法国人之外，波托西的白银还吸引了许多外国人，包括法国在西班牙王位继承战争中的死对头英国。1713 年，《乌得勒支和约》签署之后，南海公司获得了向布宜诺斯艾利斯贩卖黑奴贸易的垄断权。这种被称为“阿西恩托”（*asiento*）的垄断，为纺织品干货的走私贸易提供了掩护，其中大部分是用波托西白银交易的。无论合法与否，法国和英国的商人在布宜诺斯艾利斯刺激了矿山的生产。不幸的是，灾难很快就出现了。历史学家现在认为，这些欧洲商船中的一艘带来了流感或瘟疫，抑或 152
二者兼有。

根据当地编年史家和幸存者巴托洛梅·阿尔赞斯·德·奥尔赛·维拉的记载，波托西在 1719 年暴发传染病，至 1721 年结束时已经造成约2.2万人死亡。考虑到这个城市当时的人口（最多5万人），这似乎是一个很高的数字，这可能是在整个殖民时期对波托西及其周边地区最具破坏性的传染病。据报道，库斯科也有与之类似的死亡人数，在利马大主教辖区，死亡人数则高达7.2万人。[25]

波托西花了几十年时间才从1719至1721年的大瘟疫中复苏，但两个截然不同、却偶尔互为补充的社会群体人数却激增了：工厂主（或称阿索格罗）和矿盗（或称卡恰人）。在阿索格罗的施压下，波旁王朝国王腓力五世在1735年将伍一税减少到10%，这刺激了多数依赖低品位矿石生产的矿主。随着土著居民数量回升，波托西的劳动力短缺问题有所缓解，但阿索格罗声称若没有米塔徭役劳工，他们则无法生存。如上所述，尽管经历了数个世纪的非议，托莱多总督最可耻的遗产仍然存在。

土著的应对策略之一是以宗教团体或兄弟会的方式组织起来。自1690年以来，在波托西的14个教区共调查发现112个类似组织。[26] 在瓦伊纳波托西山，甚至卡恰人也有自己的兄弟会，并建有神殿。对盗窃矿石的惩罚越来越严厉，卡恰人还面临着一个新的对手，即由波托西最富有的矿主所雇用的矿山警卫。在下一章我们将看到，叛乱的幕布即将拉开。

波托西大师：巴托洛梅·阿尔赞斯和梅尔乔·佩雷斯·奥尔古因

> 我的家乡，“帝王之城”波托西，之所以能在经历各样灾祸后依然幸存，是因为这里的居民，尽管都是罪人，对神却有最虔诚的信仰。[27]

正是在这些黑暗的岁月里，波托西诞生了最伟大的学者——
巴托洛梅·阿尔赞斯·德·奥尔赛·维拉。1676 年出生的阿尔
赞斯，在 1705 年前后开始撰写他的百万字巨著《帝王之城波托
西史》。直到 1736 年死神夺取他的生命前仍然笔耕不辍。阿尔赞
斯的这部历史著作被寄到西班牙出版，这是在两个多世纪以来都 154
未曾发生过的。每年他都以大量篇幅来讲述波托西的历史，但这
种编年史很快就被“故事”（现代编辑所称）所替代，包含巫
术、异装、帮派战争等千奇百怪的叙述。我们已经在第四章中总
结了他对波托西“少女战士”的记载。阿尔赞斯偶尔会停下来
进行道德说教，就像对 1626 年的洪水和 1640 年代的铸币厂欺诈
案一样，但大多数情况下，他惊叹于标志着他的家乡时间流逝的
奇闻逸事。

阿尔赞斯把事实和传说混在一起，令现代历史学家们感到沮
丧，这种现象在巴洛克作家中并不鲜见，他们的目的是娱乐大众
并给予启发教导。尽管如此，阿尔赞斯还是比他同时代的人做得 155
更好，其风格更接近魔幻现实主义。最有趣的是，阿尔赞斯创造
了不少所谓研究波托西的“前辈”历史学者，并大方地引用了
他们的作品。这些“权威”多数都无法被确定，但的确有一些
作品已被发现，这使得对阿尔赞斯故事真实性的确认变得更加困
难。当然，如果我们一点都不信任他，那后果也得自负。作为一
个文学家，阿尔赞斯一直被学界所关注，但许多内容尚待
研究。[28]

梅尔乔·佩雷斯·奥尔古因是被艺术史学家誉为与阿尔赞斯
齐名的大师。[29] 他的风格与众不同，虔诚而又个性十足。他的
大部分画作都挂在波托西的铸币厂博物馆，由于常使用银灰色的 156
色调，他画作中的人物形象通常略显粗糙。众所周知，奥尔古因
于 1660 年前后出生在科恰班巴，1676 年在波托西成为一名画家

HISTORIA
DELA
VILLA IMPERIAL DE POTOSI
RIQVESAS INCOMPARABLES
DE SV FAMOSO CERO
GRANDESAS DE SV MAGNANIMA POBLACION
SVS GVERAS CIVILES
Y CASOS MEMORABLES
Por D. Bartholome [redacted] y Vela, natural
de dicha Villa.
Dirigida
De D. Luis Josef de Lacòa

图 13　《帝王之城波托西史》，卷首页，约 1736 年。

和雕塑家。作为一个少年天才，他创作了大量的作品，直到他在18世纪30年代去世前才停止创作。与他同时代的画家和雕塑家一样，奥尔古因的作品几乎全是宗教主题，大多是用来装饰教堂和祭坛。

奥尔古因的宗教艺术作品中有一个明显的例外，那就是1716年的《大主教—总督莫西洛参观帝王之城波托西》（*The Entrance of the Archbishop- Viceroy Morcillo in the Imperial Villa of Potosí*），这幅巨大的画现在收藏在马德里的美洲博物馆中。这显然是送给国王腓力五世的礼物。佩雷斯·奥尔古因甚至把自己拿着调色板和画笔的形象也绘于图中，然而这幅画的目的是要捕捉大主教—总督仪仗庄严，以及展示他们受到城市中各种族群盛大欢迎的场面。[30]

这是自弗朗西斯科·德·托莱多16世纪70年代早期在波托西建立据点以来，总督第一次亲自造访波托西。在这幅画中，贵妇们站在阳台观看队伍，身旁是土著仆人和非洲女奴。人们在阳台上悬挂着他们最喜爱的画作或挂着他们最好的纺织品，尽可能吸引他人的注目。

为了把所有的东西都融入画面中，奥尔古因添加了两幅插图，描绘了大主教—总督早晚在主广场举办的招待会，里科山隐约出现在背景中。由当地贵族、神父、马夫和民兵组成的军队中，大主教—总督本人似乎成了一个无足轻重的人物，他们身穿最华丽的服装，肩上扛着步枪行进，许多人把头转向观众，进一步分散了人们对大主教—总督的注意力。在画家附近的场景中，一对上了年纪的男人和女人在对话。他问："小姐，你见过这样的奇观吗？"她回答说："啊，路易，我已经有100多年没看过这么大规模的游行了。"

如果说波托西在18世纪早期因瘟疫、私采银矿等打击而陷入

图 14 《大主教—总督莫西洛参观帝王之城波托西》，约 1716 年，梅尔乔·佩雷斯·奥尔古因。

低谷的话，阿尔赞斯和佩雷斯·奥尔古因的作品却同马德里圣罗伦索卡兰加斯教堂精致的外观以及其他美丽的建筑一道，提醒了我们这些艺术瑰宝并不需要依靠多高的白银产量。在这些伟大的艺术家出现之前，我们发现了安东尼奥·洛佩斯·德·基罗加，
157 这位加利西亚的百万富翁受益于新技术、精明的商业实践、谨慎的资金管理以及对下属的严格控制，使得矿山在逆势中提高产量。

波托西仍然是一座全球性城市，随着哈布斯堡王朝在西班牙的衰落，仍然令觊觎其财富的君主们魂牵梦萦。像埃利亚斯·阿尔-穆西利和阿卡雷特这样的外国游客，向远在中东和北欧的读者讲述了波托西持久繁荣的故事。我们不知道埃利亚斯的手稿在巴格达引发了怎样的影响，但阿卡雷特的记述确实引发了法国和英国的介入，哪怕仅仅通过贸易的形式。受里科山新形象的蛊惑，欧洲和亚洲的君主们继续梦想有朝一日能统治波托西。

阿尔赞斯的文字很好地代表了波托西的巴洛克风格，而佩雷斯·奥尔古因的画作也受到来自西班牙和欧洲其他地方众多开明官僚和科学家的挑战。他们相信曾经伟大的里科山已经落入思想迷信的乡巴佬手中，这些乡巴佬像傻瓜一样坐在未经开发的银矿之上。由于迫切需要财政收入来支持庞大的新军和海军，西班牙波旁王朝的国王们对这些前往波托西的“世俗传教士们”无一例外地送去祝福。

第七章　从复兴到革命

> 该城镇及附近河岸上的居民是由来来往往的外地人组成，他们来自社会各阶层。受高海拔、四周雪峰环绕以及恶劣的大风天气因素影响，这里的气候十分寒冷。但西班牙人和梅斯蒂索人在狭窄的房屋内避寒，妇女们全天提供烟火缭绕的火盆与热水瓶。据说这座伟大山峰的财富被发现后，他们组织了1.5万名印第安人在矿山和白银精炼厂从事劳动。随着矿脉枯竭以及其他因素影响，如今被分配到此处的劳动力数量减少到3500名，其中大部分人都携妻带子，总人数超过了1.2万，包括一直自力更生从事这项可敬活动的卡恰人，这些矿石窃贼在晚上进入矿山且技能专业，可以挖到最珍贵的矿石，精炼后带到国王的银行进行交易，这些“被获准的盗贼”比矿主们精炼的白银还多。
>
> ——孔科洛尔科尔沃（Concolorcorvo），《盲人步行者指南》，1773[1]

1773年，一名自称“黑衣人”（孔科洛尔科尔沃）的邮政督 158
察从布宜诺斯艾利斯前往利马的途中探访波托西时，城镇的衰落已经一览无余。但这座寒冷的“帝王之城”仍有生机，被称为卡恰人的合法盗贼继续从波托西里科山寻觅财富。然而局势正向相反的方向发展。从1545年被人发现到1649年铸币危机，波托西经历了兴衰周期。1592 年，白银产量臻于顶峰，足足有 44.4 万磅，在此后的殖民时期再也没有达到此等水平。1650—1740 年的 90 年间，白银产量处于下降期，走私商和奴隶贩子引起的小幅回升中断了这种衰落。然而，约 1740—1810 年的 70 年时间见证了白银产
159 量的显著复兴，并在 18 世纪 90 年代达到顶峰，但 1800 年前后突然猛烈下降。

我们熟知波托西 18 世纪后期的历史，即本章所讨论的改革时代，这在很大程度上要归功于西班牙的自我意识和波旁王朝官员的雄心勃勃。尽管他们的努力没能取得预期的引人注目的改变，这些人却在任职期间试图修补他们认为已经损坏的“制银机器”。他们反复查阅如今已经消失的手稿记录，书写了详细记载波托西历史的文章，包括里科山和“帝王之城”。这对历史学家而言，是十分幸运的。当然，我们也有不够幸运之处，因为像阿尔赞斯这样的波托西本土历史学家越来越少，而且同过去几个世纪的记载相比，如今当地人民对波托西的历史书写越发沉默。

本章关注 18 世纪波旁王朝复兴波托西的努力。首先，改革者建立了矿工协会、储蓄银行和新铸币厂。这里要说明波托西如何成为始于 1776 年、以布宜诺斯艾利斯为中心的拉普拉塔总督辖区的命脉，其在 19 世纪前 20 年的独立运动中发挥了怎样的作用。本章还回溯了外国技术知识与本土知识碰撞的问题，因为西班牙王室派遣德意志和北欧的技术专家来改革矿山和精炼厂，然而进展有限。

早期的改革

在前一章中，我们看到了 1702—1713 年西班牙王位继承战争

如何重新激发了全球对波托西的兴趣，特别是羡慕传说中波托西巨大财富的法国和英国。由于缺乏资金去对抗英法及其他欧洲国家，西班牙新的波旁国王腓力五世开始研究刺激安第斯山脉白银产量的方法。汞的供应是一个萦绕多年的问题，但是1730年代秘鲁万卡韦利卡发现的汞矿解决了这个难题，直至1760年代初白银产量都在不断提升。1725年，腓力五世向波托西的磨坊主提供了一个政策性的礼包，允许他们以信贷方式购买汞。滥用这种特权的现象是长期存在的，直到殖民时代末期，对汞政策的争论仍然不断。

王权干预劳动力供应引起了更大的争议。波旁王室继位后，始于哈布斯堡王朝末期对米塔徭役制的批评浪潮仍在继续，马德里一些出身名门的观察家预计米塔制将在18世纪20年代初废除，当时许多土著酋长组织起来要求强制停止该制度。1727年，波托 160
西仍有强大影响力的阿索格罗组织停工作为回应，这种方式中断了白银生产，并促使国王于1732年以法令形式保证米塔制度。在此期间，更多的非洲奴隶抵达波托西，由英国南海公司把他们输送给布宜诺斯艾利斯的代理商。因为奴隶价格仍然和17世纪40年代一样高，他们中的大多数人主要从事家政服务或手艺活。[2]

1735年1月28日，阿索格罗赢得了另一个重大突破，或许是波托西城市历史上最大的突破。一夜之间，西班牙王室征收矿区白银总产量的税率从20%下降到10%。消息传播的速度很慢，利马地区在1736年7月才发布该法令。多年来整个西属美洲的银矿开采城镇一直享受较低的税率，但过去王室拒绝了对波托西采取同样税率的呼吁，这显然是由于米塔制的劳动补贴。那是可以被称为魔鬼交易的契约，正如过去150多年来批评者们所言：安第斯人的鲜血为波托西白银而流。

随着采掘税减半，1751年国王特许波托西的磨坊主和矿主设立储蓄银行——圣卡洛斯皇家银行（于1746年作为一个交易银行而成立）。由于银锭被征税，圣卡洛斯皇家银行资金来源于逐渐积累的现金，并以极低的利息贷款给那些急需钱且又满足贷款资质的借款人（有产阶级和出身名门者）。这就是理论上银行的运作方式。不幸的是，让阿索格罗负责保险箱就像是将狐狸放进了鸡舍。尽管国王派人进行定期检查，银行建立后数年内仍出现了长期侵占银行资金和管理不善的情况。

王室的另一种痛苦

如果1649年波托西在特别审查官弗朗西斯科·德·内斯塔雷斯·马林治下濒临崩溃，那么这座城市就必定会在1749年总督文图拉·德·桑特利斯·韦内罗（Ventura de Santelices y Venero）到来后面临相同的境遇。径直走入银行后，桑特利斯在一个本应存有17.5万比索的账户中仅发现14比索。[3] 桑特利斯全力追查侵占公款者，他发现尽管波托西阿索格罗两大派系经常盗窃并长期逃税，但他们还是走向破产。地方法官花费了数十年的时间来恢复圣卡洛斯皇家银行的声誉，但是银行资金落入能力较差的继任者之手，这导致积累的资金在18世纪60年代再次消失。

161 与17世纪的前辈内斯塔雷斯·马林一样，桑特利斯也是一个全面的改革者。即便如此，他在宣布自己是安第斯山脉土著的保护者时，更像是内斯塔雷斯·马林的同代人——弗雷·弗朗西斯科·德·拉·克鲁斯。桑特利斯的目标之一是取消米塔徭役劳工的生产配额。越来越高的生产配额替代了王室制定的日薪或周薪制。1749年，来自12个高地省份的3000名左右的安第斯人仍受波托西米塔制征召，每个人都被要求挖掘出相当数量的矿石。

面对矿主们声势浩大且不时发出的威胁性抗议，桑特利斯恢复了米塔徭役劳工的工资制度。他还中止了一些教士对米塔徭役劳工的虐待行为。这些滥行并非新鲜事，但显然在18世纪前期令人绝望的岁月中恶化了。波托西在繁荣时期遗留了十多个原住民教区，尤其在1719—1721年的瘟疫之后，人们对每个教堂牧师的供养任务变得更加沉重。桑特利斯把原住民教区的数量减到8个，努力减少个别教士对原住民教区居民的要求。这是波旁王朝典型的王权至上论，以保护土著福利为名，通过限制教会的收入来源来遏制教会势力。[4]

桑特利斯进行了改革，然而米塔徭役劳工仍受教堂相关事务的影响而被大幅扣减薪水。他们需为特定的节日盛宴和布道买单，除了棕榈、油、垫子和屋顶瓦片，连神父及其助手的红辣椒也由他们供应。尽管这些机构号称有慈善使命，但劳工医疗费用依然很高。甚至连桑特利斯的工资改革也不如预期，矿主仅仅增加了工人的生产配额。因此，1750年负责运输矿石的米塔徭役劳工每晚运出15批货物，但是在1767年增加了一倍，达到30批。[5]

与此同时，其他工人，即自由劳工“明加”种类繁多，其中包括农村公社之外的安第斯土著、梅斯蒂索人、穆拉托人以及自由黑人。现在，波托西明加分布在各个岗位，有掌握熟练技能的分拣工，也有无须培训的汞合金搅拌工和矿石运输工。后者中有不少人都是负债雇农，起初被白兰地酒和古柯行业的发展吸引而来，却又糊里糊涂地进入银矿开采行业。在周末，米塔徭役劳工和明加离开矿山去探视家人或在下辖的8个教区放松身心时，卡恰人则开始进入矿山工作。

正如我们所了解的那样，卡恰人通常是熟练掌握技能的明加矿工，他们挖取少量的高品位矿石，然后交由小型矿石磨坊主加工。在1750年，大概有3000名卡恰人活跃于波托西，小型矿石磨

坊数量超过 200 个，这些磨坊主来自各色人群，包括西班牙人、印
162 第安人和土著头目。尽管阿索格罗利益受到损害，王室官员在 18 世纪 30 年代中期也有压制意向，但官员们仍然摇摆不定。在国王看来，一条稳定的白银生产线由此产生，矿石偷窃行为可以被视为一种周末工资的补助，这使得矿山在工作日也能正常运转。阿索格罗转而通过处理大量的低品位矿石以及尾矿来维持运营，工作量极大，利润却十分微薄。

一个平衡的系统还是一个炸药桶？

开明的西班牙王室官员要如何改善这个看似权宜之计，但又具有某种功能的白银生产系统呢？这并不容易，或者说没有暴力会很难。改革面临的障碍是多重的。一个是卡恰人和小型矿石磨坊主对任何变革的抵抗，因为他们以此谋生。波托西的矿主和磨坊主精英们把卡恰人和小型矿石磨坊主视为敌人，他们还寻求王室的镇压措施。然而，阿索格罗并非铁板一块。在桑特利斯时代，两个派系阵垒分明，其中一个由弗朗西斯科·维拉德领导，另一个以杰罗尼莫·戈麦斯·特里戈索为首。1751 年 1 月，维拉德煽动了由盖丘亚人发起的骚乱，他想要迫使总督桑特利斯在城市实行军事化管制并惩罚盗窃矿石的行为。因此，1751 年骚乱值得予以简要叙述。[6]

此次骚乱的导火索是一名年轻的卡恰人被弗朗西斯科·维拉德的矿山守卫射击致死。除此之外，还有 3 名卡恰人受伤。数日后，200 名卡恰人在矿山入口举行抗议，随后一名矿山守卫在众人的石头追砸中躲到酒馆，而另一名守卫则跑到方济会修道院寻求庇护。一则关于卡恰人计划占领城市的谣言迅速传播，导致了大

众的恐慌和民兵的集结。随着矿主维拉德设计恐吓刚刚从西班牙抵达波托西的王室官员，一切发生的事情似乎都被误解了。

此时正值波托西的狂欢节，卡恰人还沉浸在一年一度的节日喜庆中：他们从矿山转移到城镇中，前往圣塔芭芭拉和圣克鲁兹的教区教堂听弥撒。1751 年 2 月 3 日，卡恰人在举行克鲁兹狂欢节之时，谣言在卡恰人之中的传播使得部分成员锒铛入狱。混乱嘈杂的情况持续到第二天，这使得总督确信叛乱迫在眉睫，他命 163
令民兵集合起来，使城镇处于戒严状态下。

数名涉嫌参与叛乱的卡恰头目被捕入狱，但事后桑特利斯总督很快发现他受骗上当并且反应过激。所谓的叛乱是弗朗西斯科·维拉德和前总监察长何塞·德·赫伯索促成的，他们既煽动了谣言，又积极参加了民兵集会。对于他们来言，虚假的骚动是一个进行清算的机会。一旦清楚地看到桑特利斯将对他们下手，一场恐吓运动便开始了，这不禁使人联想起 1649—1650 年对总督察长内斯塔雷斯·马林的攻击。一些恐吓信甚至贴在桑特利斯宅院的门上。这位王室官员为自己的生命担心，但他坚决处罚了维拉德的守卫。为了在维拉德和卡恰人之间维持平衡，2 名卡恰人被判处在皇家铸币厂从事数月的劳动。[7] 波托西的一些富人让桑特利斯感到担忧，但应该指出的是，他并非卡恰人之友。1751 年 11 月，当卡恰人杀死了一名矿山守卫时，桑特利斯做出了严厉的反应。结果是 2 名卡恰人被捕入狱，其中一人名为阿森西奥·帕塔帕塔，于次年 3 月在波托西的主广场被公开处决。教会当局还取缔了卡恰人未经授权的十字架游行。这些事件联结起来，使工人的集体权力降至低点，但是陷入困境的桑特利斯要如何将 1751 年大骚乱引向持久的改革呢？事实证明，建立一支常备的军事力量在城镇和里科山巡逻是行不通的。道理很简单，没人愿意为此支付费用，也少有人认为卡恰人的力量足够威胁戒严令。如果有的话，大多数波托西人还愿意相信卡恰人是矿业艰难时期维持城市运转的工人。实际上，他们在这方面的想法很可能是正确的。

桑特利斯另一项改革的重点集中在将近两个世纪之前总督托莱多修建的水库和运河上。桑特利斯依靠一个年老的巴斯克军团上校组织起 18 个水库的维修工作，这些工作本应由领薪官员专门监督，可他们从未亲身踏足现场。[8] 到 1750 年，仅有 5 个湖泊保持运转，它们甚至在磨坊完工之前就枯竭了。这与托莱多时期的复兴“机器”相去甚远，后者在最大供水状态下可以维持两年，有需求时能顺利度过一年中的干旱期。托莱多时期建立的 150 个磨坊中，现在只剩下 45 个，而且其中大多数都无法正常运转。湖泊和沟渠的维修费用预估为 5 万比索，所需劳动力将通过米塔制征召。1750 年 7 月，国王费迪南德六世批准了桑特利斯的计划，命
164 令其所需资金由城市市场食物税提供。这是一项非常明智的投资，因为在 18 世纪 50 年代，波托西白银生产份额攀升至世界总份额的 10%以上，即使随着墨西哥采矿行业的发展，波托西也将这种水平大致维持到了世纪末。

新瓶旧汞

自 1751 年以后，对卡恰人的镇压自然而然导致了小型矿石磨坊的衰落，这些小磨坊依赖周末偷偷挖掘的高品位矿石获利。即
165 使如此，在 10 年的时间里，小型矿石磨坊数量已经反弹到起义之前，而波托西再次面临着如何处理偷窃矿石行为的问题。王室官员们在白银生产上一直存在矛盾态度。王室以低价购买了小型矿石磨坊的白银，王室司库和铸币厂官员实在不愿杀死一只下银蛋的鹅。1762 年，波托西新上任的长官海梅·圣·茹斯特向王室抱

怨说，有 4000 名卡恰人入侵里科山，235 个小型矿石磨坊分散在腹地，其中许多由土著头目经营。实际上，白银生产已经重新回到印第安人手中，就像总督托莱多之前的时期一样。[9]

对于久负盛名的阿索格罗来说，税收减免、汞补贴政策、征召米塔徭役劳工以及银行信贷使得事态向前发展。但是，如果没有重大的、新的采矿方案，这些大规模商业的运营者必然会降低租金。低品位矿石和尾矿的碾磨与精炼只能通过金融噱头获利。其中最常见的做法是将利润微薄的矿山和精炼厂租给容易受骗的西班牙人。来自西班牙的接盘者一度阻止了金字塔倒塌，但是破产浪潮最终还是破坏了整个矿业经济的稳定。

增加利润的另一种方式是要求征召更多的工人，这在 1750 年之后有充分的证据证明。[10] 在王室官员的帮助下，矿主和磨坊主逐步增加矿石配额和工作时长，与此同时他们还维持较低的工资水平并尽可能扣留工资。尽管波旁王朝发起了全面的改革，但实际上，18 世纪后期真正提高波托西白银产量的唯一方法是对安第斯工人更猛烈的剥削——这对米塔制的批评家来说并不奇怪。[11] 在 18 世纪 70 年代，每 10 年登记一次的白银产量自 17 世纪 80 年代以来首次突破 3000 万比索。

波托西严重腐败的皇家铸币厂也引起了波旁王朝改革者的注意。这一改革模仿的对象是墨西哥城，1733 年，那里一个由机械化和专业化员工组成的铸币厂开业引发了热议。尽管存在周期性的矿业危机，墨西哥城的铸币厂还是取得了巨大成功，大量的现金注入全球经济中，甚至超过了波托西的鼎盛时期。18 世纪 50 年代初，当在女性土著集市广场开建一栋新建筑物的想法获得通过时，之前停滞的改造波托西铸币厂的计划才开始。当地铸币厂的官员还故意拖延进度，其他从旧手工业行会体系中受益的人也是如此，因此直到 1773 年，新铸币厂才开业。这是一栋规模庞大且造价昂贵的建筑，但和墨西哥城的铸币厂一样，波托西新的铸币厂迅速成为自豪感的源泉，是“帝王之城”复兴的象征。

166 波托西与1780—1782年大安第斯人民起义

> 鉴于1780年10月以来查扬塔地区涌现的事态，我向总督请求支援500支步枪。我已有10门大炮和1门轻型大炮；还储存了火药、子弹、100把砍刀和一些长矛。在12月，这个城镇已经武装起来。通过组建3个新的商人、骑兵和炮兵团体，并设置了面向全民的武装部，我整顿了城市两个羸弱的民兵团。到了1月底，随着帕里亚地区地方长官被杀的消息传来，警戒水平升高。
>
> ——波托西地方长官致布宜诺斯艾利斯官员，1781年[12]

如此，波托西地方长官豪尔赫·德·埃斯科贝多（Jorge de Escobedo）就把“帝王之城”的军事调遣描述成了为镇压土著农民做准备。查扬塔地区的村民与其说是反对米塔徭役制，不如说当地精英们的行为已经阻碍他们的生存，因为精英们想要在波托西
167 的矿山和磨坊中增加米塔徭役劳工的数量。

地方长官埃斯科贝多无视引发起义的原因，相反去强调他为保护“帝王之城”和国王财富所做的英勇努力。埃斯科贝多继续描述他是如何下令修建战壕，如何布置哨兵和增加巡夜的。甚至连城市上方的水库和沟渠系统都受到密切关注，因为波托西精炼厂厂主一直担心蓄意的破坏会导致1626年大洪水的重演。

埃斯科贝多满怀信心地表示，已采取的措施足以保护城市的妇女——精英阶层中的西班牙妇女——和新皇家铸币厂的财富。

同时，来自农村的难民涌入城镇，起义成员“著名的安德烈斯·托拉”在近郊被逮捕后，当着城中所有印第安人的面，在主广场上遭受处决。[13] 教士和阿索格罗虔诚地提供了财政支持，以保卫“帝王之城”，使王室财富不被土著起义所损害。

在一定程度上，波托西对工人数量需求的激增，引发了拉丁美洲殖民时代最大的土著起义。该起义被学者称为“大安第斯人民起义”，近来也被称为“图帕马里斯塔革命”，是由印第安人头目领导的一连串起义，旨在抗议各种滥行：从高额税收到强制买卖再到教会腐败。[14] 波托西仍然是安第斯山脉南部的经济重心，其象征意义在 18 世纪 80 年代的动荡岁月中得到了加强。彼时，米塔制徭役被视为对国王忠诚的展现，也被认为是残酷而又难以忍受的负担，这不免自相矛盾。波托西城市本身幸免于革命暴力，但当革命在农村和拉巴斯城尘埃落定时，成千上万的人倒下，他们死于战争、处决或饥饿。

起义最初发生在被称为波科阿塔（Pocoata）的小村庄，位于查扬塔地区，距离波托西北部有数日的脚程。[15] 1780 年 8 月 24 日，成千上万来自马查族的土著居民聚集在波科阿塔，以庆祝圣巴多罗买殉道纪念日。马查族像往年一样将一批米塔徭役劳工派往波托西矿山。西班牙当局未释放被监禁的土著酋长托马斯·卡塔里，因此爆发了小规模冲突。托马斯·卡塔里不久以后便成为武装起义的领导人，但在此时他还是一个和平请愿者。托马斯·卡塔里曾到布宜诺斯艾利斯向总督请愿，他不仅受到了总督的关注，还获得了总督的支持。卡塔里返回家乡波科阿塔时携带着总 168
督的一纸命令，将一名因滥用权力而不受欢迎的地方长官华金·阿洛斯免职。[16]

1780 年 11 月 4 日，位于卡纳斯省和坎奇斯省库斯科市南部的廷塔村，一个十分富裕的卡西克何塞·加布里埃尔·孔多尔坎基，在追随者的埋伏设计下抓住了当地的地方长官西班牙人何塞·德·阿里亚加。阿里亚加被宣称是一名失败的官员，西班牙国王查理三世曾颁令失败官员应被处绞刑。作为一名依靠自身能力的统治者，孔多尔坎基自称图帕克·阿马鲁二世——“过去和未来的印加人”。[17] 1780 年 11 月 9 日，地方长官阿里亚加被处决，这引发了一场比查扬塔大骚乱更激烈、更难以控制的起义，它的影响远超出了南部地区。这些完全不相干但最终会合的起义的共同点是波托西米塔制。

波科阿塔村民选择服从米塔制向国王表示忠诚，以期望将来讨价还价，而秘鲁南部图帕克·阿马鲁的追随者则完全拒绝了他们在米塔制下承担的义务。图帕克·阿马鲁对波托西的情况了如指掌：他过去曾用骡车队将汞和古柯运送到了“帝王之城”。和托马斯·卡塔里一样，他也曾长途跋涉到达当时的总督辖区首府，对他而言是利马而非布宜诺斯艾利斯，在某种程度上是要请求豁免波托西的米塔制义务——他把这种负担比作死刑。这些叛乱领导人长期同西班牙殖民司法制度的斗争事实预示了他们后来的需求。他们并不谋求独立，而是寻求公正。

但是，起义为新思想和权力伸张开辟了空间，同时提供了清算旧账的机会。图帕克·卡塔里起义很快发展成为席卷波托西腹地的、多个阶级参加的革命，最终在试图抢占丘基萨卡和科恰班巴两座城市时被镇压。一些省份的地方长官丢掉了性命，紧接着许多市民也遭到杀戮，包括妇女和儿童。那些幸免于难的人经常被迫身穿土著服饰、咀嚼古柯，以表明他们对新权威的忠诚，新权威的风格有时就像是印加国王。

在秘鲁，图帕克·阿马鲁二世被看作首要的起义者，围困库斯科失败后他在前往南部的高地时被俘，并被押回库斯科，连同妻子和亲属被判处死刑。图帕克·阿马鲁二世的身体也被肢解，以示对起义者的警告。托马斯·卡塔里死于暴力手段，然而和图帕克·阿马鲁二世一样，托马斯·卡塔里的近亲很快就接替他成为叛军领袖。秘鲁的起义在波诺地区进入游击战阶段，而玻利维亚的起义继续席卷波托西周边，最终在奥鲁罗的白银矿镇爆发。169
随后拉巴斯陷于联合包围中。

1781 年的奥鲁罗起义是涉及当地精英和土著的起义。[18] 虽然采矿设备被摧毁，但是除了某些地方的起义（如奥鲁罗以东高山的奥亚加斯起义）之外，这次起义本身并不反对虐待矿工。起义爆发的关键原因包括强制转售货物，即所谓的商品摊派制，以及西班牙本土出生的王室官员对平民施加的沉重税收负荷。值得注意的是，保皇派再次让奥鲁罗土著工人前往波托西承担米塔徭役劳工的义务，以此作为保证王室宽恕的方法。米塔制已成为朝圣路途中的苦修。不幸的是，对于奥鲁罗当地矿主而言，他们其中一些人曾蔑视王室权威，在被转移到布宜诺斯艾利斯执行死刑之前，波托西是关押他们的监狱。

西班牙国王对白银的渴望会导致更多的流血牺牲。1781 年年初对拉巴斯的包围是由一个自称为图帕克·卡塔里的土著平民领导的，这是图帕克·阿马鲁和托马斯·卡塔里两人名字的巧妙结合，但当时他们都已经牺牲。[19] 图帕克·卡塔里也许是当时最激进的土著反抗者，但他却如同前辈们一样，一直作为小古柯商人四处游历。他了解崎岖不平的安第斯山脉，也熟悉白人和土著精英。在包围拉巴斯的数月中，成千上万人丧生，最终托马斯·卡塔里和图帕克·阿马鲁的追随者会合在一起，在西班牙保皇派凶猛的火力下撤退了。

1781 年 10 月，图帕克·卡塔里被俘，并于次月遭受处决。和前辈们一样，他被五马分尸，身体的各个部位在他的罪行被认为最可憎的地方进行展示。从这次流血事件中吸取的教训是，永远不要低估安第斯土著的力量。无论是出于恐惧，还是察觉到200年来米塔制征工滥行积累的怨恨，王室官员和富裕的波托西人会尽其所能来抑制炸药桶的爆发。

波托西新监政官制度改革

作为中央集权的改革措施之一，波旁国王查理三世下令在整个西属美洲建立法国特色的监政官职位。这些行政单位成立于18世纪80年代，由王室任命的监政官领导，取代了古老的地方
170 长官辖区、市镇辖区和类似的行政辖区。波托西的第一任监政官胡安·德尔·皮诺·曼里克·德·拉拉（Juan del Pino Manrique de Lara），在1781年就职地方官，1783年担任监政官。曼里克迅速开始重新规划辖区，以便更好地为国王服务——当然也是为了他个人的职业生涯。

虽然受到起义的影响，但波托西在大秘鲁的王室税收中仍占据重要地位。首府位于布宜诺斯艾利斯的拉普拉塔总督辖区（创立于1776年）也依赖于波托西白银。[20] 曼里克的首要任务是处理波托西正在出现的租赁危机，但是不久之后他就转而去变更该地区的采矿条例。他还寻求更便宜的钢制工具，更强壮的米塔徭役劳工，更先进的采矿技术和粉碎矿石技术。曼里克自认为是科学的信徒。[21]

这场所谓的租赁危机，引起了刚抵达波托西的多数西班牙人的担心，他们租用了矿山和磨坊，并竭力争取让其投资物有所值。许多人未有所作为，破产的情况就频频发生，白银流动中断。曼里克试图通过限制租金上限的方式回应承租人的要求，但矿主和磨坊主的反对以及水银价格的起伏不定使他冷静了下来。曼里克

请求从比斯开湾购买预制工具，这也没有得到任何回应，这可能是由于贩铁商人的利益很难保证。1785 年，国王下令采纳墨西哥采矿法，曼里克改革当地采矿法的希望因此搁浅。

在停滞不前的改革过程中，一个最有趣的人出现在了历史舞台上：佩德罗·维森特·卡涅特·多明格斯（Pedro Vicente Cañete y Domínguez）。卡涅特是一名曾在南锥地区科尔多瓦和智利圣地亚哥的大学受过教育的巴拉圭人，1785 年，时年 31 岁的他雄心勃勃、充满活力，以年轻官员的身份到达波托西。他很快创作了最长最详细的关于波托西的报告，这份报告的核心内容从殖民时期就保存了下来。卡涅特与监政官曼里克在法律改革上密切合作，并且在大多数事情上达成共识。但是，卡涅特认识到集中力量改革米塔制的重要性。

作为一个精明的政治家，卡涅特并没有持续抨击米塔制，尽管他认为自己应该那样做。[22] 他批判矿主和精炼厂厂主的惨无人道，为安第斯土著的悲惨遭遇哀悼，同时建议改革米塔制以确保王室税收财政源源不断。他知道这些行为会受到王室青睐。在这方面，卡涅特并没有比许多哈布斯堡前辈更加开明或受更多道德上的困扰，他认为总督托莱多的米塔制实行时间超过两个世纪，这是一项卓越的成就。

卡涅特和监政官曼里克在 1786 年起草了一份关于法律条例的 171
计划，这与墨西哥矿山和精炼厂租赁、米塔徭役劳工的生产配额截然不同。实际上墨西哥矿业条例并没有对劳动力的规定，因为墨西哥的劳役摊派制在 18 世纪几乎全部消失了。对于卡涅特和曼里克而言，把米塔制写入法律是一项重要的变革。拟议的法律还规定了支持在“帝王之城”建立一所新矿业学院的方法。1787 年，随着西印度群岛事务大臣何塞·德·加尔韦兹去世，法令失效了。1790 年，曼里克再次尝试制定条款众多的《卡罗琳法典》

（Caroline Code），下文将对此做详细论述。与此同时，“帝王之城”的居民招徕了一批来自北欧的科学家。这些外来者构成了所谓“波旁王朝改革”的另一面。

胎死腹中的改革：诺登弗吕希特探险队

在18世纪后期，许多受过教育的西班牙人认为本国在科学技术领域远远落后于世界其他地区。当时采矿学和冶金学有了很大进步，这些学问最发达的地区是中北欧的大学城市，例如弗赖贝格和乌普萨拉。巴斯克人福斯托·德卢亚尔和胡安·何塞·德卢亚尔兄弟在西班牙王室资助下到国外接受了培训，回国后二人建议把讲德语的技术员和熟练工输送到墨西哥、上秘鲁以及新格拉纳达。他们相信这些开明的外国人将使得巴洛克式的美洲采矿业更为现代，更符合欧洲科学。

查理三世麾下的官员们，特别是西印度群岛事务大臣加尔韦兹（当时已近暮年），采纳了德卢亚尔兄弟的建议，并向西属美洲派出了3支队伍。1788年7月，秘鲁的采矿探险队到达布宜诺斯艾利斯，探险队领队萨德乌斯·冯·诺登弗吕希特（Thaddeus von Nordenflicht）男爵是福斯托·德卢亚尔在弗赖贝格读书时的同窗。[23] 当西班牙人第一次拜访诺登弗吕希特时，他正在波兰的矿山效力。作为一个自视甚高的男爵，他要求获得丰厚的报酬。

诺登弗吕希特探险队包括15名德意志人，其中大多数人和他一样都是新教徒。当时前往秘鲁需要获得查理国王的特许，这同样也限制了德意志人的行动。简而言之，他们的任务并不是去传道。按照最初的计划，诺登弗吕希特探险队航行到南美洲的最南
172 端，再从利马前往安第斯山脉。但波托西的新任监政官弗朗西斯

科·德·保拉·桑斯特意安排他们经陆路从布宜诺斯艾利斯抵达安第斯山脉，这使波托西成为技术应用的首站。

诺登弗吕希特探险队在里科山对王室支持的水平坑道成功进行了勘测和改道。尽管已经耗费了国王近 18 万比索，但是里科山上古老的贝里奥水平坑道位置太高了，不值得继续施工。1789 年 7 月，一个被命名为“圣母无染原罪”的新水平坑道开工。它耗费的王室资金比位于里科山上的贝里奥水平坑道还多。在新教徒工程师离开很长时间后，工人们仍在不断开凿，但直到 1800 年都没有挖到有价值的矿体。

诺登弗吕希特为波托西采矿方式的原始落后和低下效率感到震惊，他和同伴们对此抑制不住鄙视之情。诺登弗吕希特呼吁进行仔细的检查和更好的管理，短时间内他的努力提高了白银产量。即便如此，仅在 9 个月以后，诺登弗吕希特离开波托西前往北部考察其他矿区。探险队中有一名德意志矿工约翰·丹尼尔·韦伯，他最后留在奥鲁罗省东部、波托西北部高耸荒凉的科尔克查卡矿山，负责监视水平坑道的挖掘。这项工作产生了令人印象深刻的成果，在 1806 年获得了丰厚的回报。这是少有的成功，但不属于技术造就的奇迹。

伯恩的白银精炼法

诺登弗吕希特探险队有意引入新的矿物分析、地下勘探和铸币方法，但最令人期待的是奥地利科学家伊格纳斯·冯·伯恩（Ignaz Von Born）开发出来的白银精炼法。和同时代许多学识渊博的人一样，伯恩曾严厉批评西班牙宗教裁判所（被称为“开明科学探究的杀手”）。伯恩的白银精炼法由加热后的汞齐化和转筒组成，可以让低品质的矿石更加有利可图。1789 年，诺登弗吕希特和助手们到来时，波托西有大量低品质、难以进行精炼的矿石，但是伯恩式机器造价昂贵且制造十分不易。在这个“全球化”的新世界中，对启蒙科学惊奇不已的波托西人希望外来的机器能够拯救这座城市。

173 伯恩白银精炼法的拥护者们热情满满，尽管造价高昂，但在波托西建造第一台机器似乎前景可观，以至于王室官员同意向期望更新设备的私人精炼厂厂主提供大量贷款。然而，希望不久便破灭了。在诺登弗吕希特离开不到一年，波托西强大的矿业行会退出了该项目，声称他们投资在该城市第一台伯恩式转筒上的钱已属浪费。矿业行会实际花费了 4 万比索来建造最初报价为超过 8000 比索的机器，雪上加霜的是，该机器在精炼试验的首秀中就瘫痪了。

看来在一个锻造技术和木作工艺落后、设备原始的贫瘠地区建造一台设计精巧的重型设备，这无异于自找麻烦。一如既往，优质的木材与所有钢材、铁材必须从遥远的地方运输，更不用说成吨的木炭了。除此以外，在海拔 4000 米以上的地方铸造青铜部件、对铁和钢板进行回火十分困难。王室本可以更好地听从监政官曼里克的呼吁，进口预制的铁钢制工具和元件。

即便如此，阿索格罗的原型机器得到了维修，此外还建造了 3 台一样的机器。当地的创新者使用木制零件来替代伯恩推荐的青铜零件，并且通过实验发现，尽管伯恩式转筒并没有其承诺的那样神奇，但与古老的炼银炉相比，它们消耗的汞至少减半。

尽管 1791 年王室曾试图在秘鲁的第一家报纸——《秘鲁水星报》宣传上述这些进步，波托西的矿业行会还是想方设法破坏了这个计划。[24] 显然，守旧的精炼工们进行了反击。新机器威胁到他们的生计，雇主过于依赖他们，以至于无法冒险转变。这场耗时持久的战斗由于诺登弗吕希特、安东·扎查里亚斯·赫尔姆斯和其他探险队成员的傲慢态度而变得更加糟糕。根据赫尔姆斯的说法，德意志的“矿物学家”起初在到达波托西时被誉为奇迹般的工人，离开时却冒着“被砸死和钉死在十字架上”的危险。[25]

旧矿新法：《卡罗琳法典》

虽然诺登弗吕希特探险队失败了，西班牙的发起人没有放弃希望，1789 年取代曼里克担任波托西监政官的弗朗西斯科·德·保拉·桑斯（Francisco de Paula Sanz）成为关键。如果节省劳力的 174
外国技术失效，那要如何才能提高波托西的白银产量？最明显的答案是，一如既往地增加廉价劳动力的供应。在波托西，这就意味着复兴米塔制。[26]

对挣扎中的白银生产商而言，另一个潜在的办法——正如我们在监政官曼里克事件中看到的——更新法律条例使之与墨西哥一样，此时墨西哥的白银产业正处蓬勃之势。但是只有关于米塔制的新规则，也许还有征税，才是引起波托西守旧派兴趣的原因。在某些方面受到启蒙运动中关于人的能力和个人自由的思想影响，监政官桑斯很快发现米塔制仍然是一个棘手的问题。在该地区，一些受到波托西米塔制影响的神父正使用时兴的人道主义观点大声疾呼反对复兴米塔制。但是，对桑斯所谓的新米塔制展开的最尖锐的批评，来自国王任命的土著保护者维克托利安·德·维拉瓦。[27]

新米塔制是所谓的《卡罗琳法典》的一部分（由查理四世命名），卡涅特·多明格斯和桑斯试图在 1791 年努力完善它。和拉普拉塔总督一样，最初当地的矿主和磨坊主也赞成《卡罗琳法典》。但是一旦阅读了全本（700 页文件包括了 1300 个条例），不满之声四起。1794 年，波托西的阿索格罗严词拒绝接受《卡罗琳法典》，不满情绪又增强了。问题症结在于租赁的控制权和改革后米塔徭役劳工的再分配。对矿主，尤其是在外的矿主而言，改革对租赁者更有利，因此主张旧租赁模式的保守派力主维持现状。卡涅特想要帮助少数不愿冒风险的经营者的尝试失败了。

关于米塔徭役劳工再分配的争论主要集中在两方面。一方面，新米塔制将会减少个别矿主和精炼厂厂主分配到的米塔徭役劳工数量。这最容易引起人的担心，因为米塔徭役劳工如同奴隶一样，米塔徭役劳工的分配通常被用来评估全部的财富价值。另一方面，新米塔制通过扩大募工来增加米塔徭役劳工的总体数量，这样一来可以把劳工输送给更加偏远的精炼者和矿主（特指卡涅特期望的经营者）。对后者的批评更多是道德层面，这是土著保护者维克托利安·德·维拉瓦提出的指控。

卡涅特认为，当地人口的增多意味着他无须建议把米塔徭役劳工数量再扩充 8000 人，而是要同 1574 年弗朗西斯科·德·托莱多制定的法律相一致，规定每个印第安公社完成米塔制征召的人数要占公社总人数的七分之一。维拉瓦对此丝毫不认同，并称米
175 塔制是一种罪恶和犯罪——简而言之就是“故意杀人”。桑斯和卡涅特希望总督的支持能凌驾于“印第安人保护者”维拉瓦的抗议之上，但他们低估了维拉瓦。维拉瓦组织了乡村和教会中反对新米塔制的人，并利用他在查尔卡斯皇家检审法院的职位宣扬自己的主张。

所有的宣传也为蓄谋已久的土著反对势力开辟了一个论坛空间，批评家的名单也扩大了，监政官也参加进来，他不愿在其辖区内再为波托西提供工人。当桑斯和卡涅特想努力赢得与维拉瓦及其支持者的言论斗争时，西班牙的王室官员站在了保护者维拉

瓦的一边。1797 年 3 月 8 日，《卡罗琳法典》失效。无独有偶，曾经支持《卡罗琳法典》的拉普拉塔总督也逝世了。

危机重返

在关于新米塔制的争论声中，新的危机浮现：到 18 世纪 90 年代中期，有利可图的矿石和尾矿逐渐枯竭，汞也突然短缺。如果说低品位矿石堆积如山的情况迟早会出现，但汞的短缺是十分危急的。万卡韦利卡的汞产量突然下降，欧洲战争中断了西班牙阿尔马登和哈布斯堡斯洛文尼亚伊德里亚的汞供应。[28] 缺乏最急需的化学试剂，波托西的阿索格罗面临破产。桑斯和卡涅特被迫从王室司库中向矿主和磨坊主提供贷款，以使他们能够支付工资。米塔徭役劳工仍然受征召抵达波托西，但数量却减少了，原因有以下几个方面：其一是土著居民的抵抗，这受到维拉瓦对米塔制谴责的鼓舞。其二是 18 世纪 80 年代和 90 年代的的喀喀湖周边省份行政区域的重新划分，他们被新置于 1787 年新设的库斯科皇家检审法院的管辖范围内。

1801 年发生大旱，波托西的磨坊一年多没有开工，这是自 1626 年大洪水以来历时最长的停工。即使有着足够的米塔徭役劳工，在没有水力和汞的情况下，波托西老旧的机器根本无法运转。王室对矿主和磨坊主的贷款超过了 100 万比索，这加剧了桑斯和布宜诺斯艾利斯官员之间的紧张关系，官员们认为桑斯愚蠢的行为导致王室司库正在走向破产。

尽管长期以来与监政官存在分歧，但波托西当地的矿主和磨坊主还是由于桑斯对他们困境的理解而赞扬他。同时，“圣母无染原罪”水平坑道钻探的成本和贝里奥水平坑道重新开放（1790 年 176

应桑斯的命令）的花费十分巨大。在18世纪90年代，以上两个坑道平均每年的运转费用超过1.8万比索，到1810年每年的费用微降到1.65万比索左右。大量的资金投入到这些无底矿洞，但却一无所获。[29]

1800—1805年不仅有旱灾，饥荒也在安第斯山脉蔓延。波托西粮食价格暴涨，导致众多穷困的米塔徭役劳工和自由劳工沿街乞讨，很多人因此饿死。随着1804年和1805年雨季的到来，流行性疾病又袭击了这座城市。

尽管急需工人，波托西的矿主和磨坊主们还是对安第斯土著表现出了他们的固有偏见。一些人认为，安第斯土著应该像囚犯一样戴上镣铐并强制工作，而另一些人则认为他们应该像奴隶一样出租出去，每周或每天向自己的“主人”上交租金。尽管没有人去采取这些行动，但波托西米塔制不同寻常的历史在此却得以完美展现。它内在的非人道和种族主义再也无法被隐藏。[30]

177

最后的喘息

像一个垂死挣扎的人苟延残喘但迟迟不愿咽下最后一口气，1806年之后，波托西矿业发展的命运出乎意料地改善了，但这种情况只是昙花一现。一个由王室赞助的水平坑道挖掘到了矿脉，此前工人挖掘的时间已经超过了20年。与布宜诺斯艾利斯的新总督协调后，监政官桑斯以皆大欢喜的方式重组了矿主和磨坊主的债务，甚至汞的价格也下降到令阿索格罗欣喜的水平。但命运变幻无常。1808年，拿破仑大军洗劫了马德里；1809年，波托西迎来了第一波激动人心的独立消息。1810年后，当布宜诺斯艾利斯起义反抗西班牙王室时，采矿业的命运就被宣判了。

在动荡不安中，一件与米塔制相关的趣事发生了，这是西班牙劳工机构中最具弹性、最具争议的事情。随着布宜诺斯艾利斯独立声明的发表，波托西的许多米塔徭役劳工纷纷逃离。1811 年，保皇党人也进行了大量报道。为纪念“美洲将军”和“秘鲁征服者”何塞·曼努埃尔·德戈耶内切元帅，波托西举办节庆活动，尝试复兴这座城市的古老精神，但是这些活动很快消失了。[31] 1813 年，起义者们重新回到波托西后，他们名义上宣布废除米塔制，但没有建立强力的执行机制。与此同时，1812 年 11 月，拿破仑占领马德里期间，西班牙流亡政府——倡导自由主义的加的斯议会也废除了米塔制。

波托西的阿索格罗竭尽所能去维系他们珍视的劳工分配制度，并于 1819 年在一定程度上取得成功。[32] 但此时采矿行业已经严重衰落，仅有 14 家磨坊在勉强维系运转。各种因素交织，加剧了米塔制的消亡。圣卡洛斯皇家银行倒闭了，其借贷政策和资产被叛军与保皇派滥用，汞的价格在战时急剧飙升。波托西进入了前所未有的危机时期，采矿业转变为勉强维持生计的活动：低风险，低回报，由土著代理人卡恰控制。

在这些动荡岁月中，一个名叫因达莱西奥·冈萨雷斯·德·索卡萨（Indalecio González de Socasa）的西班牙绅士的命运就是独立期间波托西发展的缩影。[33] 索卡萨于 1755 年出生在西班牙北部沿海城市桑坦德附近。他年轻时来到秘鲁，加入寻求财富的大军，希望在波旁王朝改革时代留下自己的印记。索卡萨似乎曾在库斯科服过役，可能还参与过镇压 1780—1781 年图帕克·阿马鲁二世 178
起义的行动。总之，18 世纪 90 年代早期，索卡萨就已经到达波托西了。不久他便娶了一个富人的唯一女继承人，短时间内他就成为“帝王之城”中有钱有权的人之一。

索卡萨重复了前辈安东尼奥·洛佩斯·德·基罗加曾做过的

事情：找一个富有的配偶，经商赚钱，然后进入采矿行业和精炼行业，投资所有涉农的行业，包括葡萄园。索卡萨名下的大葡萄园位于波托西南部的辛提附近，其生产白兰地酒的数量非常可观，如今被称为“辛加尼酒”。索卡萨与秘鲁西南部阿雷基帕的许多白兰地生产商展开竞争，他希望走低价路线。和同时期的很多商人一样，索卡萨也深深地卷入了地方政府事务，并效忠于王室，这导致早期的起义者没收了他的财产。1815—1820 年，索卡萨在垂暮岁月中遭受了巨大损失。就像此时大部分波托西人一样，他发现自己站到了历史的对立面。

独立

> 当“解放者”玻利瓦尔一览无余地看着著名的波托西里科山时，秘鲁、布宜诺斯艾利斯、智利和哥伦比亚的旗帜同时在山顶飘扬。当他进入这座城市时，21 门大型炮弹鸣射，每发炮弹有 144 磅重。这种朝天鸣炮的欢迎方式极其非凡，令人印象深刻。乡村周边的山谷回声激荡，如同雷声轰鸣。这是玻利瓦尔正在踏入波托西的信号。教堂和女修道院悬挂的铃铛也响起震耳欲聋的声音。[34]

这就是曾经陪同“解放者”进行最后一战的英国人威廉·米勒将军，对于“解放者”进入波托西时受到的接待的回想。此时，波托西已不再被称为“帝王之城”。经过 15 年的抗争，1825 年标志着米塔制和西班牙对“众山之王”“令国王倾倒”的里科山的统治彻底终结。此时，距迭戈·瓜尔帕发现里科山已经过去了将近

300 年的时光。米勒将军描述了波托西社会各阶层，而不仅仅是该
城的大多数土著居民，欢迎共和国英雄和创立者时难以抑制的欣 179
喜之情。但是波托西实现自由又意味着什么呢？

随着不断地颁布的法令、税收和道德上的谴责，波托西矿主和磨坊主可能理智上希望切断与西班牙的联系。同样，在这片广袤土地上遭受波托西米塔制折磨的土著居民想象着光明的未来，西班牙国王再也不能命令他们前往遥远的矿井工作，冒着生命危险仅换来微薄的收入。但是，正如西班牙王室仍是帝国其他地区的焦点一样，很多波托西居民（包括土著和西班牙人）倾向于对王室保持忠诚。

1810 年宣布独立时，布宜诺斯艾利斯商人并不被波托西认为是更好的主人，即便他们提供了一些自治模式，波托西也不大可能保留其获得的汞补贴政策，仅西班牙国王有能力这样做。对于安第斯土著而言，尽管米塔制十分恐怖，但这一制度在某种程度上被西班牙国王对土地的保护和对法律援助的承诺抵消。克里奥尔人统治政府的后果，尤其是其旨在破坏公社财产的自由主义导向并不讨喜。

从全球视角来看，波托西仍然是一个圣杯般的奖励，也许是在整个南美洲最被人渴望得到的产业。起义者迫切想要占据波托西，因此 1825 年西蒙·玻利瓦尔和他的军队凯旋而来，“解放者”站在里科山之巅象征性地宣布南美人获得了自由。然而，英国投资
者亦步亦趋，他们的最佳信息员（包括威廉·米勒）也混迹在玻 180
利瓦尔浩浩荡荡的队伍之中。在玻利瓦尔入驻后，除了破产的工厂，波托西采矿业仅有 12 家精炼厂运转，创新的时机似乎成熟了。

我们已经看到，18 世纪的波托西是西班牙波旁王朝关注的重点。面对世界范围内不断出现的军事挑战，西班牙的国王们和哈

布斯堡王朝的前辈一样，极度渴望获得稳定的现金流以维系财政来源。他们乐观地认为，波托西仅需要做改进：更新的法律、更低的税率和技术革新以实现复兴。这成了一个科学的问题，合理化的问题。

但是，为什么要在现代化时代还坚持使用米塔制这种旧的劳工制度呢？就和美洲其他地方的奴隶制一样，米塔制在波托西的扎根发展在一定程度上是因为18世纪欧洲启蒙思想家无法逃避先贤们面临的相同现实。美洲殖民地最珍贵的商品仍得依靠劳工生产，而非机器，强制劳动在一定程度上已是积重难返。自相矛盾的是，当面对其他压力时，米塔制徭役竟然成为某些安第斯土著自豪的源泉。这就是全球商品生产悖论吊诡之所在。

在波旁王朝成败兴衰“宏伟历程”的背后，土著生存和抵抗的故事鲜为人知。一队全副武装的精英可能会阻止1780—1782年大安第斯人民起义，这次起义涉及奥鲁罗和拉巴斯等主要城市，但这并非唯一个案，实际上另一场古老的抗争每天都在发生。这种抗争是要实现对矿山的绝对控制，更明确点说是控制矿山的最大收益或寻求最为优质的矿石。18世纪的卡恰定义了“剥削”这一术语，这与托莱多时代考帕窃贼所做的如出一辙。波托西绝非仅仅是西班牙进行压迫和土著遭受苦难的场所。它会同时容纳残酷性和创造性，强迫制和私有制，或是公共倡议。此后，这些生活工作的矛盾之处并不会在世界上最早的现代化新兴都市消失。但是它们将会被一种崭新的、工业化的全球浪潮所转变。

第八章 结 论

在3个世纪的时间里，波托西里科山耗尽了800万条生命。

——爱德华多·加莱亚诺（Eduardo Galeano），《拉丁美洲被切开的血管》[1]

波托西的矿工和导游常常重复这句话。果真如此吗？众所周知，在漫长的殖民时期，米塔制和其他的劳动分配制度在里科山杀死了成千上万的土著矿工，包括妇女和儿童在内的更多人则死于疾病、营养不良和强制迁徙。这座“吞噬人类之山”投下了长久致命的阴影，暴雨中的“帝王之城”充斥着汞蒸气、铅、锌和其他有毒物质。除此之外，混合物中的臭水对很多人而言是无形的杀手。我们还可以看到关于矿山工作和米塔制恐怖之处的种种辩论，它们几乎可以追溯到1545年发现里科山之初，并持续到独立时期，直至1825年米塔制被废除。 181

虽然殖民时期的记录数量众多，但并未完全提供里科山内死亡的全部人数。这些记录提供了米塔制和高地人口的大致规模，并清楚记录了登记在册的白银产量和汞的消耗量。玻利维亚、阿根廷、智利、秘鲁、美国、西班牙、法国和英国有成堆的文件详细描述了银矿及其中遭遇的危险细节。然而，从现存的记录中我们知道里科山“消耗”了800万条生命，但是考虑到殖民时期安第斯山区的社会规模，我们还是难以想象采矿活动的残酷。

对于巴托洛梅·德·拉斯·卡萨斯时期的辩论家来说，数百万的数字吸引了人们的眼球并提升了人们的认知。当爱德华多·加莱亚诺在 20 世纪 70 年代初进行写作时，毫无疑问他会思考原来公布的大屠杀受害者人数，也许还可能想到跨大西洋奴隶贸易所运送的非洲奴隶的数量。在 20 世纪后期，波托西殖民时代的经历则成为一种新的道德例证：世界上最糟糕的事情是帝国主义的贪婪。

182 加莱亚诺的著作《拉丁美洲被切开的血管》仍然是拉丁美洲许多地方大众知识的来源。对于他而言，关于殖民主义对美洲大陆开展的持续 5 个世纪掠夺中，波托西里科山是首个，也是最受瞩目的例子。加莱亚诺用数字形容里科山矿井的恐怖之处，一个值得被铭记和反复引用的真正令人震惊的数字，但他却陷入了对外国人掠夺资源、第三世界的欠发达状态以及根深蒂固的种族主义的长期存在并普遍认同的仇恨与愤怒中。他没有告诉激进的波托西矿工们其他不知之事。

殖民时代波托西有 800 万名受害者的故事，使人想起了一些自 1545 年以来就已经在这个世界著名采矿城镇和它那标志性的红色山峰周边流传的论争。当然，这并非要与加莱亚诺针锋相对，加莱亚诺抱有的强烈不公正意识和敏锐的智慧令人怀念，而本书将波托西漫长的历史作为另一种更加矛盾的例证。当人们更多地从全球经济政治意义的重要性来审视波托西复杂历史记录中的细节之时，就很容易发现这座城市和它的矿山浓缩并凸显了全球现代性的许多悖论。

在掠夺行为的推动和贸易的拉动之下，1492 年以后的世界相互连接起来，波托西里科山的发现和改革变得不可避免。如果不是迭戈·瓜尔帕被风吹倒在地上，偶然发现可开采的矿石，那么也会有其他人如此。一旦同世界经济联系起来，波托西独特的白银富矿及其许多意想不到的后果就只会令人困惑，使得恐惧与愉悦竞相交替，成为一种兼具敬畏和怀疑态度的不竭源泉。即使城内敌对种族的各方势力在街上拔枪相向，里科山和它的“帝王之城”也共同构建了一个现代化奇迹，一种崭新现象，一个“世界第八大奇迹”。

这本书中描述的许多常常引起争议的社会历程或许并不新颖，但是辩论的范围和论点却很少见。而且这对迭戈·德·奥卡尼亚等早期拜访者和巴托洛梅·阿尔赞斯等18世纪的当地人而言，都是显而易见的。各色人等被迫在波托西毫无回旋余地的空间下竞逐，形形色色的人们竭力争夺，并针对一系列技术和社会问题提出了各种新的综合解决方案。当波托西人熔炼以颜色著称的银矿石时，他们也形成了挑战旧事物的新认同感。波托西在失败后又重获新生。这一切都发生在“帝王之城”的大熔炉中，在那里肮脏不堪的财富和富有挑战性的环境缔造了无与伦比的机会和诱惑。

甫一开始，波托西就存在诸多矛盾之处，它是人类堕落与独 183
创力、压迫与机遇、虔诚与放荡、种族混合与种族杀戮并存的场所。这份列表还可以不断扩展。如我们所见，这座城市充满了矛盾的冲动。波托西不同于其他西属美洲采矿城镇，如墨西哥白银产业繁荣的双子星萨卡特卡斯或者瓜那华托吗？当然，这些城市具有共同的特征，但是在它们预想的工业体系建立之前的很长时间里，波托西早期矿山和精炼厂的规模与隔绝性就十分突出了，这也意味着工业荒地变得司空见惯之前，无限制开采资源也会造成的环境后果。实际上，18世纪的萨卡特卡斯和瓜那华托也同样如此，是美洲白银造成的另一面（或者第二面）的呈现。[2]

有人可能会同意爱德华多·加莱亚诺的观点，即殖民时代波托西的矛盾之处完全契合西方帝国主义和资本主义全球传播的失衡，或者是一种不公平的世界体系的创建，这种体系吸干了外围

图 15　地狱之神埃尔蒂奥，地下世界的守护者。

地区的血液，如干旱的玻利维亚高地，从而使强者恒强而弱者愈弱；但此时这些关于剥削的宏大叙事和简化的历史过于随意，或提出会颇有争议。我没有试图改变历史，也没有忽略帝国权力的变动轨迹和流动，但我努力强调波托西是如何成为奋斗和创新的场所，汇集着可预见的损失和不可预测的成功，这是一个土著、非洲人和欧洲人并存的空间，一个以女性为中心的世界，尽管强壮的男人最为努力。

成千上万的农民被迫离开他们赖以生存的土地为他人精炼白

银，许多移民适应了崭新的、充满现代性的城市生活，有人认为这是一种进步。一些土著移民成了著名的工匠和宗教协会的赞助人，他们定期返回故乡村庄为其注入所需资金，就像伊比利亚移民将白银汇给西班牙故土上捉襟见肘的亲戚一样。天主教教士试图在移民潮中消灭土著宗教习俗，但许多土著宗教习俗保存下来并发生异变，经常转入地下举行。来自安哥拉、刚果和其他地方被奴役的非洲女子和男子也创造了属于他们的宗教和经济空间，不断挑战了西班牙精英和官员使非洲人保持服从、沉默和安稳的企图。他们活动的痕迹在历史记录上不难寻觅。

波托西的环境后果则很难去平衡。实际上，无论从什么角度讲，它看起来像是纯粹的破坏和无节制的污染。里科山为世界提供了无数吨的白银，矿工们不断被送到容易坍塌且人群密集的矿井，那里被有毒废弃垃圾包围。甚至波托西未开发山脉的上空也 184
被有毒的烟气和磨坊铁砧不曾间断的喧嚣声所破坏。自相矛盾的是，17 世纪之初，“帝王之城”变得臃肿而浮华，因为它广阔的腹地被铲去了所有的木材和苔藓，甚至连边陲的牧草地也被消灭殆尽。水源斗争实际上反映了白银之争。

在殖民时代后期，波托西似乎陷入困境，蹒跚向前，徘徊在采矿和精炼的准工业模式与民间模式之间。像偷窃矿石行为这样 185
的习惯做法具有顽强的韧性，当面临外来力量挑战时就会恢复活力。尽管反复呼吁废除米塔制，这仍是个棘手的难题。出于人类的良知，西蒙·玻利瓦尔在 1825 年彻底废除了米塔制，但正如肯德尔·布朗指出的那样：“殖民时代安第斯山脉地区米塔徭役劳工精神上的负担尚未快速消失。”[3] 波托西腹地的村民们从未遗忘“泣血之山”。

正如人类学家帕斯卡莱·阿卜西（Pascale Absi）表明的那样，即使波托西大部分土著矿工深深意识到全球化对他们生活的影响，从商品价格波动到国际贸易条约，再到气候变化，他们在谈论自己的命运时仍带有矛盾的情绪。正如我们从今天的红色之山矿工那里了解到的：并不是说采矿是邪恶的、全球资本主义是邪恶的；也不是只要有正确的政治同盟，社会主义者解决玻利维亚贫困和依附问题的方案就能轻易实现。不会有人如此天真。

相反，在大多数波托西矿工看来，无论在过去还是现在，采矿是互惠互利的，是一种永远不会固定或必然的令人紧张的交易。因为我们不知足地追求幸福，并且永远也无法了解上帝的意愿。宛如孩子一般，我们考验大地母亲帕查玛玛，我们考验地狱之神埃尔蒂奥。在这些神灵决定或者知晓我们的命运之前，我们开始恐惧，保持行为谦卑，寻求平衡，并非为了利益而是出于自我保护的意图而成为“好人”，以确保做出适当的牺牲和服从。我们应该为通过血汗换取少量但稳定的收入感到满意。

但我们不仅仅是索取所需之物然后止步于此，再然后反哺回馈，尤其在我们能够慷慨赠予的时候，人类变得贪得无厌和绝望，求助于孤注一掷的契约。然而，人真的无法与帕查玛玛缔结一项契约，她是母体，是一切生命的给予者。她可能会为你哭泣或者为你遗憾，但她不是那种会强迫你或给你指向通往富矿之路的神。对于失去控制并不顾一切的矿工，有且只有一种选择。“与地狱之神埃尔蒂奥缔结契约就如同把自己的灵魂和身体出卖给他，好像在说‘你授予我财富，我回馈以灵魂’。你把灵魂给予地狱之神埃尔蒂奥，而不是上帝。”[4] 对人类而言，山脉中这些浮士德式契约的故事总会以悲剧收场。也许在里科山坍塌为一堆红色粉尘之前，曾经的“帝王之城”因缺水而衰落之前，我们或许会扪心自问是否缔结了这样的契约。

尾声　独立以来的波托西

1807—1808 年，拿破仑占领伊比利亚半岛之后，英国注意到 186
了拉丁美洲要求独立的呼声。部分原因是英帝国主义者很乐意看到敌对的西班牙帝国和葡萄牙帝国瓦解，但英国的资本正处于工业革命中的积累阶段。在 1810 年代末，英国企业和银行在墨西哥与南美寻求投资机会与新的市场。在以英镑为主要流通货币的地区，稀有贵金属矿十分罕见。1825 年刚刚独立的玻利维亚有富饶的矿山，也想从国外引进资本，而第一个吸引投资者目光的就是传说中波托西的里科山。[1]

为了复兴里科山，1825 年 4 月，英国投资者成立了波托西、拉巴斯和秘鲁矿业协会。除了当时的明星科学家和最受尊敬的矿业工程师亚历山大·冯·洪堡，没有人看好这家公司。公司船员驾驶着装满汞、采矿工具和各式各样物资的“波托西号”驶向南美洲。这支探险队的负责人是前秘鲁外交官和主要投资者迭戈·帕罗瓦西恩将军，以及技术专家赫尔曼·冯·切特里茨·纽豪斯男爵。秘书埃德蒙·坦普尔在内容丰富的日记中记载了玻利维亚高山上的公司劳工。[2] 与诺登弗吕希特时代一样，现代欧洲科学被寄予厚望来挽救波托西。然而，波托西仍然是一块足以摧毁一艘海上航行商船的完美暗礁。

探险家们在 1825 年 9 月离开英国，11 月到达布宜诺斯艾利斯，最终在次年 3 月抵达波托西。该公司已经从流亡的波托西贵族
卡萨·帕拉西奥侯爵手里租下一个大型磨坊及关联的矿山，侯爵 187

和磨坊的共同持有人玛丽亚·何塞法、贝尔纳达·德·拉·金塔纳生活在古老的“帝王之城”。他们的拉瓜卡约磨坊状况还不算糟糕，该公司还运来新材料以对其更新换代，并建造了伯恩式转筒。不幸的是，公司开始运作之前，伦敦的财务困境注定了其失败的命运，公司股票价格在投机泡沫中暴跌。该公司的信用券突然变得毫无价值，为了支付运输费用，代理商不得不出售其昂贵的汞。

波托西公司是否会成功？我们不得而知。但是当冯·切特里茨和坦普尔努力使磨坊运转之时，他们都对波托西的采矿状况留下了令人沮丧的描述。[3] 其中一个主要因素是高昂的劳动力成本。没有米塔制征工，花费在工人身上的成本是以前的两倍多，占据了总产值的近四分之一。里科山不可能再出产高品质的矿石，波托西公司似乎不能自行实现技术突破，解放后的波托西采矿业短期内不会繁荣。实际上，科学家需要花费几十年的时间才能彻底开发出新的方法发掘白银富矿。

188

汞齐化法国家：重新发现巴尔巴神父的方法

正如特里斯坦·普拉特所表明的，虽然经历了外国技术使团和资本密集型项目投资的失败，但波托西矿主和精炼厂厂主并没有放弃希望。[4] 相反，他们中的一些人积极关注精炼技术的改善以适应米塔徭役劳工短缺和汞价格高昂的情况。波托西的矿业行会仍然强烈要求获得米塔徭役劳工，但是他们在困境中转向17世纪前期阿尔瓦罗·阿隆索·巴尔巴神父倡导的冶炼方法，以此替代米塔徭役劳工。巴尔巴的方法发明于1609年，即把粉碎的银矿石连同盐混合在铜制容器中煮沸，该方法在殖民时代从未流行。盐和铜在波托西很容易得到，但在波托西鼎盛时期燃料成本却是受限的。

正如普拉特的论证，巴尔巴的方法是他在学习炼金术过程中发现的，根据启蒙时代的理论假定，18 世纪 80 年代，伊格纳斯·冯·伯恩的方法在本质上也是再发现。即便如此，18 世纪 90 年代，波托西尝试的并不是流行的伯恩的汞齐化法，而是他那不为人重视的转桶法。在 1910 年代或更早之前，波托西及周边的玻利维亚精炼者们发展了古老的流行方法，并将其应用于各种类型的矿石冶炼中，就像巴尔巴定居到“帝王之城”之前，在矿山营地迁移时所做的一样。

在一片缺乏煤炭储备的贫瘠土地上，燃料仍然是个问题，但玻利维亚的矿主和精炼厂厂主鼓励安第斯土著收集木材、粪便和其他可燃物以换取“赋税豁免权”（虽然米塔制被废除，但印第安人的赋税并没有消失，普拉特称之为“秘密米塔制”）。玻利维亚科罗科罗的大型铜矿山距离拉巴斯不远，铜矿在那几年也得到了开发，它们为铜制容器的建造提供了大量原料。然而由于盐、汞以及相关摩擦反应的运用，铜矿很快消耗殆尽。实际上，通过复兴 17 世纪的技术创新，玻利维亚冶金学在一定程度上找到了一条通往现代化的道路。

自 1850 年之后，加利福尼亚州圣荷塞附近发现了大量朱砂，直接导致汞的价格下跌，并在市场上更容易获得，这推动了汞齐化法的回归。奇怪的是，玻利维亚的矿工和精炼者仍然依据殖民时代的炼金术原则来形容汞齐化法，这在阿尔瓦罗·阿隆索·巴尔巴再版的著作中得以充分表述。生产价格对他们十分有利。尽管玻利维亚相对落后，但多年以来当地的方法却也能满足需求。 189
值得注意的是，19 世纪 90 年代在里科山工作的土著矿工已使用了巴尔巴古老的“热沸腾汞齐化法”。该方法和玻利维亚的丘纽一样常见。与此同时，前哥伦布时代的老式风炉在波托西附近的波尔科继续使用，印加人曾经在这里为印加帝国提取白银。[5] 然而，殖民时代的另一个惯例——偷窃矿石行为仍然存在于工业采矿中。

也许在某种程度上由于该时期表面上看起来的把戏，或者说是由于殖民时代的连续性，1873 至 1895 年竟然是波托西及其周边地区白银矿业的繁盛时期。与同时期拉丁美洲其他地区不同，当地矿业精英是最大的受益者，如 1888 至 1892 年的共和国总统阿尼塞托·阿尔塞和格雷戈里奥·帕切科。里科山最大的本地投资者是阿拉马约家族的成员。由此导致的结果与殖民时代如出一辙，政治权力仍然集中在玻利维亚的南部高地。

直到 19 世纪 70 年代初，紧缩的国家财政政策严重限制了白银行业的发展。当政策宽松后，随着世界白银需求的变化，该行业发展迅速。[6] 克里奥采矿资本家们大获成功，随之发展的还有波托西这座古老的城市，虽然仍然落后于各国的首都，但越来越现代化。尽管采矿业主要集中在波托西的外围地区，如普拉卡约或科尔克查卡，作为国家的白银交换银行和铸币厂的中心，这个前“帝王之城”起到的作用依旧关键。波托西是所有道路的必经之站。

在全球工业投资最活跃的时间里，国际社会对采矿业的兴趣从未消失，而且随着贸易保护主义政策的放弃，19 世纪 70 年代早期，外国投资者占据了阿塔卡马沙漠中玻利维亚尚未开发的硝酸盐地带。1879 年，一系列的阴谋和背叛导致了南美太平洋战争的爆发。1880 年，这场战争以玻利维亚失去其沿海省份告终。然而，即使国际市场价格下跌，玻利维亚的采矿业仍在蓬勃发展，并走在实现现代化的道路上。

技术投资有助于波托西白银的流动。至 20 世纪初，通过铁路的修建，波托西和世界连通起来；得益于卡亚拉峡谷的水力发电厂，大量矿山实现了电气化。到了 1907 年，这座城市有了一家啤酒厂，这成为售卖奇恰酒的土著女性小商贩的有力竞争者。白银价格暴跌后，玻利维亚转而生产锡。波托西省蕴藏着丰富的锡矿，里科山也有大量的矿藏。不幸的是，新白银行业的基础设施包括了一条通往智利海岸的铁路，使外国公司能够出口未经加工的矿 190
石，这扼杀了玻利维亚脆弱的精炼部门。一直到 1952 年，不依赖外国的自主时代才姗姗来迟。

美国探险家

在本书开篇可以看到，美国探险家海勒姆·宾厄姆于 1909 年从布宜诺斯艾利斯的北部抵达波托西。宾厄姆被“帝王之城”的遗迹所震撼，他也沉醉在里科山壮美的景色中，

> 这座彩色的美丽山峰高耸在城市上空 1500 英尺处。当太阳落到安第斯山脉西侧之时，山峰色彩的美感和变化多端难以用语言形容。我希望有一天，一位伟大的画家会来到此处，将这座山峰的奇妙色彩作成油画。粉色、紫色、淡紫色、棕色、灰色和黄色的条纹看起来像是完成对宇宙的描绘之后，众神把残存颜料之神韵汇聚于此。[7]

当时，宾厄姆参访了数十座正在运转的矿山和 28 家精炼厂，这些均为外国人所有。在宾厄姆看来，殖民时代非正规的采矿和精炼仍在延续，矿工们的待遇似乎也没有改善：“他们戴着厚厚的针织帽避免头部碰撞和坠落岩石的伤害。他们用结实的皮革帽子保护膝盖。他们的脚穿巨大的莫卡辛软皮靴。那些经常运输矿石的工人后背系着皮革围裙。这些外表肮脏且粗犷的工人本应赚取

丰厚的报酬。”[8] 在精炼厂中，“工人主要是盖丘亚人。他们许多人显然不适合在城市里生活，因为他们留着一样的辫子，衣不蔽体，如同过去西班牙征服者强迫他们把贵金属运出山外却从不给予报酬一样。与安稳地待在家里相比，矿工们不久便会死亡，提前进入天堂”。[9]

作为夏威夷新教传教士的后裔，宾厄姆自然受到“黑色传奇”的影响。在访问波托西的整个过程中，他似乎都没有与地方长官以外的玻利维亚人说过话。他下榻的是一个奥地利人经营的旅馆，
191 他对玻利维亚当地人的评论中交织着对美洲驼的沉思。关于在市场上卖粥小贩的记载如下：

> 波托西妇女穿着无数种彩色材料制成的衬裙，披着暖和、厚重且绚丽的披肩，用两个大别针固定，有的别针做工精美，更常见的是汤匙状的。通常，他们会对普通的毡帽感到满意，但不时会戴一顶设计别致的帽子。帽子的主要材料是黑色平绒，用红色精纺毛料和彩色珠子装饰。尽管可以支付得起她们喜欢的鞋袜，一英寸半高的法式高跟凉鞋，以及像马蹄铁一样被皮革包裹的鞋，但女人通常会穿上最简单的牛皮凉鞋。[10]

对于美国探险家来说，波托西风景如画，其居民充满异域情调，几乎如同东方人。长久以来波托西都是旅游目的地，尽管少有人前去游玩。宾厄姆到达波托西的10年前，一位美国旅行作家玛丽·罗宾孙·赖特（Marie Robinson Wright）到访了这里，并对波托西矿工有自己的描述：

> 波托西矿工的外形有些别致，其服装融合了欧洲和印第安风格，甚至他们那浸有些许动物脂油的帽子也引起了人们的注意，

> 不仅因为它外形像个锡制的水壶，壶嘴上有灯芯，而且帽子边缘还缀有一个十字架，就像是一个装饰品，格外引人注目。[11]

赖特还引用了一首流行的小曲："如果你漂亮的嘴巴对我说'是'，我会给你阿拉伯半岛的芳香，波托西里科山的芳香。"[12]

20世纪初，波托西卷入了一场浪漫主义的想象中，几乎预言了宾厄姆的反应，赖特写道：

> 辉煌的过去仍然在古老的波托西城市上空展现魅力。浪漫的气氛笼罩着沧桑的宫殿，精美的雕花门廊和风格奇特的阳台，这些复古的风格令人着迷。琳琅满目的设计令人想到被遗忘的历史，在过去数个世纪构建的艺术品数以千计，其高超的技艺令人难以言明。在新世界，几乎没有哪个城市拥有如此这般的吸引力。[13]

这些都是外来者的旁观之见，和两个半世纪之前比斯开的阿 192
卡雷特和埃利亚斯·阿尔-穆西利一样，想法天真而又敏锐。事实上，赖特和宾厄姆走的是异化波托西殖民史的道路，这条道路由阿根廷作家比森特·克萨达、胡安娜·曼努埃拉·高里蒂和秘鲁作家里卡多·帕尔马开创。对他们而言，波托西是一个讲述"安第斯哥特式"传奇的舞台。大概在1910年后，波托西的工业发展状况未必有如此出色。

锡和革命中的国家

一个多世纪之前，赖特和宾厄姆认为波托西古雅并充满异国情调，这种描述和如今去波托西短期旅行观光客所留下的印象一样浅薄。虽然殖民时代的经历仍在困扰着当下，城市和里科山的发展并非僵化不变。的确，引进氰化法、风钻和电动矿石车之后，波托西的生活状况实现了现代化，波托西没有停滞在殖民时期，更不用说前哥伦布时代了，逝者如斯。

即使白银产业和后来的锡业繁荣，普通玻利维亚人的生活依旧处于贫穷和营养不良的状态，工人们的生活也很艰难，但正如罗伯特·斯梅尔和其他人表明的那样，19 世纪 90 年代白银向锡的转变彻底改革了玻利维亚矿业，也使许多矿工成为革命分子。[14]波托西矿工如今表现出激进的政治敏感性，很大程度上是在 20 世纪上半叶的斗争过程中形成的。

玻利维亚大部分锡矿位于旧殖民时代的查扬塔省，此地距离奥鲁罗更近。波托西省北部的锡矿纷纷倒闭，例如位于科尔克查卡地区的一些锡矿，矿工们穿越中南部高地去寻找新的工作机会。在 1900 年的人口普查中，波托西共有 2230 名矿工，这在玻利维亚所有城市或城镇中最为集中，分列二、三位的是奥鲁罗（1913 名）和普拉卡约（1720 名）。[15] 在 20 世纪的前 10 年，随着鼓吹新福音的无政府工团主义者和其他激进劳工组织者的出现，波托西遂成政治动乱的温床。

自 1900 年后，玻利维亚经济重心由银向锡的转变在国家政治中有所反映，老牌的白银精英及其保守党走向衰落。自由主义指导准则为新企业家们开辟了道路，最引人注目的是西蒙·帕蒂诺（Simón Patiño），随着他加大对锡矿、交通网以及位于欧洲的加工厂的投资，帕蒂诺的财富在 20 世纪前 20 年激增。相比之下，帕蒂
193 诺对待工人的方式令人失望。在波托西省和奥鲁罗省，帕蒂诺等人的矿山发生数次暴力事件表明，人们要求分享开采成果的意识正在提高。

危险的工作环境、肮脏的营地和丛生的疾病，更重要的是微

薄的工资（在20世纪前10年玻利维亚人均日工资远低于1美元），这些因素促使矿工们考虑组织罢工。第一次世界大战期间，许多激进的矿工移民到智利，转而在硝酸盐行业工作。

波托西省北部的锡矿城温西亚（Uncía）成为冲突的爆发点。1919年，这里发生了反对帕蒂诺的工人罢工。一份订于1920年的契约和当时崛起的共和党希望矿工成为自己的选民，因此冲突得到暂缓。但1923年6月4日，劳动节抗议发生之后，玻利维亚士兵枪杀了数名矿工。共和党通过行动表明了自己的立场，他们对波托西和奥鲁罗的矿工与铁路工人一面严厉镇压，一面又试图将其分裂。

共和党领导人试图通过保护矿工免受虐待的新法律去安抚他们，但在实际执行过程中往往并不如此。为了纪念温西亚大屠杀，1928年6月，波托西原本要召开工人代表大会，但因为镇压查扬塔省大规模的农民起义而推迟，此次农民起义中有若干大庄园主被杀。矿工和农民的意识融合在了本土复兴主义和国际社会主义理想的新混合体中。

波托西仍然是激进的持不同政见者的温床，有时甚至包括年轻的大学生，但无政府工团主义和社会主义之间发生争论，加上拉巴斯工人的影响，波托西采矿业的改革被束之高阁。其他全球和区域性事件也有波及。1929年的华尔街股市大崩盘导致世界市场对锡的需求量暴跌；1932—1934年，玻利维亚政府同巴拉圭发生了查科战争，矿工的注意力被分散了。不少幸存的官兵拖着残躯败体返回波托西。这导致有史以来，包括西蒙·帕蒂诺在内的矿主首次雇用妇女到地下矿井劳动。[16]

第二次世界大战期间，锡价有所回升，波托西才重回玻利维亚政治经济的中心位置。1942年，西蒙·帕蒂诺的卡塔维矿山矿工被士兵枪击，以此拒绝他们对假期奖金的要求。群情激愤的矿工家属随后也被士兵射击。与1923年温西亚的杀戮相比，这场大屠杀更加血腥，导致整个波托西省矿工进行了广泛改组，包括位于波托西和乌尤尼山之间的普拉卡约矿工。1946年草拟的《普拉
194 卡约宣言》（*Thesis of Pulacayo*），成为1952年席卷整个玻利维亚的革命的部分蓝图。波托西里科山矿工——作为米塔徭役劳工和卡恰人的继承者，最终领导了这场革命。

从1952年革命到埃沃·莫拉莱斯时代的波托西

尽管在1900年后被拉巴斯崛起的光芒所掩盖，波托西仍然是极其重要的城市，是玻利维亚经济最繁荣省份的首府。1952年，国营玻利维亚矿业公司成立以后，地区主义者的紧张感在某种程度上缓和了一些。帕蒂诺、阿拉马约以及其他家族的矿山现在属于国家财产，而矿工成为国家雇员，经济民族主义是时下的秩序。尽管起步艰辛，国营玻利维亚矿业公司在20世纪60年代中期获利，而矿工也享受了少有的繁荣时代，至少在社会保障上如此。他们似乎成了享有特权的工人阶级。20世纪60年代，玻利维亚的执政党——民族主义革命运动党，巧妙地周旋于美国和苏联之间，这也推动了矿业部门的发展。

与占据玻利维亚大多数人口的农民相比，矿工似乎是一个特权阶级，但现实却更为复杂。正如肯德尔·布朗指出的那样，国营玻利维亚矿业公司中的矿工们形成了一个金字塔结构，这些占据官员职位的人剥削分包合同的工人。[17] 生活在底层的人有各式绰号，如“猫头鹰”或“巨库”（矿石窃贼），他们在废弃的矿井搜寻可在市场销售的矿石谋生。这些人无从获得国家雇员的福利。碎石机重新加工古老的尾矿或矿砂泥浆，有些充满了汞、镉和其

他毒素。妇女继续作为负责矿石分拣或高品位矿石分拣的自由工人，大多数人的工资少得可怜。

1971 年，乌戈·班塞尔（Hugo Banzer）将军领导的流血政变推翻了 1969 年上台的左翼统治者。在同美国重新谈判贸易关系时，班塞尔被高涨的商品价格冲昏了头脑。矿工继续从全球对波托西矿石的需求中受益。尽管东部低地，尤其是首府圣克鲁斯-德拉谢拉，依靠石油和天然气的开发成功获得了政治影响力，波托西依然是政治经济中心。为了继续掌权，1977 年，班塞尔激怒了广大 195
的持不同政见者，玻利维亚政治体系迎来了埃沃·莫拉莱斯（Evo Morales）时代。[18] 人口结构的变化削弱了曾经由矿业工会掌握的权力。矿业部门、国营玻利维亚矿业公司以及波托西进入了一个黑暗时期。

经过数次政变后，20 世纪 80 年代后期，玻利维亚的民主政权解散了国营玻利维亚矿业公司，并解雇了数千名工人。罢工毫无用处。这并非国家管理不善的结果：世界市场对锡的需求已经消失。对于波托西及其他地区的中小型矿工来说，锌勉强取代了锡，但如果了解国营玻利维亚矿业公司老矿的位置，其中残存的白银或许勉强可以维持生计。1990 年，里科山的采矿业再次转移到偷窃矿石行为风格的合作企业手中，其中一些合作企业使用的是国营玻利维亚矿业公司廉价出售的设备。合作企业由特权阶级成立，他们主要是通过私人强占而不是正式法律机构的承认来开采矿山的。

经历了长期的低迷后，随着 21 世纪初中国成为工业发动机，韩国、印度和其他亚洲国家也紧随其后，矿石价格上涨。由于国营玻利维亚矿业公司已经解散，玻利维亚对外国矿业公司开放并复兴了一批国家控股的公司。小型合作企业矿工对外国公司心存余悸，尽管有些人寻找到与外国公司合作的机会。狂热的自由市场遇冷和新自由主义的让步（主要是在能源领域）成为冈萨罗·桑切斯总统在2003年下台的原因之一。埃尔阿尔托的抗议者被屠杀成为导火索，这里距离拉巴斯并不远。人们对此自然不会熟视无睹。

矿工、土著激进分子和古柯种植者，包括埃沃·莫拉莱斯，都强烈反对新自由主义的代表、亲美的桑切斯，最终迫使桑切斯黯然下台、远走国外。2005年，莫拉莱斯在波托西矿工们的强力支持下当选为总统，矿工们希望复兴国营玻利维亚矿业公司。但莫拉莱斯和波托西矿工的关系迅速变糟，在他参选以来的十余年间不断恶化。依靠国家的能源收入，莫拉莱斯轻视玻利维亚的矿业部门，讨好外国投资者，通过分化瓦解的方式保持矿工的平衡。

莫拉莱斯对采矿业和矿工的矛盾态度加剧了波托西全省和波托西市的分裂，波托西在玻利维亚是最大的，而且仍然是矿产最丰富的城市之一。尽管2008年发生了全球金融危机，里科山数十
196 个合作企业凭借商品价格高涨而变得强大，但在没有政府保护的情况下，他们的矿山财富很容易被征收。2010年之后，合作企业在波托西和拉巴斯的定期抗议活动转变为暴力冲突，这种暴力方式引起了人们的关注。

与1995年我第一次参观时对比，本书创作时（2018年）的波托西已变成一座规模更大、更富魅力的城市。过去萧条的矿业城市如今变为繁荣的大都市，其繁荣从里科山延伸到自殖民地时代周边就无人居住的峡谷和山谷。随着矿山的枯竭和其他经济发展机会的消逝，市议会正在竭尽全力地促进旅游业的发展。现在这座超过30万人口的城市面临着缺水的危机。气候变化加剧了高地的荒漠化，总督托莱多建立的众多水库正在干枯。其他高原盆地的水已无法输送到城市的上部地区。如今贫穷的市民正同磨坊主作斗争，以争取滴滴甘霖，尤其在干旱的冬季。2017年9月，因

为涉嫌把市政饮用水出售给位于城市边缘、旧殖民时代矿业部门的白银和锌精炼商，波托西市长被罢免。

与此同时，安第斯山脉的矿工仍然昼夜不停地在里科山中劳作，嘴里塞满古柯叶，肺里则充斥着硅尘。繁重工作换来的美元屈指可数。有些矿工还只是稚嫩的男孩，还有一些不到40岁就咯血的成年男子。满载货物的卡车经常隆隆作响地向山下的精炼厂驶去，这些精炼厂的尾矿堆满了城市下方高低不平的池塘。在每个雨季，皮科马约河都会充斥波托西累积的重金属、氰化物、酸性污泥和其他有害物质。8月，托马哈夫季风仍然对殉难的圣巴多罗买灵魂咆哮，空中飘荡的大气尘和塑料袋遮挡了阳光。

在冷峻的大自然面前，伟大的红色里科山一如既往地容忍着人类的愚蠢，虽然她已伤痕累累、摇摇欲坠，但在通宵达旦的节日灯火点缀下，里科山注视着曾经的“帝王之城”，如今这座城市由镜面玻璃和色彩艳丽的混凝土构成。她从来不是神罗马帝国皇帝查理五世宣称的“众山之王”，但她可能是安第斯山脉的女王、独一无二的帕查玛玛和圣母玛利亚。从现在看，它似乎是一段遥不可及的记忆，但是这个由山脉、城镇、玻利维亚遥远高地的腹地相连接的结合体在过去一个多世纪以来是毫无争议的“世界财库”。

附录　波托西史料辑要

197 处于殖民时代高光岁月的波托西激发了不少评论家的灵感，但并非所有评论家都是可靠的。以下挑选并翻译了一些目击者的描述，以此增加正文的趣味。第一条史料是1572年一位教士在临终之前回忆起1545年迭戈·瓜尔帕宣称发现里科山的记载。第二条史料描述了1550年多明我会修士多明戈·德·圣托马斯参访波托西期间把其描述为“地狱之口”的例证。第三条是哲罗姆隐修会募捐者迭戈·德·奥卡尼亚对一个富裕的安第斯土著（或梅斯蒂索人）佩德罗·德·蒙德拉贡的描述，奥卡尼亚在1600年上门拜访了他家。第四条史料是波托西精炼厂厂主路易斯·卡波切对采矿方式和意外事故的一系列记载，这些内容创作于1585年，并于同年传回西班牙。卡波切的作品极大地影响了著名的耶稣会会士、博物学家何塞·德·阿科斯塔，数年后阿科斯塔出版了关于波托西的作品。第五条史料涉及一份1603年波托西大量消耗树木和刨光木材的匿名报告，暗示了经济繁荣背后隐藏的环境恶果。最后一条史料是1658年法国人比斯开的阿卡雷特目睹的关于波托西圣体节令人惊奇的记载。即使在困难时期，“帝王之城”也会举办精彩的表演。

关于1572年波托西里科山及其被发现的记载

印第安人瓜尔帕与另一名印第安人一起爬上了山，他们要求这名印第安人陪同瓜尔帕，因为这是一段艰苦的旅程，攀登距离

超过了2000步。肩负使命的两人一路艰难前进，最后抵达了波托
西山顶，顶部有块100英尺左右的台地，向四周延伸。他们发现了
一座与附近印第安人相关的神庙，以及一些献祭给瓦卡的不太重
要的祭品。迭戈·瓜尔帕把这些东西都打包放到同伴背上，并将 198
其送到4个西班牙人那里，他们待在以冈萨罗·皮萨罗命名的地
方。瓜尔帕把自己的同伴和在山顶发现的战利品送给派他登山的4
名基督徒后，独自一人待在波托西山上。他说当自己从山峰顶部
下来时，有阵狂风把他吹倒在地，这在波托西山上并不少见。因
为大风从四面八方吹来，大自然又把风力汇聚于一点。苏醒之后，
他用了一段时间恢复知觉，但没能站起身。瓜尔帕环顾四周，观
察他的同伴有没有返回……翻身站起时，他用手撑在地面上并留
下了印记，好像他在用手抚摩光滑的黏土，手上也留下了黏土的
痕迹。当上帝认为一笔无价财富应该被人类发现时，他便开启了
这个印第安人眼睛的洞察力。瓜尔帕认识到拿在手上的东西就是
白银矿石，此前他曾在波尔科野外发现过类似的矿石，于是他顺
走了十来块［重四五磅］。他下山去寻找派自己登山的4个基督教
教徒，但他们并没有等待瓜尔帕，而是已经径直返回了波尔科。
(资料来源：罗德里戈·德·拉·富恩特·桑丹格尔：《神父》，藏于西班牙语作家图书馆，编号185，马德里：阿特拉斯出版社，1965年，357—361页，原始文件藏于马德里国家图书馆，ms. vol. J. 58.，6ff.，克里斯·莱恩译。)

约1550年多明戈·德·圣托马斯称波托西为“地狱之口”的例证

这片土地已经丢失大约4年了［例如，在冈萨罗·皮萨罗叛乱时期］。正如我彼时所言，人们在那里发现了“地狱之口”，由于西班牙人的贪婪，大量的人进入其中并向自己的神灵献祭，而

他们所找到的银矿则被称为“波托西”。为了让殿下明白这确实是地狱之口，它的目的是在上帝允许下吞掉这片土地上发现的灵魂，我要在此做一些描述。

它是一座位于极寒荒地的小山，方圆6里格之内既没有可以饲养牲畜的植物，也没有用来做饭的柴火。印第安人自己背这些东西，拥有美洲驼的印第安人也可以由美洲驼运输，这同样也适用于居住在这里、需要食物果腹的西班牙人和印第安人。最近的物资来源大概有12、15或者30里格远，而最远的地方就属科廖，距离这里100里格。在此地，1蒲式耳小麦的平均售价为30卡斯特亚诺［大约60比索］，价格往往会更高。印第安人的食物玉米，每蒲式耳的价格为15—20卡斯特亚诺。被称为“丘纽”（即经过冷冻干燥处理的马铃薯）和马铃薯的食物是植物的根茎，每蒲式耳的价格为12或15卡斯特亚诺。他们驱使所有可以想到的劳力从里科山中拿走可带走的矿石。

199 冒着崩塌、极寒和疫病的风险，从矿井深处和岩石堆中取走矿石是一件艰巨的任务。从6里格处甚至更远的地方带来木炭对矿石进行精炼。他们获得取暖和做饭的柴火的距离和这座山流传的名气一样远，在200里格甚至更远处，距这里250里格，距那里230里格。按照规定，180里格远的地方，他们强制摊派贫穷的印第安人前往。一个摊派任务是50个印第安人，另一个是60个印第安人，再一个是100个印第安人、200个印第安人，并且以此类推。然而这种摊派任务是如此违背理性和自由人的法律，但任何了解自由的人都会忽视它。因为强制摊派的对象既有可能是奴隶，也有可能是重刑犯，而不是殿下在自由法的规定和条例中声称的这些穷人。(资料来源：何塞·玛丽亚·巴尔加斯，修士多明戈·德·圣托马斯：《秘鲁印第安人的捍卫者和使徒：他们的生活和著作》，基多：圣多明戈编辑部，1937年，15—21页，克里斯·莱恩译。卡斯特亚诺是一个计量单位，相当于4.6克的22K黄金。）

约1600年迭戈·德·奥卡尼亚对波托西“印第安富人”的描述

在波托西有很多富裕的印第安人，其中以蒙德拉贡为代表，他一直担任着度量衡督察员的职位。一天，我登门拜访蒙德拉贡，并参观了他的房子，来自西班牙的人可能都会这样做。我发现他在地板上的一张桌子上用餐，这张桌子低得就像传统的印第安人席地而食一样；他也不坐椅子，蹲坐在地上像只下蛋的母鸡。蒙德拉贡穿着西班牙风格的衣服，有一张和板凳同样高的桌子。他总是把所有财产都放在房子里，就在眼前。屋里满是银，部分是银条，部分是银锭［“松果”］，还有一部分是罐装银币［雷亚尔］。我很惊讶地看到一个地方有这么多银子，我问他我目光所及之处一共有多少银子，他回答道：“有30万比索经过鉴定的银子。”他每年借给国王10万或20万比索，以供养船队。后来，从第五次开始有了折扣，蒙德拉贡必须把获取的银条交给国王，因为他经营的商业就是收购银条和松果状的银锭，通过皇家铸币厂把它们铸成银币。由于没有从事其他可能损害自己财富的生意，他每次通过这样的交易获得一定比例的利润，逐渐赚了更多的钱，但是他唯一做的事情就是不断把钱存在家里。他给教会捐了很多钱，但没有一次是公开的，人们认为他没有丝毫贡献。（资料来源：迭戈·德·奥卡尼亚：《新世界游记：从瓜达卢佩岛到波托西（1599—1605）》，布兰卡·洛佩斯·德·马里斯卡尔和亚伯拉罕·马德罗尼亚尔编，马德里：伊比利亚美洲/韦尔维特，2010，270—271页，克里斯·莱恩译。肯尼斯·米尔斯在《奥卡尼亚笔下世界第八奇迹中的蒙德拉贡》解释了奥卡尼亚对土著和梅斯蒂索奋斗者的着迷，一个主要原因是来自西班牙访客的好奇心。）

1585 年路易斯·卡波切对里科山、采矿方式和矿难的记载

200 米塔制下的印第安人用自己的毛毯运输矿石，每次运输的重量达到 2 阿罗瓦（相当于 22.7 千克）。我不知道出于什么样的义务，他们把矿石扛在肩膀上，绳子系在胸前，以三人为一组攀爬，前行者一手举着蜡烛以方便他们上下，因为矿井漆黑一片，伸手不见五指，但蜡烛燃烧的微弱光源经常被风吹灭，他们只得双手牢牢地护着烛光，并竭尽全力爬行 150 人相连的高度（总共约 251 米），而且下降到更深处；矿井深度超过 400 人相连（约 671 米深），即便在平坦的路上这段距离都会令人劳累不堪，更不用说还要冒险在矿井爬进爬出了。印第安人抵达出口后汗流浃背，呼吸不畅，他们在浑身散热、恢复精力以缓解疲劳时经常被辱骂并挨打，原因要么是携带的矿石太少，要么是攀爬的时间太长，要么是被告知带出来的只是泥土，要么是因偷了东西。不到 4 个月前，一个矿主想要和一个印第安人进入矿井，印第安人担心矿主跟随的话会伤害到自己，于是在矿井寻找避难处，结果在混乱中摔得粉身碎骨。

作为明加的印第安人有一些优势，并会得到相对好的待遇，因为他们签订的契约中包含了一些自由，他们有权带走一些大块的、用于贸易的优质矿石，以此作为其每日的报酬。如果这种权利被限制了的话，他们不会再返回矿山。经常雇用明加的矿山都是富矿，这些矿工可以从中获利，带走矿石以交换用来精炼的汞。如果他们身处富矿中，没有什么东西可以遮掩，那些能在风炉中精炼的富矿矿石（几乎是）唾手可得。矿产贫瘠的矿山则会给矿主造成很大损失，因为摊派给他们的印第安矿工人数稀少，发挥不了实际作用。

欧洲的纺织物在这个城镇有很大的交易量，这些纺织物通过

海路在阿里卡和库斯科港口进入，每年的消费额超过了120万比索，这还不包括来自基多、拉巴斯和瓦努科价值50万比索的羊毛织物、粗呢和格罗格兰姆呢，价值10万比索的当地织物，来自图库曼价值2.5万比索的织物，包括很多棉麻、地毯、装饰性的布匹、蜂蜜、蜂蜡和印第安布料。磨坊设备消耗的铁加起来超过30万公担；伊卡、卡马纳和阿雷基帕的葡萄酒来自太平洋海岸及其山谷，拉巴斯的卡拉卡托葡萄酒也大量输入，总计超过了1.5万壶，售价为8.5—9经检定的比索；从卡斯蒂利亚输入的葡萄酒超过8000壶，每壶价值15或16经检定的比索；果脯和糖的消耗量也十分巨大。

不久前，1个葡萄牙人与7个印第安矿工一起采矿，前往另一个施工场地。当到达矿井最深处再次开工之时，岩石和土块砸向
矿井下面的人们。为了躲避高空坠物，其中5个印第安人藏身于山 201
洞中，另外2个人挤进一个更狭小的空间，在那里他们可以抵挡所有掉下来的东西。但是掉落的岩石太多，填满了矿井的大部分空间，导致他们在夹缝中奄奄一息。当消息传到了城镇，矿山的地方法官和督察员迭戈·布拉沃努力去营救，并派遣了许多印第安人刨开塌落的土块，但是没有效果，因为不久之后更多的土块塌落。第二天稍晚，他们把两个没有被土块完全困住的印第安人救了出来。冒着生命危险，印第安人昼夜清除矿井。因为土块不断坠落，人们进行清理的空间已经无法容纳更多人了。人们尽其所能，却徒劳无功。此时葡萄牙人和5个印第安人尚有活动空间，因为他们藏身的洞穴相当大。这鼓励了矿井外的救援人员，给予了他们把土块清理干净的希望。矿井中的葡萄牙人告诉救援人员不要放弃，上帝将会把他们从痛苦和苦难中解救出来。他们努力抵抗饥饿，甚至以鞋为食物维持生命，尽管寒冷已使他们疲惫不堪。印第安人也在不断地同他们讲话。在这种情况下，他们度过了四

五天的时间。人们总是带着食物前来，以便救援人员可以更加努力地挖掘土块。当事态的发展表明受困人员不可能被救出来时，一位耶稣会的神父要他们忏悔，葡萄牙人立下了遗嘱，人们用叹息的方式向他们告别。印第安人向妻子和孩子们说了一些纯朴的遗言。他们在没有任何解决办法的情况下死去。一位最年长并且有些拉丁化的印第安人告诉葡萄牙人不要再说话了，他决定静静地睡去，剩余的同伴也在旁边逝去。（资料来源：路易斯·卡波切：《“帝王之城”波托西的历史》，刘易斯·汉克编，西班牙语作家图书馆，编号 122，马德里：阿特拉斯出版社，1959 年，第 109 页、159 页、179 页，克里斯·莱恩译。）

1603 年匿名报告记载的波托西木材需求

这个城镇的木材支出额巨大，因为此处有很多商人，消费的总数无法确定。但是为了使人们对这笔开支有个大致的概念，我会描述一根被称为“车轴”的横木，22 英尺长，2 英尺宽，价值 900—1000 经检定的比索；一根称为“臼”（用来碾压矿石）的横木，10 英尺长，2 英尺宽，价值 400 经检定的比索；而一根被称为“槌棒”的横木，2.5 码长，手掌般宽，价值 14 比索；一块普通的木板价值 10 比索。由此看来，城镇全部 128 个捣磨厂经营者在木材上的花费有多巨大。更不用说所有西班牙人的房子都带有门、窗户和香柏木制成并嵌入墙壁的橱柜，这些东西都是精心制作的。房屋的天花板是被誉为“龙舌兰”的狭木板，内部中空不会腐烂，
202 三四码长，如同一只手臂的厚度，每块价值 4 雷亚尔。（资料来源：《1603 年关于波托西城镇和矿山的记载》，何塞·乌尔巴诺·马丁内斯编，《印第安地理学历史：秘鲁卷》，西班牙语作家图书馆，第 185 卷，马德里：阿特拉斯出版社，1965 年，372—385 页，克里斯·莱恩译。）

1658 年比斯开的阿卡雷特对波托西圣体节庆典的记载

所有人，无论其伟大或是渺小，无论是西班牙人、外国人、印第安人，或是黑人，都乐意做一些特别的事情去庆祝这个节日。庆典的游行队伍由地方长官、24 个地方法官、其他官员、贵族和绅士的代表以及这座城市最杰出的商人组成，人人身着节日盛装。其余的人，尤其名媛们在窗户旁向下泼洒香水，散发糖果。在接下来的数天中人们会进行各种表演，包括斗牛游戏、骑马战斗游戏、各种化装舞会、喜剧表演、伴有声乐和器乐的舞会以及其他的娱乐活动；由绅士和市民、金匠和矿工、外国人和印第安人轮流参与这些节目，全部活动都精彩纷呈，耗资巨大。

在对一场当地居民上演的特别节目进行评价后，阿卡雷特记录了圣体节的精彩落幕：

最后一天压轴节目的精彩程度远超过其他任何表演，这是一场在环形竞技场进行的赛跑，它在城中举行，并利用了令人惊讶的机器。首先，出现一艘由强壮的野蛮人们（原文如此）拖拽的船，它的重量达到 100 吨，船上载有枪炮、奇装异服者、锚、绳索，船帆随风扬起，幸运的是风沿着街道吹向大型广场，野蛮人们把船只拖拽到这里。抵达目的地后，船只以发射礼炮的方式向宾客致敬。同时，一位代表东方君主的西班牙贵族祝贺国王的诞辰，从船舱中走出 6 个绅士和 1 个受过良好培训、牵着马匹的马夫，绅士们骑着马向查尔卡斯皇家检审法院主席致敬，此时他们所骑的马下跪并保持了这种姿势，显然在此之前马儿已经受过训练，随后他们向地方长官和地方法官致敬。当得到允许后，这些人在环形竞技场同防守方展开竞赛，他们表现得非常英勇，并从名媛手中拿到精美的奖品。(资料来源：欧文·伦纳德：《拉丁美洲殖民地的旅行者》，纽约：克诺夫出版社，1972年，141—142页。)

注　释

前　言

[1] Hiram Bingham, *Across South America: An Account of a Journey from Buenos Aires to Lima by Way of Potosí* (Boston: Houghton Mifflin, 1911), 117, 121。Bingham 的最新研究详见 Christopher Heaney, *Cradle of Gold: The Story of Hiram Bingham, a Real-Life Indiana Jones and the Search for Machu Picchu* (New York: Palgrave Macmillan, 2010)。

[2] 关于矿业繁荣时期的研究参见 John Tutino, *Making a New World: Founding Capitalism in the Bajío and Spanish North America* (Durham, NC: Duke University Press, 2011)。

[3] 参见 Immanuel Wallerstein 修订 *The Modern World-System I: Capitalist Agriculture and the Origins of the European World-Economy in the Sixteenth Century* (Berkeley: University of California Press, 2011),第一版于 1974 年发行。

[4] Steve J. Stern, Feudalism, Capitalism, and the World-System in the Perspective of Latin America and the Caribbean," *American Historical Review* 93:4 (Oct. 1988): 829-872.

[5] 参见 James D. Tracy, ed., *The Rise of Merchant Empires: Long-Distance Trade in the Early Modern World*, 1350-1750, *and The Political Economy of Merchant Empires: State Power and World Trade*, 1350-1750 (New York: Cambridge University Press, 1990, 1991)。

[6] 最近以大宗商品视角之外,对拉丁美洲白银进行的新研究可参见 Carlos Marichal 在 Steven Topik, Carlos Marichal 和 Zephyr Frank 所编写的 *From Silver to Cocaine: Latin American Commodity Chains and the Building of the World Economy*, 1500-2000 中"*Piece of Eight*"一章中的精彩论述(Durham, NC: Duke University Press, 2006), 25-52。

[7] 参见 Pedro Cardim, Tamar Herzog, Jos Javier Ruiz Ibez, and Gaetano Sabatini, eds.,

Polycentric Monarchies: How Did Early Modern Spain and Portugal Achieve and Maintain a Global Hegemony? (Sussex: Sussex University Press, 2012)。

[8]参见 Femme Gaastra, *The Dutch East India Company: Expansion and Decline* (Zutphen: Walburg, 2003), and K. N. Chaudhuri, *The English East India Company: The Study of an Early Joint-Stock Company*, 1600-1640, 2nd ed. (London: Routledge, 1999)。Kenneth Pomeranz 和 Steven Topik 在 *The World That Trade Created: Society, Culture, and the World Economy*, 1400 *to the Present* (Armonk, NY: M. E. Sharpe, 1999)。书中引发了许多新颖、真正的全球视野的讨论。

[9]Andre Gunder Frank, *ReOrient: Global Economy in the Asian Age* (Berkeley: University of California Press, 1998)。亦可参见 William Schell, "Silver Symbiosis: ReOrienting Mexican Economic History," *Hispanic American Historical Review* 81:1 (Feb. 2001): 89-133。

[10]经济学家 Dennis O. Flynn 和历史学家 Arturo Giráldez 发表和出版了一系列文章和书籍探讨美洲白银在亚洲的情况,有力地论证了以太平洋为中心的全球化世界可以追溯到 1571 年。

[11]关于奥斯曼帝国和萨法维帝国的研究参见 Sevket Pamuk, A Monetary History of the Ottoman Empire (New York: Cambridge University Press, 2000); and Rudi Matthee, Persia in Crisis: Safavid Decline and the Fall of Isfahan (London: I. B. Tauris, 2012)。关于印度莫卧儿帝国的研究,参见 Shireen Moosvi, "The Silver Influx, Money Supply, Prices and Revenue-Extraction in Mughal India," and *Journal of the Economic Social History of the Orient* 30:1 (1987): 47-94。

[12]Richard Von Glahn 在 *Fountain of Fortune: Money and Monetary Policy in China*, 1000-1700 (Berkeley: University of California Press, 1996),以及最近的其他作品中讨论了日本白银的重要性,以及波托西繁荣时期中国金融体系的复杂性。

[13]历史学家卜正民(Timothy Brook)讲述了现代全球化早期波托西、荷属东印度和中国等地的联系,参见 *Vermeer's Hat: The Seventeenth Century and the Dawn of the Global World* (New York: Viking Penguin, 2008)。

[14]参见 Giorgio Riello, *Cotton: The Fabric That Made the Modern World* (New York: Cambridge University Press, 2013)。

[15]最具代表性的研究参见 Daviken Studnicki-Gizbert, "Exhausting the Sierra Madre: Mining Ecologies in Mexico over the Longue Durée," 收录于 John R. McNeill and George Vrtis 编著的 *Mining North America: An Environmental History since* 1522 (Berkeley: University of California Press, 2017), 19-46。Studnicki-Gizbert 与其指

导的博士生 Saúl Guerrero 合作,评论了近期由 Nicholas A. Robins 出版的关于秘鲁万卡韦利卡和波托西汞污染的作品。参见 Robins, *Mercury, Mining, and Empire: The Human and Ecological Cost of Colonial Silver Mining in the Andes* (Bloomington: Indiana University Press, 2011); and *Santa Barbara's Legacy: An Environmental History of Huancavelica, Peru* (Lei den: Brill, 2017). *Guerrero's landmark work is Silver by Fire, Silver by Mercury: A Chemical History of Silver Refining in New Spain and Mexico, 16th to 19th Centuries* (Leiden: Brill, 2017)。

[16]参见 Colin A. Cooke, Prentiss H. Balcom, Charles Kerfoot, Mark B. Abbott, and Alexander P. Wolfe, "Pre-Columbian Mercury Pollution Associated with the Smelting of Argentiferous Ores in the Bolivian Andes," *Ambio* 40:1 (Feb. 2011): 18-25。专注于矿业的考古学家也在进行相关研究,如 Pablo Cruz and Jean-Joinville Vacher 合编的 *Mina y metalurgía en los Andes del Sur desde la época prehispánica hasta el siglo XVII* (Sucre: IFEA, 2008), 201-229。

[17]Kendall Brown, "Workers' Health and Colonial Mercury Mining at Huancavelica, Peru," *The Americas* 57:4 (Apr. 2001): 467-96.

[18]Pratigya J. Polissar, Mark B. Abbott, Alexander P. Wolfe, Mathias Vuille, and Maximiliano Bezada, "Synchronous Interoceanic Holocene Climate Trends in the Tropical Andes," *Proceedings of the National Academy of Sciences of the U. S. A.* 110:36 (Sept. 2013): 14551-14556.

导 论

[1]Miguel de Cervantes, *Don Quixote* (1605-1615), trans. Edith Grossman(New York: Ecco, 2003), chap. LXXI (p. 920).

[2]Nicolás Wey-Gómez, *The Tropics of Empire: Why Columbus Sailed South to the Indies* (Cambridge, MA: MIT Press, 2008), 214-224. See also Peter J. Bakewell, ed., *Mines of Silver and Gold in the Americas* (Aldershot: Variorum, 1997).

[3]John J. TePaske and K. W. Brown, *A New World of Gold and Silver* (Leiden: Brill, 2010), 151。关于萨卡特卡斯的研究,参见 Peter Bakewell, *Silver Mining and Society in Colonial Mexico, Zacatecas* 1556-1700 (New York: Cambridge University Press, 1971)。关于圣路易斯·波托西的研究,参见 Saúl Guerrero, *Silver by Fire, Silver by Mercury: A Chemical History of Silver Refining in New Spain and Mexico, 16th to 19th Centuries* (Leiden: Brill, 2017)。

[4]关于该理论的研究参见 Orlando Bentancor, *The Matter of Empire: Metaphysics and*

Mining in Colonial Peru (Pittsburgh: University of Pittsburgh Press, 2017), 321-345。

[5] Pedro de Cieza de León, *Crónica del Peru*, *Primera Parte*, *ed. Franklin Pease G. Y.* (Lima: PUCP Fondo Editorial, 1984), 288-293.

[6] Cieza de León, *Crónica del Peru*, 292; 著者译。

[7] Thomas D. Goodrich, *The Ottoman Turks and the New World: A Study of Tarih-I Hind-I Garbi and Sixteenth-Century Ottoman Americana* (Wiesbaden: Otto Harrassowitz, 1990), 61-62.

[8] Agustín de Zárate, *The Discovery and Conquest of Peru*, ed. and trans. J. M. Cohen (London: Penguin, 1968), 247-249.

[9] Goodrich, *Ottoman Turks and the New World*, 285.

[10] Ibid., 286。另外以奥斯曼地缘政治为背景对该手稿的讨论参见 Giancarlo Casale, *The Ottoman Age of Exploration* (New York: Oxford University Press, 2010), 160-163。奥斯曼帝国里科山缩影的说明是 Cieza de León 得出的,意大利语翻译过来是:上述小组以下列方式提取了上述矿物质:首先,他们建立了一个窑炉,然后将矿物质与一定量的木炭和粪便混合,然后将其放入上述窑炉中。他们利用风在其从侧面钻出一个洞,然后他们点燃木炭和肥料,由此将银和金逐渐熔化并从窑炉角落的缝隙中流出。通过这种方式,卡瓦哈尔累积了价值 70 万比索的秘鲁白银。

[11] Kenneth Ch'en, "Matteo Ricci's Contribution to, and Influence on, Geographical Knowledge in China," *Journal of the American Oriental Society* 59:3 (Sept. 1939): 325-359。感谢 Brian DeMare 教授对这些语言的翻译。

[12] Cieza de León, *Crónica del Perú*, 293.

[13] 同上。

[14] "1573 年,尼古劳·德尔·贝尼诺在致秘鲁总督弗朗西斯科·德·托莱多的信中,对波托西里科山矿工及其质量和劳动关系进行了分析",见 *Relaciones geográficas de Indias—Peru*, Biblioteca de Autores Españoles, vol. 183, José Urbano Martínez Carreras 编 (Madrid: Atlas, 1965), 362-71. Archivo y Biblioteca Nacional de Bolivia (ABNB) Escrituras Públicas (EP) 1, f. 37v, ff. 344-345; EP 3, ff. 564-565; 673v-676。

[15] Richard Kagan 把墨西哥城、利马库斯科和波托西进行对比,参见 *Urban Images of the Hispanic World*, 1493-1793 (New Haven, CT: Yale University Press, 2000), 151-197。

第一章

[1]Mercedes de las Casas Grieve, ed. , *Relación de las cosas acaecidas en las alteraciones del Perú después que Blasco Núñez Vela entró en él* (Lima: PUCP, 2003), 251; 著者译。

[2]Rodrigo de la Fuente Santangel 的叙述见于 *clérigo presbítero*,收录于 José Urbano Martínez Carreras, ed. , *Relaciones geográficas de Indias—Peru*, Biblioteca de Autores Españoles, vol. 183 (Madrid: Atlas, 1965), 357-361.

[3]Juan de Matienzo, *Gobierno del Perú*, ed. Guillermo Lohmann-Villena (Paris/Lima: IFEA, 1967)。参见第八章中关于波科/波托西"亚纳科纳"与其他类型工人/奴隶的描述。

[4] Pablo Cruz, Huacas olvidadas y cerros santos: Apuntes metodológicos sobre la cartografía sagrada en los Andes del sur de Bolivia," *Estudios Atacameños*38 (2009): 55-74。也可参见 Tristan Platt and Pablo Quisbert, Tras la huella del silencio: Potosí, los Incas y Toledo," *Runa* 31:2 (2010): 112-152。

[5]Simon Lamb, *Devil in the Mountain: A Search for the Origin of the Andes* (Princeton, NJ: Princeton University Press, 2004), 143-145。也可参见 Edward W. Berry, "Fossil Plants from Bolivia and Their Bearing on the Age of the Upliftof the Eastern Andes," *Proceedings of the U. S. National Museum* 54:2229 (1917): 103-164。

[6]C. G. Cunningham, R. E. Zartman, E. H. McKee, et al. , "The Age and Thermal History of Cerro Rico de Potosí, Bolivia," *Mineralium Deposita* 31 (1996): 374-85.

[7]传说中圣佩德罗山的命运就是如此。该山是墨西哥境内圣路易斯波托西市(与本书主角波托西同名)的"里科山",现在它是一个巨大的深坑。参见 Daviken Studnicki-Gizbert, "Exhausting the Sierra Madre",收录于 John R. McNeill and George Vrtis 主编的 *Mining North America: An Environmental History since* 1522, (Berkeley: University of California Press, 2017), 1-46。

[8]Colin A. Cooke et al. , "Pre-Colombian Mercury Pollution Associated with the Smelting of Argentiferous Ores in the Bolivian Andes," *Ambio* 40:1 (Feb. 2011): 18-25.

[9]John V. Murra 创造的术语"垂直群岛",参见 *Reciprocity and Redistribution in Andean Civilizations: The* 1969 *Henry Morgan Lectures*, ed. Freda Yancy Wolf and Heather Lechtman(Chicago: University of Chicago Press, 2017)。相关信息收录在第一章。关于奇里瓜诺人的研究,参见 Thierry Saignes 编, *Historia del pueblo Chiriguano*, ed. Isabelle Combès (La Paz: IFEA, 2007)。

[10]Ana Msria Presta, "La primera joya de la corona en el Altiplano Surandino:Descubri-

miento y explotación de un yacimiento minero inicial: Porco, 1538-1576," 收录于 Pablo Cruz and Jean-Joinville Vacher 合编的 *Mina y metalurgía en los Andes del Sur desde la época prehispánica hasta el siglo XVII* (Sucre: IFEA, 2008), 201-229。

[11] Tristan Platt, Thérèse Bouysse-Cassagne, Olivia Harris, con el aliento de Thierry Saignes, *Qaraqara-Charka: Mallku, Inka y Rey en la provincia de Charcas (siglos XVI-XVII): Historia antropológica de una confederación aymara* (La Paz: IFEA / Plural, 2006), 162.

[12] Platt et al., *Qaraqara-Charka*, 151。更大规模的运动参见 Kenneth Mills, *Idolatry and Its Enemies: Colonial Andean Religion and Extirpation*, 1640-1750 (Princeton, NJ: Princeton University Press, 1997)。

[13] Platt et al., *Qaraqara-Charka*, 151.

[14] Sonia Alconini, *Southeast Inca Frontiers: Boundaries and Interactions* (Gainesville: University Press of Florida, 2016).

[15] John Hemming 对此进行了详细的叙述,参见:The Conquest of the Incas (New York: Harcourt, Brace, Jovanovich, 1970), 31-45。

[16] John J. TePaske, *A New World of Gold and Silver*, ed. Kendall W. Brown (Leiden and Boston: Brill, 2010), 111.

[17] Thomas Dandelet, *The Renaissance of Empire in Early Modern Europe* (New York: Cambridge University Press, 2014), 111-115.

[18] 参见 Kenneth Andrien, *Andean Worlds: Indigenous History, Culture, and Consciousness* (Albuquerque: University of New Mexico Press, 2001), 43-45。

[19] José María Vargas, *Fr. Domingo de Santo Tomás, defensor y apostol de los indios del Perú: Su vida y sus escritos* (Quito: Editorial Santo Domingo, 1937), 15-21; 著者译。

[20] Archivo y Biblioteca Nacional de Bolivia (ABNB) Escrituras Públicas (EP) 1, ff. 27v-30; 32v-35 (both 1548)。在 1549 年,王室颁布法令禁止个人服徭役(e. g., ABNB Rück 1 / 1, ff. 359—62)。

[21] Peter J. Bakewell, *Miners of the Red Mountain: Indian Labor in Potosí*, 1545-1650 (Albuquerque: University of New Mexico Press, 1984), 40-45.

[22] ABNB Minas EP 3, ff. 367-67v (1559); EP 1, f. 106 (1549); EP 1, ff. 4-5 (1549).

[23] 这一部分很大程度上依赖于著者对 Luis Capoche1585 年叙述的翻译,收录于 Lewis Hanke 编辑的西班牙语著作 *Relación general de la Villa Imperial de Potosí*,

Biblioteca de Autores Españoles 122 (Madrid: Atlas, 1959), 1-221, and Bakewell, *Miners of the Red Mountain*。

[24] Ximena Medinacelli G., Sariri: *Los llameros y la construcción de la sociedad colonial* (La Paz: IFEA / Plural, 2010); ABNB EP 1, f. 38, ff. 76-76v; 103v-104.

[25] 早期的公证记录中提到了 Benino 的作品,例如 ABNB EP 3, ff. 238v-39v, 452v-53 (both 1559)。1576 年他仍然签订契约从矿井提取矿石,例如 ABNB EP 25, ff. 210v-11v。

[26] 如"1573 年,尼古劳·德尔·贝尼诺在致秘鲁总督堂·弗朗西斯科·德·托莱多的信中,对波托西里科山矿工及其质量和劳动关系有描述", José Urbano Martínez Carreras 编, Relaciones geográficas de Indias—Peru, Biblioteca de Autores Españoles, vol. 183 (Madrid: Atlas, 1965), 363:"这座山有半里格高, 并且十分陡峭和崎岖, 在攀登它时, 不仅人会呼吸急促, 野兽和马也如此。因此,他们经常被人看到气喘吁吁的样子。"

[27] "十分特殊的关系",第 362—371 页。关于里科山中水平坑道的更早描述可见于 ABNB EP 5, ff. 467-48 (1563)。其他隧道在关于邻近的波科的合同中也有提到。

[28] 关于高品位矿石的争论激烈而持久。参见 Josep M. Barnadas, "Una polémica colonial: Potosí, 1579-1684," *Jarbuch für Geschichte von Staat, Wirtschaft un Gesellschaft Lateinamerikas* 10 (1973): 16-70。

[29] Jane E. Mangan, *Trading Roles: Gender, Ethnicity, and the Urban Economy in Colonial Potosí* (Durham, NC: Duke University Press, 2005); and Paulina Numhauser, *Mujeres indias y señores de la coca: Potosí y Cusco en el siglo XVI* (Madrid: Cátedra, 2005).

[30] ABNB Rück 3, ff. 98-105.

[31] ABNB Manuscritos No Librarios (MNL) 52 / 7.

[32] Bakewell 在 *Miners of the Red Mountain* 第 12 页也怀疑托莱多对波托西网格状城市规划的责任。

[33] ABNB EP 1, ff. 92v-93.

[34] ABNB EP 3, f. 79v-80.

[35] Pedro de Cieza de León, *Crónica del Peru, Primera Parte*, ed. Franklin Pease G. Y. (Lima: PUCE Fondo Editorial, 1984), 288-93; 著者译。

[36] Enrique Otte, ed., *Cartas privadas de emigrantes a Indias*, 1540-1616 (Mexico City: FCE, 1993), 518; 著者译。

[37]Garcilaso de la Vega, El Inca, *Royal Commentaries of the Incas and General History of Peru*, H. V. Livermore 翻译(Austin: University of Texas Press, 1966)。Garcilaso 讲述了塞维利亚一则关于鹦鹉揭露骗子江湖医生的类似故事。

[38]Archivo Histórico de Potosí (AHP) Escrituras Notariales (EN) 19, f. 1536.

[39]Diego de Ocaña, *Viaje por el Nuevo Mundo: De Guadalupe a Potosí*, 1599-1605, *ed. Blanca López de Mariscal and Abraham Madroñal* (Madrid: Iberoamericana / Vervuert, 2010), 270-271; 著者译。更多关于 Pedro de Mondragón 的研究,参见 Paulina Numhauser, "Un asunto banal: Las luchas de Vicuñas y Vascongados en Potosí (siglo XVII)," *Illes i Imperis* 14 (2011): 113-138. Kenneth Mills, in "Ocaña's Mondragón in the Eighth Wonder of the World" (forthcoming, 2019), 解释了 Ocaña 着迷于土著和梅斯蒂索人奋斗者的原因,即长期以来西班牙访客的好奇。

[40]Cieza de León, *Crónica del Perú*, 288-293; 著者译。

[41]Mangan, *Trading Roles*, 48-75.

第二章

[1]Luis Capoche, *Relación general de la Villa Imperial de Potosí*, Biblioteca de Autores Españoles 122, ed. Lewis Hanke (Madrid: Atlas, [1585] 1959), 109-110; 著者译。

[2]Pedro de Cieza de León, *Crónica del Peru*, *Primera Parte*, ed. Franklin Pease G. Y. (Lima: PUCE Fondo Editorial, 1984), 288-293; 著者译。

[3]Mary Van Buren and B. Mills, "Huayrachinas and Tocochimbos: Traditional Smelting Technology of the Southern Andes," *Latin American Antiquity* 16:1 (2005): 2-25; 也可参见 T. Cohen, T. Rehren, and M. Van Buren, "La huayrachina por dentro y por fuera: Un estudio arqueo-metalúrgico de la tecnología de fundición de plomo en Porco-Potosí, Bolivia," 收录于 Pablo Cruz and Jean-Joinville Vacher 合编的 *Mina y metalurgía en los Andes del Sur desde la época prehispánica hasta el siglo XVII*, (Sucre: IFEA, 2008), 29-56。

[4]Capoche, *Relación*, 110; 著者译。

[5]关于殖民时代墨西哥冶炼技术的流行及其可能带来环境代价的研究,参见 Saúl Guerrero, *Silver by Fire, Silver by Mercury: A Chemical History of Silver Refining in New Spain and Mexico*, 16th *to* 19th *Centuries* (Leiden: Brill, 2017), chap. 3。

[6]Capoche, Relación, 111; 著者译。

[7]Archivo y Biblioteca Nacional de Bolivia（ABNB）Escrituras Públicas（EP）3，ff. 88-88v.

[8]ABNB EP 3，ff. 390v-391v，473v-474. 473v-474。也可参见 ff. 692v-694，波托西的一名铁匠把妻子 Inés"yndia de Yucay"留给梅斯蒂索混血女儿的矿井出售，类似的案例可以在 ff. 860—861，927v-928v，1116—1116v，1147v-1148v 看到。1559 年，非白人的 Pedro de Cabrera 以 60 比索的价格出售了里科山上的 10 码矿脉。Cabrera 后来自由地以 10 比索的单价购买了 40 头大羊驼（同上，ff. 523—524）。

[9]ABNB EP 3，ff. 717-718v.

[10]ABNB EP 1，ff. 142—143；21v-22.

[11]ABNB EP 3，ff. 849-849v.

[12]ABNB EP 1，ff. 343-344；ff. 11v-18v；EP 3，ff352v-354v。工具是"丁字镐、锄头、收割机和长柄锤"。1561 年的一份契约把工人称为苦工，但其中也注明了在奥拉格斯（位于今天的波托西北部）的矿井中为亚纳科纳提供食物、衣服、教育以及一些工具的义务。ABNB EP 4，ff. 1154v-1155。

[13]Capoche，*Relación*，108；著者译。

[14]Peter J. Bakewell，*Miners of the Red Mountain：Indian Labor in Potosí*，1545-1650（Albuquerque：University of New Mexico Press，1984），50-60.

[15]Capoche，*Relación*，109；著者译。

[16]同上。

[17]ABNB EP 10，ff. 301-312v；MNL 52/17.

[18]Capoche，*Relación*，109；著者译。

[19]ABNB Manuscritos No Librarios（MNL）52 / 17。拉普拉塔的法院下令使用马和大羊驼运载装在皮革袋里的矿石。Acosta 描述了 1589 年他在矿山工作的情况，参见 Jane E. 编 *Natural and Moral History of the Indies*（Durham，NC：Duke University Press，2002），179-181。

[20]Capoche，Relación，109；著者译。

[21]ABNB Minas 1/1.

[22]ABNB MNL 52/17。给出的术语是"鼻黏膜卡他和身体两侧的疼痛"（风湿病和胁痛）。

[23]ABNB EP 24，ff. 247—248。Heidi Scott 在"Mining Places and Subterranean Spaces in Colonial Spanish America：Nature，Government，and Moral Debate in the Exploitation of the Underground"（未公开发表的手稿，2018 年）中审查了教士矿场投资的

明细。

[24] Archivo Histórico de Potosí (AHP) Escrituras Notariales (EN) 9, f. 546: 1578 年富有的科索商人家族的成员进口到波托西的商品清单,其中包括铁。

[25] ABNB EP 3, ff. 516-516v, 509-509v.

[26] Kris Lane, *Quito* 1599: *City and Colony in Transition* (Albuquerque: University of New Mexico Press, 2002), 178-188。也可参见 Rachel Corr, *Interwoven*: *Andean Lives in Colonial Ecuador's Textile Economy* (Tucson: University of Arizona Press, 2018).

[27] Carlos Sempat Assadourian, El sistema de la economía colonial: El mercado interior—regiones y espacio económico (Mexico City: Nueva Imágen, 1983)。Sempat Assadourian 重现了罕见的 16 世纪 90 年代商人信件(第 91—126 页),展示了将智利的圣地亚哥与阿根廷的门多萨和科尔多瓦联系起来的复杂贸易网络,并且顺着网络边缘也可以到达巴拉圭和布宜诺斯艾利斯,但牲畜和纺织品都要由图库曼到波托西。

[28] Capoche, *Relación*, 179; 著者译。

[29] AHP EN 12, f. 473。1587 年 4 月 3 日的一份债务清单包括中国纺织品、"彩绘盒"和扇子。EN 13, f. 791。另一份清单中包括欧洲、墨西哥和中国的织物,包括"中国亚麻"。

[30] AHP EN 13, ff. 1653-1560。"来自印加时代古老的昆贝礼服。""一些有着白色袖子的礼服,来自所述时代。""一条来自特鲁希略的毯子,看起来像是来自中国。"

[31] AHP EN 13, f. 3254。"威尼斯玻璃价格。"

[32] AHP EN 12, f. 849.

[33] AHP EN 12, f. 774, 1587.

[34] Capoche, *Relación*, p. 141; 著者译。

[35] ABNB EP 1, ff. 57-57v. EP 3, ff. 263-264.

[36] ABNB MNL 52 / 17; EP 9, ff. 598-598v (1567).

[37] Jane E. Mangan, *Trading Roles*: *Gender*, *Ethnicity*, *and the Urban Economy in Colonial Potosí* (Durham, NC: Duke University Press, 2005), p. 76.

[38] ABNB EP 11, ff. 337v-338(1560); EP 6, ff. 408-408v (1564).

[39] ABNB MNL 52 / 17.

[40] ABNB EP 3, ff. 944-944v. ABNB MNL 52 / 17.

[41] AHP EN 9, f. viii,注释:1577 年 62 瓶火地酒以每瓶银矿提炼的八比索二托敏的

价格出售。阿雷基帕葡萄酒的价格为每壶 8 比索(f. 78v)。莫奎瓜葡萄酒的相关情况，参见 Prudence M. Rice, *Vintage Moquegua: History, Wine, and Archaeology on a Colonial Peruvian Periphery* (Austin: University of Texas Press, 2012)。

[42] AHP EN 14, f. 3283.

[43] Bartolomé Alvarez, 1588,引用 Regina Harrison, *Sin and Confession in Early Colonial Peru* (Austin: University of Texas Press, 2016), p. 205。

[44] Juan de Matienzo, *Gobierno del Perú*, ed. Guillermo Lohmann-Villena (Paris / Lima: IFEA, 1967), 161-189。对于库斯科早期的古柯争议,参见库斯科地区档案馆中关于该市的首批市镇委员会书籍。感谢 Jeremy Mikecz 的指导。

[45] Matienzo, *Gobierno del Perú*, 133.

[46] AHP EN 12, f. 780, 1587.

[47] ABNB EP 1, ff. 11, 13; 227v-228v.

[48] Paulina Numhauser, *Mujeres indias y señores de la coca: Potosí y Cusco en el siglo XVI* (Madrid: Cátedra, 2005)。也可参见 Mangan, *Trading Roles*. CNM AH EN 9, f. 519 中的一份早期批发合同,其中提及波托西的一位城镇议员进口了价值 4500 比索的古柯。

[49] AHP EN 13, f. 2236, codicil。Numhauser 把这个姓氏读成"Carna", *Mujeres indias*: 272-273。

[50] Mangan, *Trading Roles*, p. 113.

[51] 1588 年签订的一份销售合同指出,尼加拉瓜烟草批发价格为每捆 6 雷亚尔。AHP EN 13, f. 511。

[52] 撒尔沙植物出现在 1589 年的批发商品清单中,每磅售价为 3 托敏,或半阿罗瓦售价 14 比索。AHP EN 9, f. 645v。Linda A. Newson, *Making Medicines in Early Colonial Lima, Peru: Apothecaries, Science and Society* (Leiden: Brill, 2017)。

[53] 转引自 Andrés I. Prieto, *Missionary Scientists: Jesuit Science in Spanish South America, 1570-1810* (Nashville: Vanderbilt University Press, 2011), p. 107。最早描述的是 Bernabé Cobo, *Historia del Nuevo Mundo*, Pt. I, BAE 91 (Madrid: Atlas, 1956), 1: 128-231。

[54] AHP EN 12, f. 914.

[55] ABNB EP 1, f. 226-226v.

[56] James Lockhart, *Spanish Peru, 1532-1560: A Colonial Society* (Madison: University of Wisconsin Press, 1968), p. 178.

[57]AHP EN 9, f. 182.

[58]1589 年 11 月 2 日,卡波切用 800 比索购买了 24 岁的弗朗奇斯卡, AHP EN 14, f. 3488。

[59]Lolita Brockington, *Blacks, Indians, and Spaniards in the Eastern Andes: Reclaiming the Forgotten in Colonial Mizque*, 1550–1782 (Lincoln: University of Nebraska Press, 2006).

[60]AHP EN 12, f. 768,"臭名昭著的运动员";EN 13, f. 1515。

[61]ABNB EP 23, f. 13.

[62]AHP EN 9,抄写员 Luis de la Torre, ff. 17v-18, 35v, 58, 78v, 157, 210; EN12, f. 29v。

第三章

[1]Felipe Guaman Poma de Ayala (ca. 1615), *Primer Nueva Corónica y buen gobierno*, f. 1065, Danish Royal Library, www. kb. dk/permalink/2006/poma/1065/en/text.

[2]关于托莱多的文献十分多。最近的研究是 Jeremy Ravi Mumford, *Vertical Empire: The General Resettlement of Indians in the Colonial Andes* (Durham, NC: Duke University Press, 2012)。关于官僚制的再次征服的研究,参见 Peter J. Bakewell, "Conquest after the Conquest: The Rise of Spanish Domination in America," in *Spain, Europe, and the Atlantic World: Essays in Honour* of John H. Elliott, ed. Richard Kagan and Geoffrey Parker (Cambridge: Cambridge University Press, 1995), 296–315。

[3]Archivo Histórico de Potosí (AHP) Escrituras Notariales (EN) 12, ff. 350-354, 1587, EN 13, f. 1554v, 1588。具体参见 Jeffrey A. Cole, *The Potosí Mita*, 1573–1700: *Compulsory Indian Labor in the Andes* (Stanford, CA: Stanford University Press, 1985), 1–22; Peter J. Bakewell, *Miners of the Red Mountain: Indian Labor in Potosí*, 1545-1650 (Albuquerque: University of New Mexico Press, 1984); Rossana Barragán, "Working Silver for the World: Mining Labor and Popular Economy in Colonial Potosí," *Hispanic American Historical Review* 97:2, (May 2017): 193–222。米塔制所要求的工作实践变化,参见 Paula C. Zagalsky, Trabajadores indígenas mineros en el Cerro Rico de Potosí: tras los rastros de sus prácticas laborales (siglos XVI y XVII)," *Revista Mundos do Trabalho*, 6:12 (July–December 2014): 55–82。

[4]Nicholas A. Robins, *Santa Bárbara's Legacy: An Environmental History of Huancavelica, Peru* (Leiden: Brill, 2017); Kendall Brown, A *History of Mining in Latin America from the Colonial Era to the Present* (Albuquerque: University of New Mexico Press,

2012), 19-20。也可参见该经典研究,Guillermo Lohmann Villena, *Las minas de Huancavelica en los siglos XVI y XVII* (Seville: EEHA, 1949)。

[5]Kris Lane,*Quito* 1599: *City and Colony in Transition* (Albuquerque: University of New Mexico Press, 2002), 128-229.

[6]相关的争论参见 Cole, *Potosí Mita*。对于 18 世纪,参见 Enrique Tandeter, *Coercion and Market: Silver Mining in Colonial Potosí*, 1692-1826,trans. Richard Warren Albuquerque: University of New Mexico Press, 1993(1st Span. ed. 1992)。

[7]Bakewell,*Miners of the Red Mountain*, chap. 4.

[8]Ann Zulawski,*They Eat from Their Labor: Work and Social Change in Colonial Bolivia* (Pittsburgh: Pittsburgh University Press, 1995), 69; 安东尼奥·德·艾因斯定价, "简要叙述了印第安人从库斯科附近到波托西的不满",收录于 *Pareceres en asuntos de indios*, ed. Rubén Vargas Ugarte (Lima, 1951), 38。

[9]Luis Capoche,*Relación general de la Villa Imperial de Potosí*, Biblioteca de Autores Españoles 122, ed. Lewis Hanke (Madrid: Atlas, 1959), 158; 著者译。

[10]参见 Archivo y Biblioteca Nacional de Bolivia (ABNB)和 Libros de Acuerdos Audiencia de Charcas (LAACh) 5, f. 155(1575 年因 2 名安第斯土著矿工死亡而提起诉讼)。对于工人有限法律途径的关键性反思,参见 Paula C. Zagalsky, "Trabajo indígena, conflictos y justicia en la Villa Imperial de Potosí y su Cerro Rico, una aproximación: Virreinato del Perú, siglos XVI y XVII," *Revista Historiay Justicia* 9 (2017),网络版参见 https://journals. openedition. org/rhj/1122。

[11]Capoche,*Relación*, 159; 著者译。

[12]同上。

[13]Bakewell,*Miners of the Red Mountain*, 74-75.

[14]Vargas Ugarte,*Pareceres*, 112; 著者译。

[15]Vargas Ugarte,*Pareceres*, 112-113;著者译。

[16]Vargas Ugarte,*Pareceres*, 113; 著者译。

[17]同上。

[18]Diego de Ocaña,*Viaje por el Nuevo Mundo de Guadalupe a Potosí*,1599-1605, eds. Blanca López de Mariscal and Abraham Madroñal (Madrid: Iberoamericana / Vervuert, 2010), 257-258; 著者译。

[19]Vargas Ugarte,*Pareceres*, 116-131; 著者译。

[20] Thomas Abercrombie, *Pathways of Memory and Power: Ethnography and History among an Andean People* (Madison: University of Wisconsin Press, 1998), 233。也

可参见 Tristán Platt, *Estado tributario y librecambio en Potosí (siglo XIX): Mercado indígena, proyecto proteccionista y lucha de ideologías monetarias* (La Paz: Hisbol, 1986).

[21] Noble D. Cook, *Demographic Collapse: Indian Peru, 1520–1620* (New York: Cambridge University Press, 1981), 242.

[22] 同上, 第 243 页。

[23] 同上, 第 243、245 页。

[24] Abercrombie, *Pathways of Memory and Power*, 230–236。

[25] Ximena Medinacelli and Marcela Inch, coords., *Pleitos y riqueza. Los caciques andinos en Potosí del siglo XVII. Transcripción y estudios del expediente de don Diego Chambilla contra los bienes de su administrador* (Sucre: Ediciones Archivo y Biblioteca Nacionales de Bolivia, 2010).

[26] Capoche, *Relación*, 159; 著者译。

[27] Peter J. Bakewell, "The First Refining Mills in Potosí: Design and Construction," in *In Quest of Mineral Wealth: Aboriginal and Colonial Mining and Metallurgy in Spanish America*, ed. Alan K. Craig and Robert C. West, Geoscience and Man Series, vol. 33 (Baton Rouge: Louisiana State University Press, 1994), 298–299。

[28] AHP EN 13, f. 97。另一份从 1572 年 6 月起将木材带到波托西的合同并不具体,可能是在回应托莱多的到来; Archivo y Biblioteca Nacional de Bolivia (ABNB) EP 24, ff. 207–207v。

[29] ABNB Manuscritos No Librarios (MNL) 52 / 17; EP 24, ff. 598v–692; ff. 365–366v; 417–420v; 127v–129v; 293v–297v.

[30] 罗宾斯计算了汞排放量,参见 Robins, *Mercury, Mining, and Empire: The Human and Ecological Cost of Colonial Silver Mining in the Andes* (Bloomington: Indiana University Press, 2011), chap. 4。

[31] 例如 ABNB Libros de Acuerdos Audiencia de Charcas (LAACh) 5, ff. 47v–49v (Nov. 1572)。这些法令限制安第斯搬运工携带的货物,包括矿石和尾矿(50 磅)。相关禁令保存在 ABNB MNL 52/17。

[32] 参见 Vera Candiani, *Dreaming of Dry Land: Environmental Transformation in Colonial Mexico City* (Stanford: Stanford University Press, 2014)。

[33] ABNB MNL 52/17.

[34] 卡洛梅尔是一种含盐和汞的氯化物, Hg_2Cl_2。直到最近,它被精炼后作为西医的泻药。Robins 认为波托西汞排放的后果十分严重,这毫无疑问(Robins, *Mercury*,

Mining, and Empire, 126–33)。但 Robins 的一些发现受到 Saúl Guerrero 的质疑，参见 *Fire, Silver by Mercury: A Chemical History of Silver Refining in New Spain and Mexico, 16th to 19th Centuries* (Leiden: Brill, 2017), 132–143, 354。

[35] Brown, *History of Mining*, 19–20.

[36] Colin Cooke et al., "Use and Legacy of Mercury in the Andes," *Environmental Science and Technology* 47 (2013): 4181–4188。关于殖民时代的矿山，参见 Kendall Brown, "Workers' Health and Colonial Mercury Mining at Huancavelica, Peru," *The Americas* 57:4 (April 2001): 467–496。关于交通，参见 Brian S. Bauer et al., El Camino del Mercurio de Huancavelica a Potosí," Javier Flores Espinoza 译, in *Nuevas tendencias en el estudio de los caminos*, ed. Sofía Chacaltana, Elizabeth Arkush, and Giancarlo Marcone (Lima: Ministerio de Cultura, 2017), 380–399。

[37] 最初关于奴隶购买和设备订单的手稿，保存在 Archivo General de Indias (AGI) Contaduría 1805。

[38] Martín de Murúa, *Historia General del Pirú*, Facsimile of J. Paul Getty Ms. Ludwig XIII 16 [1616] (Los Angeles: Getty, 2008), ff. 379r–383v.

[39] Mauricio Drelichman and Hans-Joachim Voth, *Lending to the Borrower from Hell: Debt, Taxes, and Default in the Age of Philip II* (Princeton, NJ: Princeton University Press, 2014).

[40] Arturo Giraldez 估计墨西哥和秘鲁白银的年均产量为 200 万比索，参见 *The Age of Trade: The Manila Galleons and the Dawn of the Global Economy* (Boulder, CO: Rowman & Littlefield, 2015), 154。一个重要的数据来源是 Engel Sluiter, *The Gold and Silver of Spanish America* (Berkeley, CA: Bancroft Library, 1998), 137–146。

[41] AHP EN 12, f. 473, 1587。关于马尼拉贸易，参见 Charles R. Boxer, "Plata es Sangre: Sidelights on the Drain of Spanish-American Silver to the Far East, 1550–1700," *Philippine Studies* 18:3 (1970): 457–478。

[42] 1640 年的一笔交易记录见于 AHP EN 105, ff. 17–20v。公证书将揭示更多这样的销售情况。关于对这一时期利马亚洲人口的认识，参见 N. D. Cook and Mauro Escobar Gamboa, eds., *Padrón de los indios de Lima en* 1613 (Lima: Seminario de Historia Rural Andina, 1968)。感谢 Tatiana Seijasfor 的指导。

[43] Barreto 的故事仍有待全面展开讲述。她的遗嘱和遗产清单保存在 U. S. Library of Congress, Harkness Collection, documents 950–953。

[44] ABNB Cabildo de Potosí Libros de Acuerdo (CPLA) 20, ff. 39–44.

第四章

[1] Felipe Guaman Poma de Ayala, *The First New Chronicle and Good Government*, trans. David Frye(Indianapolis: Hackett, 2006), 245.

[2] Archivo General de Indias (AGI) Charcas 43。证人可能在撒谎,但细节表明他们确实痛苦。关于包括灼烧在内早期的理论和治疗方法,参见 Jon Arrizabalaga, John Henderson, and Roger French, *The Great Pox: The French Disease in Renaissance Europe* (New Haven, CT: Yale University Press, 1997);也可参见 Linda A. Newson, *Making Medicines in Early Colonial Lima, Peru: Apothecaries, Science and Society* (Leiden: Brill, 2017)。

[3] "Description of the Villa and Mines de Potosí in the year 1603." Anonymous-in José Urbano Martínez Carreras, ed., *Relaciones geográficas de Indias-Peru*, Biblioteca de Autores Españoles, vol. 183 (Madrid: Atlas, 1965), 379; 著者译。

[4] "Description of the Villa," 373.

[5] Hispanic Society of America, "Atlas of Sea Charts K3"是对画在小牛皮上的部分手稿所进行的复制。

[6] Martin de Murúa, *Historia General del Pirú*, 1616 (Getty Manuscript), ff. 379r-383v.

[7] Pedro Querejazu and Elizabeth Ferrer, *Potosí: Colonial Treasures and the Bolivian City of Silver* (New York: Americas Society, 1997), 54-55. 和 Emma Sordo, "Our Lady of Copacabana and Her Legacy in Colonial Potosí," in *Early Modern Confraternities in Europe and the Americas: International and Interdisciplinary Perspectives*, ed. Christopher Black and Pamela Gravestock (Aldershot: Ashgate, 2006), 187-203。与矿山邮票相关的文章是 Alonso Ramos Gavilán, *Historia del Santuario de Nuestra Señora de Copacabana*, ed. Ignacio Prado Pastor (Lima: P. L. Villanueva, 1988), 373-374。原版最早由 Jerónimo Contreras 于 1621 年在利马第一次出版。木刻出现在第一版第 334 页。

[8] Kris Lane, *Quito 1599: City and Colony in Transition* (Albuquerque: University of New Mexico Press, 2002), 178-186.

[9] 关于这些路线,参见 Clara López Beltrán, *La Ruta de la Plata de Potosí al Pacífico: Caminos, comercio y caravanas en los siglos XVI al XIX* (La Paz: Plural Editores, 2016).

[10] Archivo Histórico de Potosí (AHP) Escrituras Notariales (EN) 12, f. 846.

[11] Kenneth Verosub and Jake Lippman, "Global Impacts of the 1600 Eruption of Peru's

Huaynaputina Volcano," *Eos* 89:15 (April 2008): 141-148.

[12]例如 Jane E. Mangan, *Trading Roles: Gender, Ethnicity, and the Urban Economy in Colonial Potosí* (Durham, NC: Duke University Press, 2005); Paulina Numhauser, *Mujeres indias y señores de la coca: Potosí y Cusco en el siglo XVI* (Madrid: Cátedra, 2005); Allison Bigelow, "Women, Men, and the Legal Languages of Mining in the Colonial Andes," *Ethnohistory* 63:2 (2016): 351-380; Emma Sordo, "Civilizational Designs: The Architecture of Colonialism in the Native Parishes of Potosí" (PhD diss., University of Miami, 2000).

[13]Diego de Ocaña, *Viajepor el Nuevo Mundo de Guadalupe a Potosí*, 1599-1605, ed. Blanca López de Mariscal and Abraham Madroñal (Madrid: Iberoamericana/Vervuert, 2010), 264-265, 268.

[14]Mangan, *Trading Roles.*

[15]Bigelow, "Women, Men, and the Legal Languages of Mining."

[16]Catalina de Erauso, *Lieutenant Nun: Memoir of a Basque Transvestite in the New World*, trans. Michele and Gabriel Stepto (Boston: Beacon Press, 1996), 30-32。关于 Ortiz de Sotomayor，参见 Alberto Crespo, *La guerra entre vicuñas y vascongados: Potosí* 1622-1625, 2nd ed. (La Paz: Talleres Gráficos don Bosco, 1969), 37-42。

[17]Bartolomé Arzáns de Orsúa y Vela, *Historia de la Villa Imperial de Potosí*, 3 vols., ed. Lewis Hanke and Gunnar Mendoza (Providence, R. I.: Brown University Press, 1965), 1: 306-309。也可参见 Crespo, *La guerra*, 40, Alberto Crespo, *Historia de la Ciudad de La Paz (siglo XVII)* (Lima: Industrial Gráfica, 1961), 37-42。

[18]Bartolomé Arzáns de Orsúa y Vela, *Tales of Potosí*, R. C. Padden 编，Frances López-Morillas 译 (Providence, RI: Brown University Press, 1975), 64-65；对于最初到来西班牙人的研究，参见 Arzáns, Historia de la Villa Imperial, 2: 149-154。也可参见 Gina Hermann, "Amazonic Ambivalence in Imperial Potosí," *Modern Language Notes* 114:2 (March 1999): 315-340; Leonardo García Pabón, "Espacio andino, escritura colonial y patria criolla: La historia de Potosí en la narrativa de Bartolomé Arzáns" (PhD diss., University of Minnesota, 1990)。

[19]Arzáns, *Tales of Potosí*, 70.

[20]Kara D. Schultz, "'The Kingdom of Angola Is Not Very Far from Here': The South Atlantic Slave Port of Buenos Aires, 1585-1640," *Slavery & Abolition* 36:3 (Sept. 2015): 424-444。也可参见 David Freeman, *A Silver River in a Silver World: Dutch Trade in the Río de la Plata* (New York: Cambridge University Press, 2019)。关于

科尔多瓦的转变,参见 Carlos Sempat Assadourian, *El sistema de la economía colonial*, chap. 1, 以及 *El tráfico de esclavos en Córdoba de Angola a Potosí, siglos XVI-XVII* (Córdoba, Argentina: Universidad Nacionakl de Córdoba/Instituto de Estudios Americanistas, 1966)。

[21] C. R. Boxer, *Salvador de Sá and the Struggle for Brazil and Angola*, 1602-1686 (London: Athlone, 1952).

[22] Z. Moutoukias, *Contrabando y control en el siglo XVII: Buenos Aires, el Atlántico y el Espacio Peruano* (Buenos Aires: Bibliotecas Universitarias, 1988).

[23] Kris Lane, "South by Southwest: Commercial Cosmopolitanism in Charles Boxer's *Salvador de Sá and the Struggle for Brazil and Angola*," in *Commercial Cosmopolitanism? Policing Contact Zones and Governing "Multinationals" in the Early Modern World*, ed. Felicia Gottmann.

[24] AHP EN 105, f. 173.

[25] Kris Lane, "The Ghost of Seventeenth-Century Potosí," *The Americas* 76:2 (April 2019)。帕登以"幽灵"为标题摘录了这个故事,见诸于 Arzáns, *Tales of Potosí*, 56-57。

[26] Lane, "South by Southwest."值得注意的是,Alberto Crespo, *Esclavos negros en Bolivia* (La Paz: Academia Nacional de Ciencias de Bolivia, 1977)一书指出了非洲奴隶的重要性。

[27] Kenneth Mills, "Diego de Ocaña's Hagiography of New and Renewed Devotion in Colonial Peru," in*Colonial Saints: Discovering the Holy in the Americas*, 1500-1800, ed. Allan Greer and Jodi Bilinkoff (New York: Routledge, 2003), 51-75。本书著者的翻译来自以下西班牙版本:Fray Diego de Ocaña, *Viaje por el Nuevo Mundo: De Guadalupe a Potosí*, 1599-1605, ed. Blanca López de Mariscal y Abraham Madroñal (Madrid / Frankfurt: Iberoamericana/Vervuert, 2010)。

[28] Ocaña, *Viaje por el Nuevo Mundo*, 287-294;注者译。

[29] Pedro Ramírez del Águila, *Noticias políticas de Indias y relación descriptiva de la ciudad de La Plata, metrópoli de las Provincias de Los Charcas* (Sucre: Ciencia Editores, 2017), 141;著者译。更多详情可以参考 Andrés Eichmann 与 Marcela Inch C. 所编著 *La construcción de lo urbano en Potosí y la Plata (siglos XVI-XVII)* (Sucre: Ministerio de Cultura de España / Archivo y Biblioteca Nacionales de Bolivia, 2008)。

[30] 参见 Marcela Inch, in Eichmann and Inch C., *La construcción*。

[31] Irving A. Leonard, *Books of the Brave*, 2nd ed. (Berkeley: University of California

Press, 1992), 243-247。

[32]可参见 Christopher Brooke, *Philosophic Pride: Stoicism and Political Thought from Lipsius to Rousseau* (Princeton, NJ: Princeton University Press, 2012);Robert Birely, *The Counter-Reformation Prince: Anti-Machiavellianism or Catholic Statecraft in Early Modern Europe* (Chapel Hill: University of North Carolina Press, 1990)。

[33]现代译本可参考 Oliva Sabuco de Nantes Barrera, *New Philosophy of Human Nature*, 由 Mary Ellen Waithe, María Colomer Vintró, 以及 C. Ángel Zorita 所编译 (Urbana: University of Illinois Press, 2007)。

[34]Galindo Esquivel 收藏于智利国家档案馆(AHNC)的杂项调查文件中, v. 359, f. 86。强制的喜剧表演可在自 1627 年起的相同文档中查阅。Guevara Hita appears in AHP EN 116, f. 356。

[35]玻利维亚国家档案馆(ABNB),Correspondencia 1025。

[36]AHP EN 18, ff. 1015-1019v, 26-III-1590。似乎该公司已经在此前解散,因此存在一定的争议。著者将"truques"一词翻译为"游戏"(tricks)。

[37]AHNC Inquisición v. 359 包含 1627 至 1654 年的广泛信息。

[38]AHP EN 107.

[39]Brian Farrelly, *Vicente Bernedo: Apóstol de Charcas* (Salamanca: Editorial San Esteban, 1986), 130-131. 对于早期的传记和文献,可见 Fray Juan Meléndez, *Vida del venerable padre fray Vicente Bernedo del Orden de Predicadores*, ed. Armando Alba (Potosí: Colección de la Cultura Boliviana, 1965)。

[40]马德里国家图书馆手稿,11045, f. 1;著者译。

[41]Ana Schaposchnik, *The Lima Inquisition: The Plight of Crypto-Jews in Seventeenth-Century Peru* (Madison: University of Wisconsin Press, 2015).

[42]见 Paulina Numhauser, "Un asunto banal: Las luchas de vicuñas y vascon-gados en Potosí (siglo XVII)," *Illes I Imperis* 14 (2012): 113-138; Bernd Hausberger, "La guerra de los vicuñas contra los vascongados en Potosí y la etnicización de los vascos a principios de la edad moderna," in *Excluir para ser: Procesos identitarios y fronteras sociales en la America hispánica (xvii-xviii)*, ed. Christian Büschges and Frederique Langue, 23-57 (Frankfurt: AHILA / Vervuert, 2005)。我对"战争"的简短叙述取材于几份手稿以及 Alberto Crespo Rodas, *La guerra entre vicuñas y vascongados: Potosí, 1622-1625* (La Paz: Colección Popular, 1969); 以及 David Dressing, "Social Tensions in Early Seventeenth-Century Potosí" (PhD diss., Tulane University, 2007)。着装是该地脆弱的矿业经济中长期酝酿的社会紧张局势的最有

力证据。

第五章

[1]Astete 送给地方长官的信件被 Antonio Vázquez de Espinosa 引证,在此次灾难发生后不久他就前往了波托西,参见其作品:*Compendium and Description of the West Indies*, Charles Upson Clark 译(Washington, DC: Smithsonian Insititution, 1942), 634-635。也可参见 the description by Friar Diego de Mendoza, *Chronica de la Provincia de San Antonio de los Charcas*, 1664, pp. 127-131。

[2]Geoffrey Parker, *Global Crisis: War, Climate Change, and Catastrophe in the Seventeenth Century* (New Haven, CT: Yale University Press, 2013)。小冰河时代从 15 世纪一直延续到 19 世纪初,其中最严重的寒流发生在 1650 年。关于大秘鲁和西班牙美洲的危机程度,人们争论不一,这在一定程度上是由鲁吉罗·罗曼诺的作品引起的:*Coyunturas opuestas: La crisis del siglo XVII en Europa y Hispanoamérica* (Mexico City: FCE, 1993)。虽然通过一些措施,大秘鲁比西班牙更加生机勃勃,波托西的采矿危机似乎是真实的,而干旱和流行病等因素将城市的命运与大都市联系得比一些人声称的更紧密,尤其是在腓力四世统治时期。

[3]Noble D. Cook, *Demographic Collapse: Indian Peru, 1520-1620* (New York: Cambridge University Press, 1981), 62; Ann Zulawski, *They Eat from Their Labor: Work and Social Change in Colonial Bolivia* (Pittsburgh: Pittsburgh University Press, 1995), 63-65.

[4]Zulawski, *They Eat from Their Labor*, 174;关于米斯克的疟疾,参见 Daniel Gade, *Nature and Culture in the Andes* (Madison: University of Wisconsin Press, 1999), 75-101。

[5]Jeffrey A. Cole, *The Potosí Mita, 1573-1700: Compulsory Indian Labor in the Andes* (Stanford: Stanford University Press, 1985), 105-22.

[6]Zulawski, *They Eat from Their Labor.*

[7]Luis Miguel Glave, "La petición grande de don Gabriel Fernández Guarache y el debate sobre la mita minera en el contexto de crisis colonial," 收录于 *Mita, caciques y mitayos: Gabriel Fernández Guarache—Memoriales en defensa de los indios y debate sobre la mita de Potosí (1646-1663)*, ed. Roberto Choque Canqui and Luis Miguel Glave, 177-211 (Sucre: ABNB / FCBCB, 2012)。

[8]Anon. 1603, "Description of the Villa," 379; 著者译。

[9]Nicholas Robins, *Mercury, Mining, and Empire: The Human and Ecological Cost of*

Colonial Silver Mining in the Andes (Bloomington: Indiana University Press, 2011).

[10] Archivo Histórico de Potosí (AHP) Escrituras Notariales (EN) 13, f. 367.

[11] Gade, *Nature and Culture in the Andes*, 66–69.

[12] AHP EN 111, f. 278v.

[13] Vázquez de Espinosa, *Compendium and Description*, 637.

[14] Arzáns, *Historia de la Villa Imperial*, 2:1–15; Archivo y Biblioteca Nacional de Bolivia (ABNB) Cabildo de Potosí Libros de Acuerdos (CPLA) 15, ff. 2–16.

[15] Vázquez de Espinosa, *Compendium and Description*, 637.

[16] ABNB CPLA 15, ff. 2–16.

[17] Vázquez de Espinosa, *Compendium and Description*, 636.

[18] ABNB CPLA 15, ff. 59v–61.

[19] ABNB CPLA 15, ff. 276–278v.

[20] Vázquez de Espinosa, *Compendium and Description*, 638–639.

[21] AHP EN 104, f. 718.

[22] Josep Barnadas, *Alvaro Alonso Barba* (1569–1662): *Investigaciones sobre su vida y obra* (La Paz: Biblioteca Minera Boliviana, 1986). A portion of Barba's 1657 petition is in Archivo General de Indias (AGI) Charcas 416, L. 5, ff. 152v–154v.

[23] 参见 Tristan Platt, "The Alchemy of Modernity: Alonso Barba's Copper Cauldrons and the Independence of Bolivian Metallurgy, 1790–1890," *Journal of Latin American Studies* 32:1 (Feb. 2000): 1–54; and Joaquín Pérez Melero, "From Alchemy to Science: The Scientific Revolution and Enlightenment in Spanish American Mining and Metallurgy," 收录于 *The Revolution in Geology from the Renaissance to the Enlightenment*, ed. Gary D. Rosenberg, 51–61 (Boulder, CO: Geological Society of America, 2009)。关于为什么巴尔巴可能在西班牙失败,参见 Saúl Guerrero, *Silver by Fire, Silver by Mercury: A Chemical History of Silver Refining in New Spain and Mexico*, 16*th to* 19*th Centuries* (Leiden: Brill, 2017), 45–47。

[24] J. H. Elliott, Spain, *Europe and the Wider World*, 1500–1800 (New Haven, CT: Yale University Press, 2009), 146。在本节中,我总结了铸币厂欺诈。参见 Kris Lane, From Corrupt to Criminal: Reflections on the Great Potosí mint fraud of 1649," 收录于 *Corruption in the Iberian Empires: Greed, Custom, and Colonial Networks*, ed. Christoph Rosenmüller, 33–62 (Albuquerque: University of New Mexico Press, 2017)。

[25] María Antonia Garcés, ed., *An Early Modern Dialogue with Islam: Antonio de Sosa's*

Topography of Algiers (1612), trans. Diana de Armas Wilson (Notre Dame, IN: Notre Dame University Press, 2011), 188.

[26] Kris Lane, "Slavery and the Casa de la Moneda in Seventeenth-Century Potosí," 收录于 *Teritorios de lo cotidiano, siglos XVI-XX: Del antiguo virreinato del Perú a la Argentina contemporánea*, ed. Mónica Ghirardi, 101 - 114 (Rosario: Prohistoria, 2014)。也可参见 Eugenia Bridikhina, "Desafiando los límites del espacio colonial: La población negra en Potosí," *Estudios Bolivianos* 13 (La Paz: Universidad Mayor de San Andrés, 2007): 169-216。

[27] Carlo Cipolla, Conquistadores, piratas, mercaderes: La saga de la plata española, trans. Ricardo González (Buenos Aires: FCE, 1999), 67-72.

[28] 部分供词现存于 AGI Escribanía 871D, 2:1, ff. 205v-209, 但是大多数的文件并不位于此处。感谢 Masaki Sato 的解释。

[29] 引用出自于 Richard Von Glahn, *Fountain of Fortune: Money and Monetary Policy in China*, 1000-1700 (Berkeley: University of California Press, 1996), 217:《中国的财政与货币政策 1000—1700 年》(伯克利:加州大学出版社,1996 年),第 217 页:"我仍然记得,1640—1650 年在禁止海上贸易之前,市场上充满了外国商品。买卖双方主要使用外国银币作为交换媒介,因此这些银币在各省广泛流通。但是现在没有人可以拥有一枚外国硬币。这清楚地表明,财富之源已被封存。"——(清代)江宁巡抚慕天颜(音译, Mu Tianyan)。

第六章

[1] Caesar E. Farah 编译 *An Arab's Journey to Colonial Spanish America: The Travels of Elias al-Mûsili in the Seventeenth Century* (Syracuse: Syracuse University Press, 2003), 59。关于更多的研究,参见 John-Paul A. Ghobrial, "The Secret Life of Elias of Babylon and the Uses of Global Microhistory," *Past & Present* 222:1 (February 2014): 51-93。

[2] 同上,第 92 页。R. J. Barendse, in *The Arabian Seas: The Indian Ocean World of the Seventeenth Century* (Armonk, NY: M. E. Sharpe Press, 2002),作者在书中第 23 页指出 17 世纪 40 年代后期,巴格达实际征收了税款。

[3] Farah, Arab's Journey, 59.

[4] 同上,第 62 页。

[5] Archivo y Biblioteca Nacional de Bolivia (ABNB) Cabildo de Potosí Libros de Acuerdo (CPLA) 31, ff. 162v-163v.

[6]参见 Irving Leonard, *Colonial Travelers in Latin America* (New York: Alfred A. Knopf, 1972, 125-43), 136, 138。也可参见 Accarette du Biscay, *Viajes al Río de la Plata y a Potosí* (1657-1660), Jean-Paul Duviols 编译(Doral, FL: Stockero, 2008)。带有入侵计划的法国原作由 Duviols 编辑和出版于 *Travaux de l'Institut d' Etudes Latino-Américaines de l'Université de Strasbourg* (TILAS X, 1970): 575-626.

[7]Leonard, Colonial Travelers, 141.

[8]同上,第 142—143 页。

[9]Lisa Voigt,*Spectacular Wealth: The Festivals of Colonial South American Mining Towns* (Austin: University of Texas Press, 2016), 95-96。这首诗歌发表于 *Relación de la grandiosa fiesta que el Señor D. Luis de Andrade y Sotomayor alcalde ordinario de la Imperial Villa de Potosí hizo a la renovación del Santísimo Sacramento a* 4 *de marzo de* 1663 (Seville: E. Rasco, 1899)。

[10]Voigt's translation, Spectacular Wealth, 96.

[11]Rubén Vargas Ugarte, ed. , Pareceres jurídicos en asuntos de Indias (Lima, 1951), 152;著者译。

[12]Peter T. Bradley,*Society, Economy and Defence in Seventeenth-Century Peru: The Administration of the Count of Alba de Liste* (1655-61) (Liverpool: University of Liverpool Institute of Latin American Studies, 1992), 58-60. Luis Miguel Glave, *Trajinantes: Caminos indígenas en la sociedad colonial, siglos XVI-XVII*(Lima: Instituto de Apoyo Agrario, 1989), 194-198.

[13]Jeffrey Cole, "An Abolitionism Born of Frustration: The Conde de Lemos and the Potosí Mita, 1667-73," Hispanic American Historical Review 63:2 (May 1983): 307-333。这个故事的扩充版参见:Cole's *The Potosí Mita*, 1573-1700: *Compulsory Indian Labor in the Andes* (Stanford: Stanford University Press, 1985), 91-94。

[14]Vargas Ugarte, *Pareceres*, 154.

[15]Ignacio González Casasnovas,*Las dudas de la corona: La política de repartimientos para la minería de Potosí* (1680-1732) (Madrid: CSIC, 2000).

[16]关于哈布斯堡王朝后期的墨西哥,Alejandro Cañeque 对巴洛克式的描述转向"悲惨的修辞"。参见 *The King's Living Image: The Culture and Politics of Viceregal Power in Colonial Mexico*1(New York: Routledge, 2004), 186-191。

[17]Vargas Ugarte, Pareceres, 168-183.

[18]同上,第 178 页。

[19]Pedro Ramírez del Águila, Noticias políticas de Indias y relación descriptiva de la

ciudad de La Plata, metrópoli de las Provincias de Los Charcas (Sucre: Ciencia Editores, 2017), 94.

[20]本节依赖于 Peter J. Bakewell 的精湛研究:*Silver and Entrepreneurship in Seventeenth-Century Potosí: The Life and Times of Antonio López de Quiroga* (Albuquerque: University of New Mexico Press, 1987)。

[21]Nicanor Domínguez Faura, "Rebels of Laicacota: Spaniards, Indians, and A 民时期ndean Mestizos in Southern Peru during the Mid-Colonial Crisis, 1650-1680" (Ph. D diss., University of Illinois, Urbana-Champaign, 2007)。也可参见 Alberto Crespo 的经典作品:*Historia de la Ciudad de La Paz, siglo XVII* (Lima: Industrial Gráfica, 1961), 63-95。

[22]Gregorio de Robles, *América a fines del siglo XVII: Noticia de lugares de contrabando*, ed. Victor Tau Anzoátegui (Valladolid, Spain: Casa-Museo de Colón, 1980), 52-53. Raquel Gil Montero, *Ciudades efímeras. El ciclo minero de la plata en Lípez (Bolivia), siglos XVI-XIX*. Lima: IFEA/Plural, 2014.

[23]Enrique Tandeter, *Coercion and Market: Silver Mining in Colonial Potosí*, 1692-1826, Richard Warren 译[Albuquerque: University of New Mexico Press, 1993(1st Span. ed. 1992)]。对偷窃矿石的新解释,参见 Rossana Barragán, "Working Silver for the World: Mining Labor and Popular Economy in Colonial Potosí," *Hispanic American Historical Review* 97 (2017): 193-222。殖民记录指的是"cacchas"。

[24]Tandeter, *Coercion and Market*.

[25]Adrian Pearce, "The Peruvian Population Census of 1725-1740," *Latin American Research Review* 36:3 (2001): 69-104.

[26]Emma Sordo, "Our Lady of Copacabana and Her Legacy in Colonial Potosí," in*Early Modern Confraternities in Europe and the Americas: International and Interdisciplinary Perspectives*, ed. Christopher Black and Pamela Gravestock (Aldershot: Ashgate, 2006), 190.

[27]Bartolomé Arzans de Orsúa y Vela, *Historia de la Villa Imperial de Potosí*, 3 vols., ed. Lewis Hanke and Gunnar Mendoza (Providence, RI: Brown Universit Press, 1965), 3:416.

[28]参见 Stephanie Merrim, *The Spectacular City, Mexico, and Colonial Hispanic Literary Culture* (Austin: University of Texas Press, 2010).

[29]最近的评估参见 Suzanne Stratton-Pruitt, *The Art of Painting in Colonial Bolivia* (Philadelphia: St. Joseph's University Press, 2017), 40-50。

[30] Voigt 在 *Spectacular Wealth*，中的第 42—51 页检查了与阿尔赞斯和其他文本有关的绘画，包括 fray Juan de la Torre 的 *Aclamación festiva de la muy noble Imperial Villa de Potosí, en dignísima promoción del Excmo. Señor Maestro Don Fray Diego Morzillo Rubio y Auñón*（Lima：Francisco Sobrino，1716）。也可参见 Miguel Zugasti，Teatro recuperado en Charcas：Dos loas olvidadas de fray Juan de la Torre（OSA）a la entrada del virrey Diego Morcillo en Potosí，1716，" 收录于 *El teatro en la Hispanoamérica colonial*，ed. Ignacio Arellano and José Antonio Rodríguez Garrido（Madrid：Iberoamericana/Vervuert，2008），295-321。

第七章

[1] Alonso Carrió de la Vandera，又名 Concolorcorvo，*El Lazarillo de ciegos caminantes*，BAE CXXII（Madrid：Atlas，1959），341；著者译。参见 Ruth Hill，*Hierarchy，Commerce and Fraud in Bourbon Spanish America：A Postal Inspector's Exposé*（Nashville：Vanderbilt University Press，2005）。

[2] 参见 Archivo Histórico de Potosí（AHP）Escrituras Notariales（EN）158（Escribano Josef Díaz de Orellana，1731-32）的销售记录。青少年奴隶的出售似乎很常见（例如 f. 31），并且在一次销售中，七男和六女被交换（f. 40v）。奴隶商人包括托马斯·纳瓦罗，"英国王室没有经验的黑人（黑奴）车夫"（EN 157，1735）。在英国人的带领下，许多被奴役的非洲人似乎未受洗就到达波托西。

[3] Enrique Tandeter，*Coercion and Market：Silver Mining in Colonial Potosí*，1692-1826，trans. Richard Warren（Albuquerque：University of New Mexico Press，1993［1st Span. ed. 1992］），123.

[4] 对于这一点和波托西矿业改革的背景，参见 Adrian J. Pearce，*The Origins of Bourbon Reform in Spanish South America*，1700-1763（New York：Palgrave Macmillan，2014），89-121。近年来对于教区神父的关注参见 Archivo y Biblioteca Nacional de Bolivia（ABNB）Expedientes Coloniales（EC）1754:31。

[5] Tandeter，Coercion and Market，40，57-58.

[6] 卡恰人被指控从支撑柱中提取矿石以破坏矿井结构的主要案件参见 ABNB Minas 28/1（1751-53）。也可参见 ABNB Libros de Acuerdo Charcas（LAACh）10：ff. 351v-52 and Minas 25/6. Tandeter 在 *Coercion and Market*，98-107 总结了这个故事。

[7] 在 ABNB Minas 25/13（1752）查看这个冗长的案例。也可在 Minas 150/11 查看。

[8] Archivo General de Indias（AGI）Lima 1134。巴斯克官员是 don Miguel Antonio de

Escurrechea, Director General de Minas y Mita y Coronel de Dragones。他提供的湖泊系统图收藏在 AGI Mapas y Planos Buenos Aires 301。

[9] Tandeter, Coercion and Market, 108-109, 125。Rossana Barragán 在 "Working Silver for the World: Mining Labor and Popular Economy in Colonial Potosí," *Hispanic American Historical Review* 97:2 (2017): 208-210 中，引用了 1761—1762 年对 220 个小型矿石磨坊的检查，其中只有 64 个获得许可。73%的小型矿石磨坊为土著所拥有。

[10] Tandeter, Coercion and Market, 153-59.

[11] 关于一些后果严重的案例，参见 Nicholas A. Robins, Mercury, Mining, and Empire: *The Human and Ecological Cost of Colonial Silver Mining in the Andes* (Bloomington: Indiana University Press, 2011), 149-175。

[12] Roberto Querejazu C., *Chuquisaca*, 1539-1825 (Sucre: Editorial Universitaria, 1987), 416. Querejazu 引用了 AGI Sublevación de Chayanta (Charcas 594) 中的资料。

[13] 同上。

[14] Sergio Serulnikov 进行了很好的综述，参见 *Revolution in the Andes: The Age of Túpac Amaru* (Durham, NC: Duke University Press, 2013)。也可参见 Nicholas Robins, *Priest-Indian Conflict in Upper Peru: The Generation of Rebellion*, 1750-1780 (Syracuse: Syracuse University Press, 2007)。

[15] María Concepción Gavira*Márquez*, *Minería en Chayanta: La sublevación indígena y el auge minero*, 1775-1792 (La Paz: Plural, 2013); and Sergio Serulnikov, *Subverting Colonial Authority: Challenges to Spanish Rule in the Eighteenth-Century Southern Andes* (Durham, NC: Duke University Press, 2003).

[16] Kendall Brown 提供了简明的摘要，参见 *A History of Mining in Latin America*, 80—82, 也可参见 ABNB Minas 72/12。

[17] Charles Walker, *The Túpac Amaru Rebellion* (Cambridge, MA: Harvard University Press, 2016)。也可参见 Ward Stavig and Ella Schmidt, *The Túpac Amaru and Catarista Rebellions: An Anthology of Sources* (Indianapolis: Hackett, 2008); and Ward Stavig, *The World of Túpac Amaru: Conflict, Community, and Identity in Colonial Peru* (Lincoln: University of Nebraska Press, 1999)。

[18] María Concepción Gavira Márquez, *Historia de una crisis: La minería en Oruro a fines del periodo colonial* (Lima: IFEA, 2016); and Oscar Cornblit, *Power and Violence in the Colonial City: Oruro from the Mining Renaissance to the Rebellion of Tupac Amaru*

(1740-1782),trans. E. L. Glick (New York: Cambridge University Press, 1995).

[19]Sinclair Thomson 给予了权威的解释,参见 *We Alone Will Rule: Native Andean Politics in the Age of Insurgency* (Madison: University of Wisconsin Press, 2002)。

[20]即使在包括瓦尔加约克和德帕斯科山所在的安第斯山脉的其他地方有着大量富矿带并实现了复兴,在 1750—1800 年波托西登记在册的白银产量仍占西属南美洲白银产量的 40%以上。参见 John J. TePaske,*A New World of Gold and Silver*, ed. Kendall W. Brown (Leiden and Boston: Brill, 2010), 191。

[21]这一章节借鉴 Tandeter, *Coercion and Market*, and Rose Marie Buechler, *The Mining Society of Potosí*, 1776-1810(Syracuse: Syracuse University Press, 1981)。

[22]Tandeter, *Coercion and Market*, 175.

[23]本节和下一节借鉴 John Fisher, *Silver Mines and Silver Miners in Colonial Peru*, 1776-1824 (Liverpool: Center for Latin American Studies, 1977), 54-73。

[24]*Mercurio Peruano* VII:216-17 (1791), 66-81 (available online).

[25]A. Z. Helms, *Travels from Buenos Aires by Potosí to Lima* (London: R. Phillips, 1807).

[26]这一节借鉴 Tandeter 的研究成果,参见 *Coercion and Market*, 189-206。也可参见 Concepción Gavira Márquez, Disciplina laboral y códigos mineros en los virreinatos del Río de la Plata y Nueva España a fines del periodo colonial," *Relaciones* 26 (2005): 201-231。

[27]关于维拉瓦的研究,参见 José M. Portillo Valdés, ed. , *Vida atlántica de Victorián de Villava* (Madrid: MAPFRE, 2009); and Ricardo Levene, ed. , *Vida y escritos de Victorián de Villava* (Buenos Aires: Peuser, 1946)。

[28]Fisher, *Silver Mines and Silver Miners*, 74-89.

[29]Tandeter, *Coercion and Market*, 210-19.

[30]这些年来,土著酋长和米塔工头经常向查尔卡斯皇家检审法院抱怨“不人道”的行为。参见 ABNB Minas 130/9。

[31]参见 *Fiestas triunfales que consagró el 2 de agosto de* 1812 *la fidelísima Imperial Villa de Potosí al invicto General Americano el Sr. Mariscal de Campo don José Manuel de Goyeneche* (Lima: Imprenta de los Huérfanos, 1812)。感谢 Lisa Voigt 特指出来有价值的资料来源。参见 *Spectacular Wealth: The Festivals of Colonial South American Mining Towns* (Austin: University of Texas Press, 2016), 152。“常胜将军”戈耶内切的盛大接待与威廉·米勒将军在 1825 年“解放者”西蒙·玻利瓦尔到来时所描述的场景是惊人般的相似。无论征服领袖在政治上如何,波托西人似乎都对这样

的事件极其热情。

[32]一个阿索格罗对 1812 年法令的抗议可以参见 ABNB Ministerio de Hacienda (MH) 29 / 9: 41-59。

[33]作者此处借鉴了 y Esther Aillón Soria 的出色研究,参见 *Vida, pasión y negocios: El propietario de la Viña "San Pedro Mártir" Indalecio González de Socasa* (1755 - 1820)—*Potosí y Cinti a fines de la Colonia y en la Guerra de la Independencia* (Sucre: ABNB, 2009)。

[34]John Miller, *Memoirs of General Miller, in the Service of the Republic of Peru*, 2 vols. (London: Longman, Rees, 1829), 2:306.

第八章

[1]Eduardo Galeano, *Open Veins of Latin America: Five Centuries of the Pillage of a Continent*, trans. Cedric Belfradge (New York: Monthly Review Press, 1973), 50.

[2]John Tutino 提出了这个论点,参见 *Making a New World: Founding Capitalism in the Bajío and Spanish North America* (Durham, NC: Duke University Press, 2011)。

[3]Kendall Brown, *A History of Mining in Latin America from the Colonial Era to the Present* (Albuquerque: University of New Mexico Press, 2012), 102.

[4]Pascale Absi 在其著作中引用了这个 44 岁矿工 don Toribio 的记录,参见 *Los ministros del diablo: El trabajo y sus representaciones en las minas de Potosí* (La Paz: IFEA, 2009), 249; 著者译。

尾　声

[1]Antonio Mitre, *Los patriarcas de la plata: Estructura socioeconómica de la minería boliviana en el siglo XIX* (Lima: PUCP, 1981), 78-90; Kendall Brown, *A History of Mining in Latin America from the Colonial Era to the Present* (Albuquerque: University of New Mexico Press, 2012), 93-95, 101-105; Guillermo OvandoSanz, "British Interests in Potosí, 1825-1828: Unpublished Documents from the Archivo de Potosí," *Hispanic American Historical Review* 45:1 (Feb. 1965): 64-87。在投资者中,最著名的是葡萄牙血统的赛法迪犹太商人。

[2]Edmond Temple, *Travels in Various Parts of Peru, Including a Year's Residence in Potosí*, 2 vols. (Philadelphia: Carey & Hart, 1833), 2:139-140.

[3]Enrique Tandeter, *Coercion and Market: Silver Mining in Colonial Potosí*, 1692-1826,

Richard Warren 译（Albuquerque：University of New Mexico Press，1993［第 1 版于 1992 年以西班牙文出版］）。

［4］Tristan Platt，"The Alchemy of Modernity：Alonso Barba's Copper Cauldrons and the Independence of Bolivian Metallurgy，1790-1890，" *Journal of Latin American Studies* 32：1（Feb. 2000）：1-54.

［5］"A Primitive Smelting-Furnace，" *School of Mines Quarterly* 15（1893-94）：8-10.

［6］Mitre，*Los patriarcas de la plata*。Mitre 定义了独立后采矿业的三个发展阶段：一个是"保护主义"时代（1830—1850）、一个是日益灵活的过渡时期（1850—1873）和一个因各种因素交织而促成的繁荣时代（1873—1895）。参见 Tristan Platt，*Estado tributario y librecambio en Potosí*（*siglo XIX*）：*Mercado indígena*，*proyecto proteccionista y lucha de ideologías monetarias*（La Paz：Hisbol，1986）。

［7］Hiram Bingham，*Across South America*：*An Account of a Journey from Buenos Aires to Lima by Way of Potosí*（Boston：Houghton Mifflin，1911），120.

［8］同上，第 123 页。

［9］同上。

［10］同上，第 128 页。

［11］Marie Robinson Wright，Bolivia：*The Central Highway of South America*，*a Land of Rich Resources and Varied Interest*（Philadelphia：George Barrie & Sons，1907），324.

［12］同上，第 321 页。

［13］同上，第 337 页。

［14］Robert L. Smale，"*I Sweat the Flavor of Tin*"：*Labor Activism in Early Twentieth-Century Bolivia*（Pittsburgh：University of Pittsburgh Press，2010）。与玻利维亚土著农民类似的故事，参见 Laura Gotkowitz，*A Revolution for Our Rights*：*Indigenous Struggles for Land and Justice in Bolivia*，1880-1952（Durham，NC：Duke University Press，2007）。

［15］Smale，*I Sweat the Flavor of Tin*，29.

［16］Brown，*History of Mining*，146.

［17］Brown，*History of Mining*，155-160。人类学家琼·纳什记录了许多奥鲁罗地区矿工的故事，参见 *We Eat the Mines and the Mines Eat Us*：*Dependency and Exploitation in Bolivian Tin Mines*（New York：Columbia University Press，1979）。也可参见 Domitila Barros de Chungara with Moema Viezzer 的经典作品，*Let Me Speak*！*Testimony of Domitila*，*a Woman of the Bolivian Mines*（New York：Monthly Review Press，1978）。人类学家迈克尔·陶西格对此书某些内容进行了推广普及，参见 *The*

Devil and Commodity Fetishism in South America (Chapel Hill: University of North Carolina Press, 1980)。

[18] Herbert Klein, *A Concise History of Bolivia*, 2nd ed. (New York: Cambridge University Press, 2011), 234-236.

文献综述

波托西的殖民史学内容丰富多样，但大都是最近出现的。20 世纪 40 年代至 20 世纪 60 年代，历史学家格温多林·科布（Gwendolin Cobb），刘易斯·汉克，贡纳尔·门多萨（Gunnar Mendoza）和阿尔贝托·克雷斯波（Alberto Crespo）发表了很多关于早期殖民时代波托西地区间贸易和社会冲突的重要作品。尽管他们的研究很少被人关注，科布和克雷斯波依靠第一手档案形成了自己的历史叙事。科布使用了已公开的资料，例如胡安·德·马蒂恩佐（Juan de Matienzo）的《秘鲁政府》（*Gobierno del Peru*，约 1570 年）和罗伯托·莱维利耶（Roberto Levillier）搜集的大量有关总督弗朗西斯科·德·托莱多（Francisco de Toledo）的材料，克雷斯波则使用了位于苏克雷的玻利维亚国家档案馆（Bolivian National Archive）中由贡纳尔·门多萨注释的材料和西印度群岛综合档案馆（Archivo General de Indias）的文献。秘鲁历史学家吉列尔莫·曼·维列娜（Guillermo Lohmann Villena）解决了波托西研究的另一部分难题，在 2017 年尼古拉斯·罗宾斯（Nicholas Robins）出版关于波托西城市及其矿山的作品之前，他于 1949 年发行的关于波托西命脉——万卡韦利卡汞矿的著作是最权威的。 229

1956 年，北美历史学家刘易斯·汉克在一本小册子中指出波托西历史潜在的研究领域。他在多篇短文中对一些领域进行了延伸，但其关注最多的是出版手稿的来源。1959 年，汉克和门多萨一起合作，对路易斯·卡波切 1585 年关于波托西山脉、城市和腹地的描述进行了注解（在本书中被大量引用），这本书在广受欢迎的“西班牙语作家图书馆”系列中出版。该书 1965 年再版，并依据西印度群岛综合档案馆和其他档案馆的资料，增加了一些包括对波托西碎片化描述的内容。同年间，汉克和门多萨出版了巴托洛梅·阿尔赞斯·德·奥尔赛·维拉的三卷本巨著《帝王之城波托西史》，揭开了该城市数百年的神秘面纱，但也引发了有关历史真实性的新问题。

同样在 20 世纪 60 年代初，阿根廷历史学家卡洛斯·森帕特·阿萨杜里安（Carlos Sempat Assadourian）也探究了经由科尔多瓦的波托西与布宜诺斯艾利斯之间的贸易往来，该贸易路线在 1590 年成为大西洋—南美内陆贸易的重要走廊，并且

也可以抵达智利圣地亚哥。他已经系统阐述了自己以矿业为中心的殖民发展理论，
230 这是当时流行的依附论模式导致欠发达的对应物。巴西历史学家艾丽斯·卡纳布拉瓦（Alice Canabrava）和法国历史学家玛丽·赫尔默也研究波托西的南大西洋贸易联系，阐明了葡萄牙与巴西紧密的贸易往来，以及该贸易在1580年西班牙和葡萄牙合并后的发展渴望。英格·沃尔夫（Inge Wolff）提供了一个研究早期波托西非洲奴隶人口的视角。

英国历史学家查尔斯·博克舍（Charles Boxer）也通过他关于里约热内卢州长萨尔瓦多·科雷亚·德萨·贝纳维德斯（1952年）的传记从巴西领土走近里科山。厄尔·汉密尔顿（Earl Hamilton）对西班牙现代化早期价格革命的开创性研究，对经济史学家的工作有很大启发。美国出生的巴西学者贝利·迪菲（Bailey Diffie）是第一个尝试利用塞维利亚封存的冶炼厂账本计算波托西早期白银产量的人，皮特·贝克韦尔通过波托西当地和其他地区的档案继续推进这个研究，他所得出的数字现在是最标准的。波托西矿山和铸币厂产量的研究规模十分庞大，如约翰·特帕斯克（John J. TePaske）、赫伯特·克莱恩（Herbert Klein）、肯德尔·布朗（Kendall Brown）、沃德·巴雷特（Ward Barrett）、恩格尔·斯鲁伊特（Engel Sluiter）以及从全球视角研究的阿图罗·吉拉尔德斯（Arturo Giráldez）和丹尼斯·弗林（Dennis Flynn）等人。如今，由于这些学者的研究，登记在册的白银生产及其与全球趋势的关系现在已经被彻底了解。

1965年，汉克和门多萨出版阿尔赞斯的《波托西“帝王之城”史》（*History of the Imperial Villa of Potosí*，约1736年），也许是第一波学术浪潮的缩影。他们关注的是越来越重要的原始资料和基本的事实，同时倾向于如果不从全球背景下手的话，就从地区视角概述波托西全盛时期的基本轮廓。受阿尔赞斯1965年三卷本巨著的启发，R. C. 帕登（R. C. Padden）在1975年创作了《波托西的故事》，翻译和注释了很多阿尔赞斯的生动故事。波托西的文化和文学史似乎正在萌芽，但很少有接受者。斯蒂芬妮·梅里姆（Stephanie Merrim）和丽莎·沃伊特（Lisa Voigt）最近复兴了这一研究方向。2016年，沃伊特使用阿尔赞斯和已被证实的来源阐明了帝王之城根深蒂固的节日文化，并与名字相似的巴西米纳斯吉拉斯的里加镇进行比较。

在20世纪七八十年代的历史学研究浪潮中，皮特·贝克韦尔，马里奥·查坎·托雷斯（Mario Chacón Torres）、杰弗里·科尔（Jeffrey Cole）、恩里克·坦德尔（Enrique Tandeter）、何塞普·巴纳达斯（Josep Barnadas）和罗斯玛丽·布赫勒（Rosemarie Buechler）在广泛的档案研究基础上，发表了一些有重大意义的作品。贝克韦尔和科尔着眼于哈布斯堡王朝的米塔制，坦德尔和布赫勒从矿山经历复兴时的偷窃矿石这一行为研究声名狼藉的劳动制度以及波旁王朝其他的经济活动。艺术

史学家查坎（Chacón）是第一个发掘波托西公证书的学者。贝克韦尔把路易斯·卡波切作为重要的来源，研究早期采矿和精炼活动如何通过自由劳工、被征召的土著工人和贸易商运转。科尔研究了大量关于米塔制的辩论作品以深刻理解哈布斯堡王朝的统治。

在科尔的研究中，关键人物不是安第斯山区的工人或通常寻求他们保护的“激进主义分子”总督们（也不是教士），而是精炼者们，或者阿索格罗。1572 年，总 231
督托莱多抵达不久后，波托西的白银精炼者们就构成了一个新的强大的阶级，这个阶级一直持续到殖民时代末期。托莱多建立的另一家机构，即波托西铸币厂，首先由阿纳尔多·库尼埃蒂-费兰多（Arnaldo Cunietti-Ferrando）进行了深入研究，尽管在他之前的众多钱币学家们也对此撰写了报告。基于档案材料和印刷品，他为钱币学的研究设定了标准。同时，历史学家克拉拉·洛佩斯·贝尔特兰（Clara López Beltrán）以波托西为中心开辟了一种新的历史地理学。

劳动力和官僚政治并不是波托西历史研究中唯一引人关注的主题，1987 年，皮特·贝克韦尔出版了一部关于 17 世纪矿业和商业巨头安东尼奥·洛佩斯·德·基罗加的传记。贝克韦尔作品的重点是殖民地企业家精神，这与依附论倡导者们所谓的现代世界体系外围的不发达和落后的学说对立。同时，森帕特·阿萨杜里安（Sempat Assadourian）继续用波托西商业和创新的研究来挑战整个安第斯山脉以及整个西属美洲殖民地欠发达的说法。他认为，白银开采行业是经济发展值得依赖的动力，即使包括银币在内的大多数白银都流出了美洲大陆。

在土著世界研究方面，对波托西历史作出重要贡献的是特里斯坦·普拉特，奥利维亚·哈里斯（Olivia Harris）和特雷斯·布伊塞-卡萨涅（Thérèse Bouysse-Cassagne）合著的作品——《卡拉卡拉·查尔卡》（*Qaraqara Charka*）。这些作者以多年的田野调查和档案为基础，把里科山和帝王之城放在了新的背景下，给这个地区提供了一个完全不同的历史视角。蒂埃里·赛涅斯（Thierry Saignes）、泽维尔·阿尔沃（Xavier Albó）、汤姆·阿伯克罗姆比（Tom Abercrombie）、路易斯·米格尔·格雷夫（Luis Miguel Glave）、里卡多·戈多伊（Ricardo Godoy）和卡门·萨拉萨尔·索勒（Carmen Salazar Soler）等人也是这项重要工作的关键人物。对于波托西城市和里科山而言，民族志学者帕斯卡莱·阿卜西的工作现在也至关重要。

除了特雷莎·吉斯伯特（Teresa Gisbert）、何塞·梅萨（José Mesa）、马里奥·查孔（Mario Chacón）等艺术史学家和少数钱币学家的作品，没有关于殖民时代波托西的专题研究。直到 2005 年，历史学家简·曼根出版了一本关于哈布斯堡王朝时期小规模贸易和食品生产的具有突破性的书籍。它是查孔深入利用波托西公证人记录研究工匠以来，第一本长篇著作，也是第一本超越了阿尔赞斯妇女史研究中荒诞故事的作品。曼根使这座城市焕发了活力，在他的作品中，该市的大多数土著居民积极从事商业活动，其中大部分人从事用未经加工的银矿石交换玉米、啤酒以及面包、汤和其他食品。土著和混血妇女养育了劳动群众，但她们也和企业家一样积累资本，和宗教团体一样推动社会进步。

另一个对波托西巴洛克风格历史作出不朽贡献的作品是伊格纳西奥·冈萨雷斯·卡萨斯诺瓦斯（Ignacio Gonzalez Casasnovas）的《王冠的怀疑》（*Las dudas de la corona*，2000年），他在某种程度上继续了20世纪80年代贝克韦尔和科尔的研究，
232 追溯了17世纪后期米塔制和城市阿索格罗精英的演变。在文化史研究领域，2008年，安德烈斯·艾希曼（Andrés Eichmann）和马塞拉·英奇（Marcela Inch）合编的优秀论文集比较了波托西和苏克雷的城市社会。关于苏克雷城市精英的研究以安娜·玛丽亚·普雷斯塔（Ana María Presta）的作品为代表，对关注殖民时代波托西的读者十分重要，她关于波尔科的作品正在出版。同样的，罗萨纳·巴拉贡（Rossana Barragán）、拉克尔·吉尔-蒙特罗（Raquel Gil-Montero）、塞尔吉奥·塞鲁尔尼科夫（Sergio Serulnikov）、保拉·扎加尔斯基（Paula Zagalsky）和尤金尼亚·布里迪基纳（Eugenia Bridhikina）创新性的多卷本作品扩充了我们关于波托西城内及周边土著和非洲人后裔的知识。他们代表了阿根廷学者对殖民时代波托西历史研究持久且日益浓厚的兴趣。

尽管有相当多的研究方向，肯尼斯·米尔斯（Kenneth Mills）、肯德尔·布朗（Kendall Brown）、康斯萝·瓦雷拉（Consuelo Varela）、阿伦·克雷格（Alan Craig）、尼古拉斯·罗宾斯（Nicholas Robins）、艾玛·索尔多（Emma Sordo）和大卫·戴金（David Dressing）等人最近也有所补充，同阿尔赞斯富于幻想的作品相比，波托西的基本历史仍然被忽略了——这里指的是按时间先后顺序的叙事著作。这几乎是上述提到的数辈历史学家和其他学者的失误，我鼓励读者们为了追寻真正的故事而去查阅他们宝贵的作品。作为一个被新格拉纳达和基多的黄金与翡翠吸引的新闯入者，我站在了上述学者们的肩膀上。

关于殖民时代波托西的虚构作品经常也可以追溯到阿尔赞斯，这不足为奇。我已经提到了胡安娜·曼努埃拉·高里蒂、比森特·克萨达（Vicente Quesada）和里卡多·帕尔马（Ricardo Palma）“安第斯哥特式”的作品，我们应该在其中加上玻利维亚作家、绰号“转笔刀”的J. L. 海梅斯（J. L. Jaimes）和伟大的波托西历史学者和民俗学者莫德斯托·奥米斯特（Modesto Omiste）。在20世纪中叶，一部以17世纪20年代“小羊驼”集团和巴斯克人之间的战争为背景的小说是何塞·恩里克·维亚尼亚（José Enrique Viaña）创作的《白银中心的改变》［1948年出版；2016年阿尔巴·玛丽亚·帕斯·索尔丹（Alba María Paz Soldán）注释的版本出

版]。维亚尼亚为缺少真实反映波托西历史作品而惋惜，只能从可以获得的阿尔赞斯的零散作品中寻找。玻利维亚作家拉蒙·罗查·蒙罗伊（Ramón Rocha Monroy）在 2000 年出版的小说《1600 年的波托西》中扩充了阿尔赞斯关于波托西历史的叙述。美国作家安娜玛利亚·阿尔菲耶里（Annamaria Alfieri）于 2009 年创作的关于 17 世纪波托西的作品《白银之城》（*City of Silver*）也受到阿尔赞斯的启发。对以上作者们充满敬意，我向大家推荐阿尔赞斯的作品。

精选参考文献

Abercrombie, Thomas A. "Q'aqchas and La Plebe in 'Rebellion': Carnival vs. Lent in 18th-Century Potosí." *Journal of Latin American Anthropology* 2:1 (1996): 62–111.

———. *Pathways of Memory and Power: Ethnography and History among an Andean People.* Madison: University of Wisconsin Press, 1998.

Absi, Pascale. *Los ministros del diablo: El trabajo y sus representaciones en las minas de Potosí.* La Paz: IFEA, 2009.

Acosta, José de. *Natural and Moral History of the Indies.* Edited by Jane E. Mangan, trans. Frances López-Morillas Durham, NC: Duke University Press, 2002.

Acosta de Arias Schreiber, Rosa María. *Fiestas coloniales urbanas: Lima, Cuzco, Potosí.* Lima: Otorongos, 1997.

Aillón Soria, Esther. *Vida, pasión y negocios: El propietario de la Viña "San Pedro Mártir" Indalecio González de Socasa (1755–1820). Potosí y Cinti a fines de la Colonia y en la Guerra de la Independencia.* Sucre: ABNB, 2009.

Arellano, Ignacio, and Andrés Eichmann, eds. *Enremeses, loas y coloquios de Potosí (Colección del Convento de Santa Teresa).* Madrid: Iberoamericana / Vervuert, 2005.

Arzáns de Orsúa y Vela Bartolomé. *Historia de la Villa Imperial de Potosí.* 3 vols. Edited by Lewis Hanke and Gunnar Mendoza. Providence, RI: Brown University Press, 1965.

———. *Tales of Potosí.* Edited by R. C. Padden. Translated by Frances López-Morillas. Providence, RI: Brown University Press, 1975.

Assadourian, Carlos Sempat. "La producción de la mercancía dinero en la formación del mercado interno colonial: El caso del espacio peruano en el siglo XVI." In *Ensayos sobre el desarrollo económico de México y América Latina (1500–1975),* edited by Enrique Florescano, 223–92. México, D. F.: FCE, 1979.

———. *El sistema de la economía colonial: El mercado interior, regiones y espacio económico.* Mexico City: Nueva Imagen, 1983.

Bakewell, Peter J. "Registered Silver Production in the Potosí District, 1550–1735." *Jahrbuch für Geschichte von Staat, Wirtschaft und Gesellschaft Lateinamerikas* 12 (1975): 67–103.

———. "Technological Change in Potosí: The Silver Boom of the 1570s." *Jahrbuch für Geschichte von Staat, Wirtschaft und Gesellschaft Lateinamerikas* 14 (1977): 60–77.

———. *Miners of the Red Mountain: Indian Labor in Potosí, 1545–1650.* Albuquerque: University of New Mexico Press, 1985.

———. *Silver and Entrepreneurship in Seventeenth-Century Potosí: The Life and Times of Antonio López de Quiroga.* Albuquerque: University of New Mexico Press, 1987.

———, ed. *Mines of Silver and Gold in the Americas.* Aldershot: Variorum, 1997.

Ballesteros Gabrois, Manuel. *Descubrimiento y fundación del Potosí.* Zaragoza, Spain: Delegación de Distrito de Educación Nacional, 1950.

Barba, Alvaro Alonso. *Arte de los Metales.* Madrid: Imprenta del Reyno, 1640.

Barnadas, Josep M. *Charcas: Orígenes históricos de una sociedad colonial.* La Paz: Centro de Investigación y Promoción del Campesinado, 1973.

———. "Una polémica colonial: Potosí, 1579–1684." *Jarbuch für Geschichte von Staat, Wirtschaft un Gessellschaft Lateinamerikas* 10 (1973): 16–70.

———. *Alvaro Alonso Barba (1569–1662): Investigaciones sobre su vida y obra.* La Paz: Biblioteca Minera Boliviana, 1986.

Barragán, Rossana. "Ladrones, pequeños empresarios o trabajadores independientes? K'ajchas, trapiches y plata en el Cerro Rico de Potosí en el siglo XVIII.' *Nuevo Mundo / Mundos Nuevos* (2015): online.

———. "Working Silver for the World: Mining Labor and Popular Economy in Colonial Potosí." *Hispanic American Historical Review* 97:2 (2017): 193–222.

Bauer, Brian S., et al. "El Camino del Mercurio de Huancavelica a Potosí," trans. Javier Flores Espinoza. In *Nuevas tendencias en el estudio de los caminos,* ed. Sofía Chacaltana, Elizabeth Arkush, and Giancarlo Marcone, 380–99. Lima: Ministerio de Cultura, 2017.

Bentancor, Orlando. *The Matter of Empire: Metaphysics and Mining in Colonial Peru.* Pittsburgh: University of Pittsburgh Press, 2017.

Bigelow, Allison. "Women, Men, and the Legal Languages of Mining in the Colonial Andes." *Ethnohistory* 63:2 (2016): 351–80.

———. *Cultural Touchstones: Mining, Refining, and the Languages of Empire in the Early Americas.* Chapel Hill: University of North Carolina Press, 2019.

Bingham, Hiram. *Across South America: An Account of a Journey from Buenos Aires to Lima by Way of Potosí.* Boston: Houghton Mifflin, 1911.

Boxer, Charles. *Salvador de Sá and the Struggle for Brazil and Angola, 1602–1686.* London: Athlone Press, 1952.

Brading, David, and Harry Cross. "Colonial Silver Mining: Mexico and Peru." *Hispanic American Historical Review* 52:4 (Nov. 1972): 545–79.

Brook, Timothy. *Vermeer's Hat: The Seventeenth Century and the Dawn of the Global World.* New York: Viking Penguin, 2008.

Brown, Kendall. "Workers' Health and Colonial Mercury Mining at Huancavelica, Peru." *The Americas* 57:4 (Apr. 2001): 467–96.

———. *A History of Mining in Latin America from the Colonial Era to the Present.* Albuquerque: University of New Mexico Press, 2012.

Buechler, Rose Marie. *The Mining Society of Potosí, 1776–1810.* Syracuse: Syracuse University Press, 1981.

Burzio, Humberto. *La ceca de la Villa Imperial de Potosí y la moneda colonial.* Buenos Aires, 1945.

Cañete y Domínguez, Pedro Vicente. *Guía histórica, geográfica, física, política y legal del govierno e intendencia de la Provincia de Potosí.* Potosí: Editorial Potosí, 1952.

Capoche, Luis. *Relación general de la Villa Imperial de Potosí* BAE CXXII. Edited by Lewis Hanke. Madrid: Atlas, [1585] 1959.

Cardim, Pedro, Tamar Herzog, Jos Javier Ruiz Ibez, and Gaetano Sabatini. *Polycentric Monarchies: How Did Early Modern Spain and Portugal Achieve and Maintain a Global Hegemony?* Sussex: Sussex University Press, 2012.

Castelnau, Francis de. *Expédition dans les parties centrales de l'Amérique du Sud: De Rio de Janeiro à Lima, et de Lima aü Para,* vol. 2. Paris: P. Bertrand, 1851.

Ch'en, Kenneth. "Matteo Ricci's Contribution to, and Influence on, Geographical Knowledge in China." *Journal of the American Oriental Society* 59:3 (Sept. 1939): 325–59.

Cieza de León, Pedro de. "Crónica del Perú," Primera Parte [1553-56], ed. Franklin Pease G.Y. Lima: PUCP Fondo Editorial, 1984.

Cobb, Gwendolin B. "Potosí and Huancavelica: Economic Bases of Peru, 1545–1640." PhD diss., University of California, Berkeley, 1947.

———. "Supply and Transportation for the Potosí Mines, 1545–1640." *Hispanic American Historical Review* 29:1 (Feb. 1949): 25–45.

Cole, Jeffrey. "An Abolitionism Born of Frustration: The Conde de Lemos and the Potosí Mita, 1667–73." *Hispanic American Historical Review* 63:2 (May 1983): 307–33.

———. *The Potosí Mita, 1573–1700: Compulsory Indian Labor in the Andes.* Stanford: Stanford University Press, 1985.

Cook, Noble David. *Demographic Collapse: Indian Peru, 1520–1620.* Cambridge: Cambridge University Press, 1981.

Cooke, Colin A., et al. "Pre-Colombian Mercury Pollution Associated with the Smelting of Argentiferous Ores in the Bolivian Andes." *Ambio* 40:1 (Feb. 2011): 18–25.

Cornblit, Oscar. *Power and Violence in the Colonial City: Oruro from the Mining Renaissance to the Rebellion of Tupac Amaru (1740–1782).* Translated by E.L. Glick. New York: Cambridge University Press, 1995.

Craig, Alan K., and Robert C. West, eds. *In Quest of Mineral Wealth: Aboriginal and Colonial Mining and Metallurgy in Spanish America.* Geoscience and Man Series, vol. 33. Baton Rouge: Louisiana State University Press, 1994.

Crespo Rodas, Alberto. "La 'mita' de Potosí." *Revista Histórica* 22 (Lima, 1955): 169–82.

———. *La guerra entre vicuñas y vascongados: Potosí, 1622–1625,* 2nd ed. La Paz: Colección Popular, 1969.

Cruz, Pablo. "Huacas olvidadas y cerros santos: Apuntes metodológicos sobre la cartografía sagrada en los Andes del sur de Bolivia." *Estudios Atacameños* 38 (2009): 55–74.

——— and Jean-Joinville Vacher, eds. *Mina y metalurgia en los Andes del Sur entre la época pre-hispánica y el siglo XVII.* Sucre: Instituto Francés de Estudios Andinos, 2008.

Cummins, Thomas B. F., and Barbara Anderson, eds. *The Getty Murúa: Essays on the Making of Martín de Murúa's* Historia General del Piru, *J. Paul Getty Museum Ms. Ludwig XIII 16.* Los Angeles: Getty Research Institute, 2008.

Cunietti-Ferrando, Arnaldo J. *Historia de la Real Casa de Moneda de Potosí durante la dominación hispánica, 1573–1652.* Buenos Aires: Pellegrini, 1995.

Cunningham, C. G., et al. "The Age and Thermal History of Cerro Rico de Potosí, Bolivia." *Mineralium Deposita* 31 (1996): 374–85.

Dressing, David. "Social Tensions in Early Seventeenth-Century Potosí." PhD diss., Tulane University, 2007.

Eichmann, Andrés, and Marcela Inch C., eds. *La construcción de lo urbano en Potosí y la Plata (siglos XVI–XVII).* Sucre: Ministerio de Cultura de España / Archivo y Biblioteca Nacionales de Bolivia, 2008.

Elliott, John H. *Spain, Europe and the Wider World, 1500–1800.* New Haven, CT: Yale University Press, 2009.

Erauso, Catalina de. *Lieutenant Nun: Memoir of a Basque Transvestite in the New World.* Translated by Michele and Gabriel Stepto. Boston: Beacon Press, 1996.

Escobari de Querejazu, Laura. *Caciques, yanaconas y extravagantes: La sociedad colonial en Charcas s. XVI–XVIII,* 3rd ed. La Paz: Plural Editores / Embajada de España en Bolivia, 2012 [1st ed. 2001].

Ezquerra Abadía, Ramón. "Problemas de la mita de Potosí en el siglo XVIII." In *La minería hispana e iberoamericana,* vol. 1, 483–511. León, Spain, 1970.

Farah, Caesar E., ed. and trans. *An Arab's Journey to Colonial Spanish America: The Travels of Elias al-Mûsili in the Seventeenth Century.* Syracuse: Syracuse University Press, 2003.

Farrelly, Brian. *Vicente Bernedo: Apóstol de Charcas.* Salamanca: Editorial San Esteban, 1986.

Gade, Daniel W. *Nature and Culture in the Andes.* Madison: University of Wisconsin Press, 1999.

Galeano, Eduardo. *Open Veins of Latin America: Five Centuries of the Pillage of a Continent.* Translated by Cedric Belfrage. New York: Monthly Review Press, 1973.

Gamucio, Mariano Baptista, ed. *La ciudad de Potosí vista por viajeros y autores nacionales del siglo XVI al XXI.* Potosí: Casa Nacional de Moneda, 2011.

Gil Montero, Raquel. *Ciudades efímeras. El ciclo minero de la plata de la plata en Lípez (Bolivia), siglos XVI-XIX.* Lima: IFEA, 2014.

Gisbert, Teresa. "El Cerro de Potosí y el dios Pachacámac." *Chungara, Revista de Antropología Chilena* 42:1 (2010): 169–80.

——— and Luis Prado, eds. *Potosí: Catalogación de su patrimonio urbano y arquitectónico.* La Paz: Instituto Boliviano de la Cultura, 1990.

Glave, Luis Miguel. *Trajinantes: Caminos indígenas en la sociedad colonial, siglos XVI/XVII.* Lima: Instituto de Apoyo Agrario, 1989.

Godoy, Ricardo A. *Mining and Agriculture in Highland Bolivia: Ecology, History, and Commerce among the Jukumanis.* Tucson: University of Arizona Press, 1990.

González Casasnovas, Ignacio. *Las dudas de la corona: La política de repartimientos para la minería de Potosí (1680–1732).* Madrid: CSIC, 2000.

Goodrich, Thomas D. *The Ottoman Turks and the New World: A Study of Tarih-I Hind-I Garbi and Sixteenth-Century Ottoman Americana.* Wiesbaden: Otto Harrassowitz, 1990.

Guaman Poma de Ayala, Felipe. *The First New Chronicle and Good Government,* abridged. Translated by David Frye. Indianapolis: Hackett, 2006.

Guerrero, Saúl. *Silver by Fire, Silver by Mercury: A Chemical History of Silver Refining in New Spain and Mexico, 16th to 19th Centuries.* Leiden: Brill, 2017.

Gunder Frank, Andre. *ReOrient: Global Economy in the Asian Age.* Berkeley: University of California Press, 1998.

Hanke, Lewis. *The Imperial City of Potosí: An Unwritten Chapter in the History of Spanish America.* The Hague: Martinus Nijhof, 1956.

———. "The Portuguese in Spanish America, with special reference to the Villa Imperial de Potosí." *Revista de Historia de América* 51 (June 1961): 1–48.

Hausberger, Bernd. "La guerra de los vicuñas contra los vascongados en Potosí y la etnicización de los vascos a principios de la edad moderna." In *Excluir para ser: Procesos identitarios y fronteras sociales en la America hispánica (xvii–xviii),* edited by Christian Büschges and Frederique Langue, 23–57. Frankfurt: AHILA / Vervuert, 2005.

Helmer, Marie. "Comercio e contrabando entre Bahia e Potosí no século XVI." *Revista de Historia* 15 (São Paulo, 1953): 195–212.

———. "Un tipo social: El 'minero' de Potosí." *Revista de Indias* 16 (1956): 85–92.

———. *Cantuta: Recueil d'articles, 1949–1987.* Madrid: Casa de Velázquez, 1993.

Honores, Renzo. "Una sociedad legalista: Abogados, procuradores de causas y la creación de una cultura legal colonial en Lima y Potosí, 1540–1670." PhD diss., Florida International University, 2007.

Kagan, Richard. *Urban Images of the Hispanic World, 1493–1793.* New Haven, CT: Yale University Press, 2000.

Kindleberger, Charles P. *Spenders and Hoarders: The World Distribution of Spanish American Silver, 1550–1750.* Singapore: Institute of Southeast Asian Studies, 1989.

Klein, Herbert. *A Concise History of Bolivia,* 2nd ed. New York: Cambridge University Press, 2011.

La minería hispana e iberoamericana: Contribución a su investigación histórica. Vol. 1 of *Ponencias del VI Congreso Internacional de Minería.* León, Spain, 1970.

Langer, Erick D. *Rural Society and the Mining Economy in Southern Bolivia: Agrarian Resistance in Chuquisaca, 1880–1930.* Stanford: Stanford University Press, 1987.

León Portocarrero, Pedro de. *Descripción del virreinato del Perú.* Edited by Eduardo Huarag Alvarez. Lima: Editorial Universitaria, 2009 [bilingual ed., orig. Portuguese ms. ca. 1620].

Llanos, García de. *Diccionario y maneras de hablar que se usan en las minas y sus labores en los ingenios y beneficios de los metales (1609)*. La Paz: Banco Central de Bolivia, 1983.
Lohmann Villena, Guillermo. *Las minas de Huancavelica en los siglos XVI y XVII*. Seville: EEHA, 1949.
López Beltran, Clara. *Estructura económica de una sociedad colonial: Charcas en el siglo XVII*. La Paz: Centro de Estudios de la Realidad Económica y Social, 1988.
———. *La Ruta de la Plata de Potosí al Pacífico: Caminos, comercio y caravanas en los siglos XVI al XIX*. La Paz: Plural Editores, 2016.
Mangan, Jane E. *Trading Roles: Gender, Ethnicity, and the Urban Economy in Colonial Potosí*. Durham, NC: Duke University Press, 2005.
Manrique, Juan del Pino. *Descripción de la Villa de Potosí*. Buenos Aires: Imprenta del Estado, 1836.
Martínez Carreras, José Urbano. *Relaciones geográficas de Indias—Peru*. Biblioteca de Autores Españoles, vols. 183–85. Madrid: Atlas, 1965.
Martiré, Eduardo, ed. *El Código Carolino de ordenanzas reales de las minas de Potosí y demás provincias del Río de la Plata (1794) de Pedro Vicente Cañete*. Buenos Aires: n.p., 1973–74.
Matienzo, Juan. *Gobierno del Perú*. Edited by Guillermo Lohmann-Villena. Paris / Lima: IFEA, 1967.
McNeill, John R., and George Vrtis, eds. *Mining North America: An Environmental History since 1522*. Berkeley and Los Angeles: University of California Press, 2017.
Mendoza, Gunnar. *Catálogo de los recursos documentales sobre la minería en el distrito de la Audiencia de La Plata, 1548–1826*. Sucre: Banco Central / ABNB, 2005.
Miller, John. *Memoirs of General Miller in the Service of the Republic of Peru*, 2nd ed. 2 vols. London: Longman, Rees, et al., 1829.
Mills, Kenneth, "Diego de Ocaña's Hagiography of New and Renewed Devotion in Colonial Peru." In *Colonial Saints: Discovering the Holy in the Americas, 1500–1800*, edited by Allan Greer and Jodi Bilinkoff, 51–75. New York: Routledge, 2003.
Mira Delli-Zotti, Guillermo. "El Real Banco de San Carlos de Potosí y la minería altoperuana colonial, 1779–1825." In Julio Sánchez Gómez et al., *La savia del imperio: Tres estudios de economía colonial*, 265–399. Salamanca: Universidad de Salamanca, 1997.
Mitre, Antonio. *Los patriarcas de la plata: Estructura socioeconómica de la minería boliviana en el siglo XIX*. Lima: PUCP, 1981.
Moore, Jason. " 'This Lofty Mountain of Silver Could Conquer the Whole World': Potosí and the Political Ecology of Underdevelopment, 1545–1800." *Journal of Philosophical Economics* 4:1 (2010): 58–103.
Mumford, Jeremy Ravi. *Vertical Empire: The General Resettlement of Indians in the Colonial Andes*. Durham, NC: Duke University Press, 2012.
Murra, John V. "La correspondencia entre un 'capitán de la mita' y su apoderado en Potosí." *Historia y Cultura* 3 (La Paz, 1978): 45–58.
Murray Fantom, Glenn Stephen. *Guía de las cantidades acuñadas, cecas de Potosí y Lima*. Segovia (Spain): Amigos de la Casa de la Moneda de Segovia, 2016.

Nash, June. *We Eat the Mines and the Mines Eat Us.* New York: Columbia University Press, 1979.

Numhauser, Paulina. *Mujeres indias y señores de la coca: Potosí y Cusco en el siglo XVI.* Madrid: Cátedra, 2005.

———. "Un asunto banal: Las luchas de Vicuñas y Vascongados en Potosí (siglo XVII)." *Illes i Imperis* 14 (2012): 113–38.

Ocaña, Fray Diego de. *Viaje por el Nuevo Mundo: de Guadalupe a Potosí, 1599–1605.* Edited by Blanca Lopez de Mariscal and Abraham Madroñal. Madrid / Frankfurt: Iberoamericana / Vervuert, 2010.

Otte, Enrique. *Cartas privadas de emigrantes a Indias, 1540–1616.* 2nd ed. México: FCE, 1996.

Parker, Geoffrey. *Global Crisis: War, Climate Change and Catastrophe in the Seventeenth Century.* New Haven, CT: Yale University Press, 2013.

Pearce, Adrian J. *The Origins of Bourbon Reform in Spanish South America, 1700–1763.* New York: Palgrave Macmillan, 2014.

Pentland, Joseph Barclay. "Report on the Republic of Bolivia, 1827." *Camden Miscellany* 25: 169–267. London: Offices of the Royal Historical Society, 1974.

Pérez Melero, Joaquín. "From Alchemy to Science: The Scientific Revolution and Enlightenment in Spanish American Mining and Metallurgy." In *The Revolution in Geology from the Renaissance to the Enlightenment,* ed. Gary D. Rosenberg, 51–61. Boulder, CO: Geological Society of America, 2009.

Platt, Tristan. *Estado tributario y librecambio en Potosí (siglo XIX): Mercado indígena, proyecto proteccionista y lucha de ideologías monetarias.* La Paz: Hisbol, 1986.

———. "Producción, tecnología y trabajo en la Rivera de Potosí durante la República temprana." In *El siglo XIX: Bolivia y América Latina,* edited by Rossana Barragán, Dora Cajías, and Seemin Qayum, 395–435. La Paz: IFEA, 1997.

———. "The Alchemy of Modernity: Alonso Barba's Copper Cauldrons and the Independence of Bolivian Metallurgy, 1790–1890." *Journal of Latin American Studies* 32:1 (Feb. 2000): 1–54.

Platt, Tristan, Thérèse Bouysse-Cassagne, Olivia Harris, con el aliento de Thierry Saignes. *Qaraqara-Charka: Mallku, Inka y Rey en la provincia de Charcas (siglos XVI–XVII): Historia antropológica de una confederación aymara.* La Paz: IFEA / Plural, 2006.

Platt, Tristan, and Pablo Quisbert. "Tras la huella del silencio: Potosí, Toledo y los Incas." *Runa* 31:2 (2010): 115–52.

Pomeranz, Kenneth, and Steven Topik. *The World That Trade Created: Society, Culture, and the World Economy, 1400 to the Present.* Armonk, NY: M. E. Sharpe, 1999.

Presta, Ana María. *Encomienda, familia y negocios en Charcas colonial: Los encomenderos de La Plata, 1550–1600.* 2nd ed. Sucre: ABNB, 2014.

Prieto, Andrés I. *Missionary Scientists: Jesuit Science in Spanish South America, 1570–1810.* Nashville: Vanderbilt University Press, 2011.

Querejazu, Pedro, and Elizabeth Ferrer, eds. *Potosí: Colonial Treasures and the Bolivian City of Silver.* New York: Americas Society, 1997.

Ramírez del Águila, Pedro. *Noticias políticas de Indias y relación descriptiva de la ciudad de La Plata, metrópoli de las Provincias de Los Charcas* [1639]. Sucre: Ciencia Editores, 2017.

Rice, Prudence M. *Vintage Moquegua: History, Wine, and Archaeology on a Colonial Periphery*. Austin: University of Texas Press, 2012.

Robins, Nicholas A. *Mercury, Mining, and Empire: The Human and Ecological Cost of Colonial Silver Mining in the Andes*. Bloomington: Indiana University Press, 2011.

———. *Santa Barbara's Legacy: An Environmental History of Huancavelica, Peru*. Leiden: Brill, 2017.

Robles, Gregorio de. *América a fines del siglo XVII: Noticia de lugares de contrabando*. Edited by Victor Tau Anzoátegui. Valladolid (Spain): Casa-Museo de Colón, 1980.

Rossells Montalvo, Beatriz. *La gastronomía en Potosí y Charcas, siglos XVIII, XIX y XX en torno a la historia de la cocina boliviana*, 2nd ed. La Paz: Instituto de Estudios Bolivianos, 2003.

Rudolph, William E. "The Lakes of Potosí." *Geographical Review* 26 (1936): 529–54.

Saignes, Thierry. "Notes on the Regional Contribution to the Mita in Potosí in the Early Seventeenth Century." *Bulletin of Latin American Research* 4:1 (1985): 65–76.

———. "Capoche, Potosí y la coca: El consumo popular de estimulantes en el siglo XVII." *Revista de Indias* 48:182–83 (1988): 207–35.

Salazar-Soler, Carmen. "Los 'expertos' de la Corona: Poder colonial y saber local en el Alto Perú en los siglos XVI y XVII." *De Re Metallica* 13:2 (July–Dec. 2009): 83–94.

———. "Minería y moneda en la época colonial temprana." In *Compendio de historia económica del Perú*, vol. 2, edited by Carlos Contreras, 109–228. Lima: IEP, 2009.

Sánchez Albornoz, Nicolás. *Indios y tributos en el Alto Perú*. Lima: IEP, 1978.

Sartori, Federico. "Tan a banderas desplegadas: El poder de un comisario inquisitorial americano del siglo XVII." *Colonial Latin American Review* 24:3 (July 2015) 356–82.

Sawday, Jonathan. *Engines of the Imagination: Renaissance Culture and the Rise of the Machine*. New York: Routledge, 2007.

Schell, William. "Silver Symbiosis: ReOrienting Mexican Economic History." *Hispanic American Historical Review* 81:1 (Feb. 2001): 89–133.

Scott, Heidi V. "Mining Places and Subterranean Spaces in Colonial Spanish America: Nature, Government, and Moral Debate in the Exploitation of the Underground." Forthcoming.

Serulnikov, Sergio. *Subverting Colonial Authority: Challenges to Spanish Rule in Eighteenth-Century Southern Andes*. Durham, NC: Duke University Press, 2003.

———. *Revolution in the Andes: The Age of Túpac Amaru*. Translated by David Frye. Durham, NC: Duke University Press, 2013.

Sluiter, Engel. *The Gold and Silver of Spanish America*. Berkeley: Bancroft Library, 1998.

Sordo, Emma, "Civilizational Designs: The Architecture of Colonialism in the Native Parishes of Potosí." PhD diss., University of Miami, 2000.

Stavig, Ward. *The World of Túpac Amaru: Conflict, Community, and Identity in Colonial Peru*. Lincoln: University of Nebraska Press, 1999.

Stern, Steve J. "Feudalism, Capitalism, and the World-System in the Perspective of Latin America and the Caribbean." *American Historical Review* 93:4 (Oct. 1988): 829–72.

Tandeter, Enrique. *Coercion and Market: Silver Mining in Colonial Potosí, 1692–1826*. Translated by Richard Warren. Albuquerque: University of New Mexico Press, 1993 [1st Span. ed. 1992].

Tantaleán Arbulú, Javier. *El virrey Francisco de Toledo y su tiempo: Proyecto de gobernabilidad, el imperio hispano, la plata peruana en la economía-mundo y el mercado colonial*. 2 vols. Lima: Univeresidad San Martín de Porres, 2011.

Temple, Edmond. *Travels in Various Parts of Peru, Including a Year's Residence in Potosí*. 2 vols. Philadelphia: Carey & Hart, 1833.

TePaske, John J. *A New World of Gold and Silver*. Edited by Kendall W. Brown. Leiden and Boston: Brill, 2010.

Tracy, James D., ed. *The Rise of Merchant Empires: Long-Distance Trade in the Early Modern World, 1350–1750*. New York: Cambridge University Press, 1990.

———, ed. *The Political Economy of Merchant Empires: State Power and World Trade, 1350–1750*. New York: Cambridge University Press, 1991.

Tripcevich, Nicholas, and Kevin J. Vaughn, eds. *Mining and Quarrying in the Ancient Andes: Sociopolitical, Economic and Symbolic Dimensions*. New York: Springer, 2013.

Tutino, John. *Making a New World: Founding Capitalism in the Bajío and Spanish North America*. Durham, NC: Duke University Press, 2011.

Van Buren, Mary, and B. Mills. "Huayrachinas and Tocochimbos: Traditional Smelting Technology of the Southern Andes." *Latin American Antiquity* 16:1 (2005): 2–25.

Vargas Ugarte, Rubén, ed. *Pareceres jurídicos en asuntos de Indias*. Lima, 1951.

Varón Gabai, Rafael. *Francisco Pizarro and His Brothers: The Illusion of Power in Sixteenth-Century Peru*. Translated by Javier Flores Espinoza. Norman: University of Oklahoma Press, 1997.

Vázquez de Espinosa, Antonio. *Compendium and Description of the West Indies*. Translated by C. U. Clark. Washington, DC: Smithsonian, 1942.

Viaña, José Enrique. *Cuando vibraba la entraña de plata*. Edited by Alba María Paz Soldán. La Paz: Biblioteca del Bicentenario de Bolivia, 2016.

Voigt, Lisa. *Spectacular Wealth: The Festivals of Colonial South American Mining Towns*. Austin: University of Texas Press, 2016.

Von Glahn, Richard. *Fountain of Fortune: Money and Monetary Policy in China, 1000–1700*. Berkeley: University of California Press, 1996.

Wallerstein, Immanuel. *The Modern World-System*. 3 vols. New York: Academic Press, 1974.

———. *The Modern World-System I: Capitalist Agriculture and the Origins of the European World-Economy in the Sixteenth Century*, 2nd ed. Berkeley: University of California Press, 2011.

Wiedner, David. "Forced Labor in Colonial Peru." *The Americas* 16 (1960): 357–83.
Wright, Marie Robinson. *Bolivia: The Central Highway of South America, a Land of Rich Resources and Varied Interest.* Philadelphia: George Barrie & Sons, 1907.
Zagalsky, Paula. "La mita de Potosí: Una imposición colonial invariable en un contexto de múltiples transformaciones (siglos XVI–XVII; Charcas, virreinato del Perú)." *Chungará* 46:3 (2014): 3–32.
———. "Trabajadores indígenas mineros en el Cerro Rico de Potosí: Tras los rastros de sus prácticas laborales (siglos XVI y XVII)." *Revista Mundos de Trabalho* 6:12 (July–December 2014): 55–82.
Zárate, Agustín de. *The Discovery and Conquest of Peru.* Edited and translated by J. M. Cohen. London: Penguin, 1968.
Zavala, Silvio. *El servicio personal de los indios en el Peru.* 3 vols. Mexico City: El Colegio de México, 1978–80.
Zimmer, Zac. "Bitcoin and Potosí Silver: Historical Perspectives on Cryptocurrency." *Technology and Culture* 58:2 (April 2017): 307–34.
Zugasti, Miguel. "Teatro recuperado en Charcas: Dos loas olvidadas de fray Juan de la Torre (OSA) a la entrada del virrey Diego Morcillo en Potosí, 1716." In *El teatro en la Hispanoamérica colonial,* edited by Ignacio Arellano and José Antonio Rodríguez Garrido, 295–321. Madrid: Iberoamericana / Vervuert, 2008.
Zulawski, Ann. *They Eat from Their Labor: Work and Social Change in Colonial Bolivia.* Pittsburgh: University of Pittsburgh Press, 1995.

索　引

(页码为原书页码，即本书页边码)

A

G

N

O

P

S

Y

Z

译后记

“金银赚尽世人忙，花发金银满架香。蜂蝶纷纷成队过，始知物态也炎凉。”此为清代诗人蔡淳所作《金银花》一诗中的经典诗句，诗人本意虽只在于用蜂蝶追逐金银花蜜比喻世人竞逐金银之贪欲、感叹世态之炎凉，然而它却也点出金、银等贵金属对于普通人影响之大。进一步说，黄金与白银在世界历史上的确起过非常重要的作用，这种影响不仅在于个人，还涉及行业组织、国家制度乃至全球秩序。2009 年，承蒙王晓德教授推荐，我有幸赴天津南开大学历史学院攻读世界史专业博士，在导师李凡教授的支持下，2012 年，我提交了题为“金融霸权之基：美国塔夫脱政府‘金元外交’再考察”的博士论文，内容涉及 20 世纪初期美国政府尝试建构以金本位为核心的美元国际秩序。当时，美国国会专门成立国际汇率委员会，派出精琪、凯默勒等货币专家积极推动国际上许多原来使用白银作为货币本位制的国家和地区进行币制与关税领域的改革（主要是中国、墨西哥、菲律宾等），企图以此稳定国际汇率，避免白银价格急剧波动带来的汇率损失。美国“金元外交”的核心是要美国政府利用华尔街民间金融力量推动以黄金和美元为基准的金本位制外交。这是本人第一次在专业研究中触及国际金融稳定中由银本位制向金本位制过渡的问题。2021

年，这篇博士论文正式出版，书名为《奠基金融帝国：美国塔夫脱政府“金元外交”研究》。这使得我对黄金在19世纪末20世纪初国际金融稳定与对外政策中的重要作用有了新的认识，也萌生出往前追溯、梳理白银与近代国际金融互动关系的念头。

2020年3月，我受邀参与中国工人出版社精心打造的译作品牌“全球视野与物质文化史丛书”的翻译工作。我的任务是翻译美国杜兰大学教授克里斯·莱恩所著《波托西：改变世界的白银城市》一书，我大致翻了一下内容，迅速为该书主题所深深吸引。在西班牙作家塞万提斯的名著《堂吉诃德》一书中，“波托西”一词出现了两次，每次出现都与巨额财富相关联。克里斯·莱恩撰写的《波托西》主要探讨了16至18世纪西属美洲的“帝王之城”——波托西如何开启世界经济的“白银时代”。波托西市作为神圣罗马帝国皇帝查理五世、西班牙国王亲授的“世界财库”，是支撑西班牙哈布斯堡王朝财政运转赫赫有名的“无敌舰队”、全球战争和天主教信仰的枢纽所在。《波托西》一书中对于皇家铸币厂所监造的“八雷亚尔”银币在16至18世纪国际金融中所起的作用曾有这样的描述：当时无论在欧洲、近东还是在远东地区，“持有一枚波托西银比索，就能感受到西班牙国王在全球的影响力。在硬币上摸一下他的纹章，读到他的名字，就知道世界的宝库只属于他一个人”。这是当时流行的国际硬通货。在白银时代，波托西银矿的巨量产出实际上成为联通东西方经济、加速推动世界经济迈向全球化的强大力量。这与我前些年主要思考的黄金、金本位与20世纪美国金融霸权构建有异曲同工之妙。

彼时，我刚刚从美国波士顿访学归来，立即着手组建团队进行了此书的翻译准备工作。现在供职于西安外国语大学的牛丹丹博士负责翻译前两章，我和现供职于厦门医学院的李天宇博士、南开大学拉美研究中心博士生闫广臣同学承担其余部分翻译与全书统稿工作。“纸上得来终觉浅，绝知此事要躬行。”随着书稿翻译进入攻坚阶段，专有名词的翻译和遣词造句的反复琢磨经常陷入拉锯状态，翻译小组师生一开始浓厚的兴致渐渐耗尽，而金融知识的欠缺、矿业专业知识的高门槛和多语种的挑战使得译者们如越雷池，不得不战战兢兢地摸索向前，进度缓慢。

2022 年 8 月，我与同事吴万库博士等到福建省宁德地区进行暑期社会调研，调研过程无意间知悉了寿宁县官台山有明代银矿开采的重要线索。正在陷入《波托西》庞杂文字译校的我又倍感振奋，联想到波托西作为银矿工业城市发展的非凡经历，我们对寿宁县银矿作为永乐年间“闽浙四大银矿场”的历史颇感兴趣。明万历九年，张居正推广“一条鞭法”之后，中国大量运用、消耗白银，明朝的白银少部分靠日本进口，而绝大部分都靠“大帆船贸易”运来的美洲白银（主要来自波托西）。美国学者罗伯特·B. 马克斯在《现代世界的起源》一书中毫不夸张地断言：“没有中国就没有波托西城，没有波托西城，西班牙人就不会抱有在欧洲建立帝国的企图。”2017 年，寿宁县明代银矿遗址已经荣膺“官台山古银硐国家地质公园”，而波托西早在 1987 年便入选世界遗产名录，人类历史遗产经过更新利用又焕发新的生命力。这段特殊的调研经历也督促翻译组加快了书稿译校的进度。

本书的完稿还得到南开大学董国辉教授、同事李音博士、钟孜博士的大力协助，硕士生周艺欣、张哲星、董湘君等在文稿校对方面做了不少基础性工作，在此一并表示感谢。同时我也要感谢硕导林金水先生在明代中外关系史研究领域的引导，使得译者的背景知识更加广阔和准确。最后我要感谢中国工人出版社的出版团队，正是他们的耐心细致保证了这部译稿的质量。由于译者们水平有限，本书肯定存在错误或疏忽之处，请各位读者予以批评指正。

图书在版编目（CIP）数据

波托西：改变世界的白银城市 /（美）克里斯·莱恩著；江振鹏 等译.—
北京：中国工人出版社，2022.8
书名原文: Potosí: The Silver City That Changed the World
ISBN 978-7-5008-7943-5

Ⅰ.①波… Ⅱ.①克… ②江… Ⅲ.①南美洲—历史—研究 Ⅳ.①K770.07

中国版本图书馆CIP数据核字（2022）第149895号

著作权合同登记号：图字 01-2020-4370

波托西：改变世界的白银城市

出 版 人	董 宽
责任编辑	邢 璐
责任校对	丁洋洋
责任印制	黄 丽
出版发行	中国工人出版社
地 址	北京市东城区鼓楼外大街45号 邮编：100120
网 址	http://www.wp-china.com
电 话	（010）62005043（总编室） （010）62005039（印制管理中心） （010）62001780（万川文化项目组）
发行热线	（010）82029051 62383056
经 销	各地书店
印 刷	北京盛通印刷股份有限公司
开 本	880毫米×1230毫米 1/32
印 张	10.375
字 数	250千字
版 次	2022年10月第1版 2023年11月第2次印刷
定 价	72.00元